Für John
Ich liebe dich

Inhalt

Stacy Eldredge
Werden, wie du mich siehst

Über die Autorin

Stacy Eldredge leitet die Frauenarbeit von *Ransomed Heart Ministries*. Von ihr ist in Deutschland bereits das Buch „Weißt du nicht, wie schön du bist?" erschienen und mit ihrem Mann John hat sie den sehr erfolgreichen Titel „Das wilde Herz der Ehe" veröffentlicht. Ihre Bücher haben sich mehr als drei Millionen Mal verkauft. Sie lebt mit ihrer Familie in Colorado Springs, USA.

stacy eldredge

Werden wie *du* mich siehst

Gottes Traum für dein Leben

Aus dem Englischen von
Eva-Maria Nietzke

1

Kann man sich wirklich jemals ändern?

Die Eltern meines Mannes hatten ihren Besuch angekündigt. Grund genug, wie jede Frau weiß, noch schnell den Keller zu streichen, ganz zu schweigen davon, den Kühlschrank gründlich sauberzumachen. Wenn wir Besuch erwarten, geben wir unser Bestes, vor allem, wenn es sich um die Schwiegereltern handelt. Wir färben unser Haar, kaufen ein neues Oberteil und kaschieren die von Nägeln zurückgelassenen Löcher in den Wänden mit Zahnpasta. Wir versuchen erneut, dem Hund Gehorsam beizubringen und unseren Kindern das Lesen, gerade sitzen und mit geschlossenem Mund Kauen – und das alles innerhalb von achtundvierzig Stunden.

Einige Tage vor ihrem Eintreffen ließ Johns Mutter mich wissen, dass sie mich während ihres Aufenthaltes zu einem Massagetermin mitnehmen wolle.

Du lieber Himmel!

Ich war noch nie in meinem Leben massiert worden, und der Gedanke, dass eine fremde Person meinen Körper berühren würde, gefiel mir gar nicht. Meine Schwiegermutter versicherte mir, dass ich es toll finden würde. Ich hoffte es, glaubte aber nicht daran. Wissen Sie, ich mochte meinen Körper nicht. Im Gegenteil: Ich schämte mich für meinen Körper. Die Idee, ihn den Händen einer unbekannten Masseurin zu überlassen, löste nicht gerade Entzücken bei mir aus. Kann man in vier Tagen zehn Pfund abnehmen? Ich forschte über Google nach und fand heraus, dass man dazu massenweise Zitronensaft und Cayennepfeffer schlucken muss. Ich konnte einfach nicht zu dieser Massage gehen! Aber ich musste. Es war das Geschenk meiner Schwiegermutter. Sie freute sich so sehr darauf, es mir zu schenken. Also musste ich dafür dankbar sein oder zumindest so tun als ob.

Nachdem wir in dem Wellnesscenter eingecheckt hatten, händigte man uns weiche, luxuriöse Bademäntel und ein Paar Plastikschlappen aus. Man führte uns in den Umkleidebereich, wo es Schließfächer für unsere Kleider, Handtaschen und unseren Schmuck gab. Ich sah Mom an und fragte ängstlich: „*Alle* unsere Kleider?"

„Ja, alle unsere Kleider." Als sie meinen Gesichtsausdruck sah, fügte sie gnädig hinzu: „Du kannst deine Unterwäsche anbehalten, wenn du dich damit wohler fühlst."

Mmmm… *Ja.*

Es war nun an der Zeit, mich diskret auszuziehen, den Bademantel anzuziehen und dabei darauf zu achten, dass kein Zentimeter meiner Haut von irgendeiner Frau, die in meine Richtung blicken könnte, zu sehen war. Kein leichtes Unterfangen, aber ich war fest dazu entschlossen. Ich fühlte mich unwohl. Und dann wäre ich vor Scham am liebsten im Boden versunken. Der Bademantel in Einheitsgröße bedeckte nicht meinen ganzen Körper. Ich war zu breit.

Also setzte ich ein nüchternes, undurchdringliches Gesicht auf, zog mir meine Kleider wieder an, ging zur Rezeption und sprach die gefürchteten Worte aus: „Dieser Bademantel passt mir nicht. Haben Sie einen größeren?"

Ja, sie hatten einen größeren Bademantel, einen für Männer. Einen extraweiten Männerbademantel mit einer Farbe, die sich deutlich von der Farbe der Frauenbademäntel unterschied.

Da saßen wir nun in diesem Wellnesscenter im Warteraum, umgeben von lauter Frauen, die passende Bademäntel trugen, während ich einen anhatte, auf dem ebenso gut in orangefarbener Leuchtreklame das Wort „übergewichtig" stehen könnte.

Ich lief zur Toilette und weinte. Ich schwor mir, niemals wieder eine solche Situation zu erleben.

Doch elf Jahre später, nachdem ich einhundert Pfund ab- und neunzig wieder zugenommen hatte, befand ich mich in derselben

Situation. Ein anderes Geschenk, ein anderer Bademantel, doch diesmal gab es keinen größeren.

Warum schaffe ich es nicht? Warum konnte ich keine dauerhafte Veränderung erreichen? Was läuft bei mir falsch? Kennen Sie solche Gedanken? Vielleicht nicht in Bezug auf Ihr Gewicht, aber in Bezug auf andere Bereiche Ihres Lebens?

Warum hier und nicht dort?

Ich erinnere mich an das Lachen einer älteren Freundin über meine Unfähigkeit, Gewicht zu verlieren. Es war kein gemeines Lachen, sondern ein fröhliches. Mit vor Vergnügen blitzenden Augen und wissendem Blick fragte sie mich, wie schwierig es meiner Ansicht nach für Gott sei, sich um dieses Problem zu kümmern. Sie schnippte mit den Fingern, um zu demonstrieren, wie rasch er mich von meinem inneren Drang, mir durch Essen Trost, Schmerzerleichterung oder einfach einen Fluchtweg zu schaffen, befreien könnte.

Nun, wenn das so einfach für ihn war, warum tat er es dann nicht? Ich hatte ihn oft darum gebeten, ja angefleht und zu ihm gerufen, mir in dieser Sache zu helfen – mich zu verändern. Also war es *seine* Schuld. So dachte ich.

Doch in Wirklichkeit *habe* ich tatsächlich eine Veränderung erlebt – eine übernatürliche Veränderung. Kurze Zeit bevor ich mit Anfang zwanzig Christ wurde, hatte ich mir vorgenommen, mein Leben in Ordnung zu bringen. Mir war auf einmal bewusst geworden, dass ich von Drogen und Alkohol abhängig war, dass ich sie jeden Tag konsumierte, um mein Leben zu ertragen oder zumindest den Schmerz zu betäuben. Ich entschloss mich zu einem radikalen Entzug. Ich würde keine Joints mehr rauchen, keine Drogen mehr nehmen und keinen Alkohol mehr trinken, und da ich schon dabei war, wollte ich auch noch aufhören, Süßigkeiten zu essen. Ich hielt es keine vierundzwanzig Stunden durch, nicht mal in Bezug auf eine der genannten Drogen.

Verflixt!

Eines Nachts, voller Verzweiflung und Hoffnung, gab ich es auf, mein Leben in Ordnung bringen zu wollen, und stürzte mich in die wartenden Arme von Jesus. Ich nahm seine Einladung an: „Kommt alle her zu mir, die ihr euch abmüht und unter eurer Last leidet! Ich werde euch Ruhe geben. Lasst euch von mir in den Dienst nehmen, und lernt von mir! Ich meine es gut mit euch und sehe auf niemanden herab. Bei mir findet ihr Ruhe für euer Leben. Mir zu dienen ist keine Bürde für euch, meine Last ist leicht" (Matthäus 11,28-30). Nachdem ich diese Verse gelesen hatte, war ich auf den Boden gesunken.

Ich war unsagbar erschöpft. Mein Leben war ein Scherbenhaufen, mein Herz ein Trümmerfeld. Und ich hatte eine Menge zu diesem Trümmerfeld beigetragen. Ich bekannte Gott meine tiefe Not und bat ihn, mich anzunehmen, wenn er mich haben wollte. Ich gab Jesus mein Leben, das ganze Chaos meines Lebens, das ganze Chaos meiner Person, und er *nahm* mich an. Mein kurzes Gebet um Erlösung hatte funktioniert.

Zwei Wochen später wurde mir bewusst, dass ich seit jenem Gebet keinen einzigen Joint mehr geraucht, keine härteren Drogen genommen und keinen Alkohol getrunken hatte. Zwei Wochen. Das brach alle Rekorde der vorangegangenen zehn Jahre. Es war ein echtes, wahrhaftiges Wunder. Und Gott befreite mich sogar von dem *Verlangen*, diese Dinge zu konsumieren. Ich wollte sie nicht, und ich brauchte sie auch nicht. Stattdessen hatte ich meine Seele entdeckt und war offen geworden für die Präsenz Gottes und für die Hoffnung. Natürlich gab es auch schwierige Tage, ganz bestimmt, doch Gott griff unzählige Male gerade rechtzeitig und auf übernatürliche Weise in mein Leben ein.

Damals war Essen kein wirkliches Problem für mich. Ich war nicht übergewichtig und spürte auch nicht den Drang, mich ständig mit Essen vollzustopfen. Das kam später. Doch als es kam, kam es mit solcher Macht, dass all meine Gebete und Bemühungen, meine Reue, Entschlossenheit und Willenskraft nichts dagegen ausrichten konnten.

Gott hatte mich schon einmal gerettet. Warum sollte er nicht erneut mit dem Finger schnippen und mich befreien?

Viele Frauen haben das Gefühl, als Frau versagt zu haben. Ich weiß, dass ich mich oft so sehe. Eigentlich sogar als ein Misserfolg als Mensch schlechthin. Dieses Gefühl hat beinahe alles, was ich getan oder nicht getan habe, beeinflusst. Aber weder als Frau noch als Mensch bin ich ein Misserfolg. Ganz tief in meinem Innern weiß ich das. Ich mache Fehler, ja. Aber ich *bin* kein Fehler. Ich enttäusche. Aber ich *bin* keine Enttäuschung. Doch wenn ich wieder an dieser Stelle ankomme – wenn ich den Kampf um meine Schönheit, meinen Körper, mein Herz verliere –, dann fühle ich mich in jeder Hinsicht als Versager. Geht es nicht jeder Frau so? Haben wir nicht alle unsere geheimen Bereiche, in denen wir nicht den Sieg erleben, nach dem wir uns sehnen? Bereiche, die unsere Sicht auf uns selbst beeinträchtigen. Ist es nicht so, dass diese Dinge eine Barriere zwischen uns und den Menschen in unserem Leben errichten? Eine Mauer, die uns von der Liebe Gottes trennt?

Oder geht es nur mir so?

Ich glaube nicht.

Manchmal verlieren wir jede Hoffnung auf Veränderung, einfach weil unsere persönliche Lebensgeschichte mit gescheiterten Versuchen, uns zu ändern, angefüllt ist. Wo war nur der Schutzengel, der unsere Zunge behüten und uns daran hindern sollte, unsere Kinder so hart anzufahren? Was ist mit jener Frucht des Geistes geschehen, die uns dazu befähigt, diszipliniert zu sein und an der Konditorei vorbeizufahren? Gott hat mir nicht einen „Geist der Furchtsamkeit" gegeben, warum also reibe ich mich vor Sorge um meine Kinder, meine finanzielle Situation und meine Zukunft auf? Wenn die „Menschenfurcht ein Fallstrick" ist, warum habe ich dann immer noch Angst davor, mein wahres Ich zu zeigen und womöglich abgelehnt zu werden? Mein Esszwang hat sich als Lügner und Dieb enttarnt, und doch tappe ich noch allzu oft in diese Falle, wenn ich schwierige Momente erlebe.

Gott weiß Bescheid.

Gott weiß Bescheid.

Er hat sich nicht von mir abgewendet. Die Tatsache, dass wir uns nach Veränderung sehnen, ist ein deutliches Zeichen dafür, *dass wir die Veränderung erleben sollen.* Unsere Unzufriedenheit mit unseren Schwächen und Kämpfen weist auf die Tatsache hin, dass wir nicht dazu bestimmt sind, in diesen Schwächen und Kämpfen stecken zu bleiben.

Lesen Sie die beiden letzten Sätze noch einmal. Geben Sie der Hoffnung Raum. Warum kämpfen Sie mit bestimmten Dingen? Dafür gibt es einen Grund und er findet sich in dem Leben, das Sie gelebt haben, in den Wunden, die man Ihnen zugefügt hat, darin, was Sie von sich selbst denken und in der Tatsache, dass Sie keine Ahnung haben, wie Sie Ihren Kummer bewältigen sollen. Und es hängt auch damit zusammen, zu welcher Person Sie werden sollen.

Es ist nicht zu spät. Es ist nicht zu schwierig. Sie sind nicht „zu sehr…" „Gottes Erbarmen ist alle Morgen neu." Und genau in diesem Moment ruht sein Blick voll Erbarmen auf Ihnen.

Sich der Situation gewachsen zeigen

Ich hasse Spinnen. Sie sind unheimlich. Es gibt Spielfilme über giftige Riesenspinnen, die vom Amazonas zu uns nach Nordamerika heraufkommen. Dann ist da dieser alte Film über eine enorme Spinne, die sich in Eisenbahntunneln versteckt, und natürlich jene gemeine Riesenspinne, die einen armen, hilflosen Hobbit erwischt. Spinnen. Igitt! Sie lösen garantiert bei jedem, der ihnen begegnet, Schreie aus.

Früher schrie ich auf, wenn ich eine Spinne im Badezimmer sah. Ich war fast zwölf, als meine Mutter sich weigerte, die haarige, furchterregende Spinne im Waschbecken für mich zu töten. „Sei nicht albern. Mach es selbst", sagte sie nur. Ich nahm also all meinen Mut zusammen und zerdrückte die arme Kreatur mit einem Bausch Toilettenpapier. Danach war ich davon überzeugt, dass sämtliche Verwandte der Spinne, ihre Tanten und Onkel und Brüder und Schwestern und ihre Mutter und ihr Vater mich verfolgen und Rache nehmen würden. Wahrscheinlich würden sie irgendwann nachts über mich krabbeln. Es war natürlich eine völlig irrationale Angst. Mag sein. Aber auf jeden Fall hasse ich Spinnen.

Mit dreiundzwanzig lebte ich ein Jahr lang allein in einem winzigen Häuschen mit nur einem einzigen Zimmer, das direkt hinter dem Haus einer Freundin stand. Es war genau das Richtige für mich. Es hatte nur einen Nachteil. Sie ahnen es bereits – es war voller Spinnen. Jeden Morgen, wenn ich aufwachte, saßen ungefähr zehn Spinnen an den Wänden und begrüßten mit mir den neuen Tag. Wenn ich abends von der Arbeit nach Hause kam, krabbelte ein Dutzend weiterer Spinnen durch den Raum, um mich willkommen zu heißen. Ich gewöhnte mich daran. Ich schreie nicht mehr, wenn ich eine Spinne sehe (meistens jedenfalls), und ich kann sie ganz allein töten, wenn es sein muss.

Mit dem Älterwerden zwang mich meine Lebenssituation dazu, Verantwortung für meine kleine Welt zu übernehmen. Sie kennen den Spruch: „Anpassen oder sterben." Oder diesen: „Was uns nicht umbringt, macht uns nur härter." Wie auch immer, ich musste für mich selbst sorgen, die Miete zahlen, eine KFZ-Versicherung abschließen, meine Hochzeit planen, Spinnen töten oder ignorieren – ich musste mich der Situation gewachsen zeigen. Ich lernte diese Aufgaben zu bewältigen. Als junges Mädchen kurz vor der Pubertät jene erste Spinne zu töten, war ein Meilenstein für mich, und mit der Zeit wurde ich eine Frau, die über die Fähigkeit verfügt, in Gegenwart einer achtbeinigen Kreatur nicht gelähmt zu sein. Ich habe mich verändert. Und das ist gut so.

Vielleicht haben Sie nie Angst vor Spinnen gehabt. Vielleicht sind Sie wie meine Freundin Sam, die alle möglichen Insekten und auch Spinnen einfängt und in den Garten bringt, um ihnen ihre Freiheit wiederzugeben. Aber es gibt Bereiche in Ihrem Leben, in denen Sie Fortschritte machen wollen. Sie wollen frei sein.

Ich glaube, dass Sie es können.

Ich glaube, dass es Gott ein Anliegen ist, uns zu befreien, jede von uns zu der Frau zu machen, die er schon immer so gewollt hat. Zu der Frau, die *wir* schon immer sein wollten. Manchmal tut er das, indem er gewissermaßen einen Schalter umlegt. Doch meistens geschieht es nicht so (wie Sie sehr gut wissen). Meistens lädt Gott uns zu einem Veränderungs*prozess* ein – einem Prozess, in dessen Verlauf wir uns durch seine Gnade den Situationen unseres Lebens gewachsen zeigen können. Doch bevor wir uns mit diesem Prozess befassen, müssen wir ein paar Dinge klarstellen.

Scham und Disziplin führen zu nichts

Erstens: Scham ist kein Mittel zur Veränderung.

Ähnlich wie ein Koffeinschub am Morgen kann uns die Selbstverachtung zwar auf den Weg der Veränderung treiben, doch wir werden bald feststellen, dass sie uns in einen Kreisverkehr ohne Ausweg schickt. Wenn wir morgens auf die Waage steigen und die Kiloanzeige uns zur Verzweiflung bringt, dann schwören wir uns, nie mehr zu viel zu essen. Die Scham ist so groß, dass wir es womöglich schaffen, bis zum Mittagessen nichts zu uns zu nehmen, aber sie wird uns nicht zur Freiheit verhelfen. Selbstverachtung, Scham und Furcht – die sich in so vielen unserer verborgenen, inneren Bereiche breitmachen – können niemals den Fortschritt hervorrufen und beibehalten, nach dem wir uns sehnen. Und doch versuchen die meisten Frauen, die Scham als inneren Antrieb zu nutzen. Ich weiß, dass ich das getan habe.

Auch Selbstdisziplin wird uns nicht aus unserem Dilemma befreien.

Disziplin, insbesondere geistliche Disziplin, ist eine heilige und gute Sache, die mit lebenslanger Übung stetig zunimmt. Doch wenn wir uns nur darauf stützen, um die Veränderungen zu erreichen, nach denen wir uns sehnen, dann werden wir feststellen, dass das Ergebnis *keine* von Gnade erfüllte Frau ist. Wir ärgern uns; wir verlieren den Mut. Und sobald wir einige Kämpfe ausgefochten haben, können wir leicht zu einer Frau werden, die auf andere Druck ausübt, damit sie dasselbe tun. Wir werden hart und verkniffen nach dem Motto: „Nimm dich zusammen!" Bei der Selbstdisziplin bleibt das „Selbst" im Zentrum und damit befinden wir uns bereits in einer schlechten Ausgangsposition. Bemühen, bestrebt sein, noch härter arbeiten wird uns vielleicht durch die Woche bringen, aber sicher nicht durch Jahrzehnte. Und doch glauben viele Christen, dass wir auf diese Weise unsere Welt in Ordnung halten können.

Letzte Woche erhielt ich eine E-Mail, über die ich mich richtig gefreut habe:

Einige Frauen unserer Gemeinde haben beschlossen, ein Bibelstudium über die Frau in Sprüche 31 durchzuführen. Ich schloss mich der Gruppe an, weil ich die Frauen gern besser kennenlernen möchte, aber ganz ehrlich, ich hasse die Frau in Sprüche 31. Sie löst bei mir ganz *schlechte Gefühle aus! Nun ja, letzte Woche erfuhren wir während des Studiums, dass wir uns eine neue Matratze kaufen sollten (damit wir besser schlafen und so besser dienen können) und dass wir unsere Vorratskammer putzen sollten. Gestern lernten wir, dass wir zehn Tage lang nur Gemüse und Wasser zu uns nehmen sollten (wie Daniel), und heute erwartet man von mir, dass ich keinen Zucker mehr esse (und auch meiner Familie keinen Zucker mehr gebe). Ich sagte meinem Mann: „Also, wir brauchen eine neue Matratze und wir werden uns künftig vegetarisch ernähren und ich werde sämtlichen Zucker aus unserem Speiseplan streichen." Seine Antwort darauf lautete: „Kein Wunder, dass du die Frau hasst."*

Nun, einige dieser Veränderungen sind sicherlich eine gute Sache. Möglicherweise möchte Gott, dass meine Freundin oder wir einige dieser Dinge umsetzen. Doch echte Veränderung kann nicht von außen erzwungen werden. Es ist ein innerer Prozess. Wer von uns hat noch nie eine Liste mit Ratschlägen bezüglich Lebensstil, Essen,

Sport, auf andere reagieren, Gott suchen, geistlich wachsen und sich selbst verändern aufgestellt oder bekommen? Wenn die Befolgung dieser Ratschläge überhaupt jemals funktioniert hat, wie lange hielt das an? Solche Listen funktionieren für *niemanden* über längere Zeit, und so fallen wir wieder in die Selbstverachtung zurück. Das Problem ist nicht unsere mangelnde Disziplin. Das Problem ist der Ansatz. Das Problem sind die Listen.

Übrigens sind wir Menschen großartig darin, Listen aufzustellen. Verhaltensregeln. Benimmregeln. Trag deinen Lippenstift nicht in der Öffentlichkeit auf. Halt die Hand vor den Mund, wenn du gähnst. Hochzeitsgeschenke können bis zu einem Jahr nach der Hochzeit geschickt werden, aber um Himmels willen lassen Sie die Brautleute wissen, ob Sie zur Feier erscheinen oder nicht. Halte die Serviette auf dem Schoß. Sprich nicht, während du kaust, und halt den Mund beim Kauen geschlossen. Bleib an einem Stoppschild ein paar Sekunden stehen. Schalte den Blinker ein, bevor du abbiegst. Unterbrich den anderen nicht. Warte, bis du an der Reihe bist. Halte dich gerade. Geh zur Wahl.

Finden Sie es nicht ermüdend, all diese Regeln auch nur zu lesen?

Gott gab dem Volk Israel eine sagenhafte Liste. Lüg nicht. Stiehl nicht. Begehre nicht die Frau deines Nachbarn, seinen Diener, seinen Ochsen, seinen Esel oder sein neues Auto. War das wirklich zu viel verlangt? Es war eine stattliche Liste, und die Israeliten fanden heraus, dass sie die Regeln auch nicht einen Tag lang befolgen konnten. Dann kam Jesus. In seiner berühmten Bergpredigt lehrte Jesus, dass es bereits Ehebruch ist, eine Frau (oder einen Mann) auch nur *im Herzen* zu begehren. Er lehrte, dass es genauso schlimm ist, einen Menschen *im Herzen* zu hassen, wie ihn umzubringen. Mhmmmm, da sitzen wir alle in der Patsche.

Eine Liste von Gesetzen, Regeln, Tipps, Techniken und Strategien bringt kein verändertes Herz hervor. Kein Wunder, dass 95 Prozent der Menschen, die Gewicht verloren haben, unfähig sind, dieses Gewicht zu halten. Diätprogramme funktionieren, wenn man das

Programm befolgt. Doch sie funktionieren von außen, und wenn keine grundlegende innere Veränderung erfolgt, dann ist es unmöglich, den kleineren BMI zu halten. Wir alle haben Bereiche in unserem Leben, in denen wir Veränderung benötigen und wünschen, doch die Veränderung wird nur erfolgen, wenn sie *im Herzen* geschieht.

Scrooge erfuhr eine Veränderung des Herzens und gab seinem Angestellten Bob Cratchit eine Lohnerhöhung. Cinderella erfuhr eine Veränderung des Herzens und ging zum Ball des Prinzen. Saulus, der rasende Pharisäer, erfuhr eine Veränderung des Herzens und wurde der wichtigste Missionar für Jesus Christus. Ich erfuhr eine Veränderung des Herzens, als ich mein Leben Jesus anvertraute. Als mein Herz sein wahres Zuhause fand, veränderten sich viele Dinge schlagartig.

Wenn wir eine innere Veränderung erfahren, wird sich diese Veränderung nach außen hin zeigen. Doch Sie und ich wissen mittlerweile, dass der größte Teil unserer Heilung und Umwandlung nicht im Augenblick unserer Bekehrung geschieht. Wir sind unterwegs. Gott lädt uns zu einem Prozess ein. Unsere Reise vollzieht sich tagtäglich im staubigen und grauen Hier und Jetzt. Und genau dahinein kommt Jesus.

Scham führt zu nichts, und auch Disziplin führt zu nichts. Gott lädt uns ein, uns in den Prozess einzufügen, in dessen Verlauf er unsere innere Welt heilt, sodass unsere äußere Welt verwandelt wird.

Noch eine Bemerkung, bevor wir uns damit befassen, wie das geschehen kann.

Gott wird mich nicht mehr oder anders lieben, wenn beziehungsweise falls es mir schließlich gelingt, Gewicht zu verlieren und meine Esssucht zu überwinden. Jesu Liebe zu mir, die Liebe meines himmlischen Vaters zu mir, ist unwandelbar. Ja, es stimmt, die Gemeinschaft mit ihm kann manchmal belastet sein, doch sein Herz verändert sich nicht. Er liebt mich leidenschaftlich. Noch besser: Ich glaube, er mag mich. Und übrigens steht er unheimlich auf Sie. Ja, auf Sie. Doch was bedeutet es, auf diese Weise geliebt zu sein?

Hat es eine Bedeutung? Bewirkt es einen Unterschied in meinem täglichen Leben? Sie ahnen es: Ja, das tut es allerdings!

Wir sind geliebt

Gott liebt die Menschen. Wenn man sich in der Welt umschaut, ist das manchmal schwer zu glauben, aber es ist wahr. Wir sind geliebt. Wir wurden aus Liebe geboren, in Liebe hineingeboren, um Liebe kennenzulernen und geliebt zu werden. Ja, wir wurden in eine gefallene, leidvolle Welt hineingeboren, die zugleich wundervoller als das schönste Märchen ist. Sie ist beides. Und in dieser wunderschönen, herzzerreißenden Welt liebt Gott – der Ewige, der Allmächtige, der Wundervolle – die Menschen. Auch Sie. Ganz besonders Sie.

Sie sind wundervoll.

Nun ja, vielleicht nicht jeden Tag. Sie sind zwar jeden Tag wundervoll, doch das Wundervolle in Ihnen liegt oft unter dem Schutt einer verrückt gewordenen Welt begraben. Sie wurden in ein unglaubliches Chaos hineingeboren, und jeder von uns ist damit selbst zu etwas Chaotischem geworden; doch mitten in unserem Schlamassel sind wir von Gott geliebt. Er verachtet die Menschheit nicht oder verzweifelt an uns, wie wir es manchmal tun. Er wendet sich nicht von uns ab angesichts unseres Versagens und unseres Egoismus', wie wir es tun würden. Er ist nicht *überrascht*. Er weiß, dass wir nur Staub sind und unsere Füße aus Lehm gemacht wurden, aber er hat dafür gesorgt, dass wir nicht so bleiben müssen.

Lassen Sie mich diese Wahrheit noch einmal wiederholen: Sie sind geliebt. Zutiefst, innig, unvorstellbar geliebt. Und Sie sind ein wundervolles Geschöpf Gottes. Egal, ob Sie eine Spinne töten können oder nicht. Egal, ob Ihnen der Bademantel in Einheitsgröße passt oder nicht. Egal, ob Sie in jedem Bereich Ihres Lebens siegreich sind oder nicht. Egal, ob Sie erneut Ihre Beherrschung verloren, einem Tagtraum, einem weiteren Keks oder Ihren Gedanken der Selbstverachtung nachgegeben haben. Sie sind geliebt. Genau hier und jetzt sind Sie geliebt und der eine, der alles sieht, ist bei Ihnen und sieht Sie. Er kennt Sie besser, als Sie sich selbst kennen, und Sie waren nie eine Enttäuschung für ihn.

Sie enttäuschen ihn auch jetzt nicht. Sie mögen vielleicht enttäuscht sein, aber nicht er. Jesus wusste, was ihn erwartete, als er kam, „um Verlorene zu suchen und zu retten" (Lukas 19,10). Er kam, um *alles* zu suchen und zu retten, was verloren war – in unserer Liebe, unserem Leben, unseren Träumen und unserer Sehnsucht. Er hat uns gerettet, und er ist immer noch dabei, uns zu retten. Wir werden in das Bild Jesu verwandelt, ob wir es spüren oder nicht.

Wir alle aber stehen mit unverhülltem Gesicht vor Gott und spiegeln seine Herrlichkeit wider. Der Herr verändert uns durch seinen Geist, damit wir ihm immer ähnlicher werden und immer mehr Anteil an seiner Herrlichkeit bekommen   2. Korinther 3,18

Ich weiß, ich weiß. An den meisten Tagen haben wir ganz und gar nicht das Gefühl, „immer mehr Anteil an seiner Herrlichkeit" zu bekommen. Es herrscht Chaos. Und Gott ist mitten darin. Er ist damit beschäftigt, unser inneres Chaos zu verändern, um den Rest des Chaos' zu verwandeln. Unsere Verwandlung beginnt, wenn wir daran glauben, dass wir geliebt sind.

Jesus versteht unsere Kämpfe und unsere Sorgen. Er weiß, dass unser Herz gebrochen wurde, und er kam, um unser Herz zu heilen. Er weiß, dass wir uns nach Veränderung sehnen. Er weiß, was geschehen muss und wo. Er weiß, was dabei im Weg steht. Für uns selbst sind wir „zu sehr…", aber nicht für ihn.

Jesus wird uns den Weg zeigen. Jesus ist der Weg. Und damit kommen wir zu einem herausragenden Paradoxon.

Werden

Meine Freundin Julie hielt sich genau an ihr neues Fitnessprogramm. Sie zog ihr vorgeschriebenes Jogging auch bei Regen durch. Doch dann fühlte sie sich wieder wie geprügelt, als erneut ein anderer Jogger wie eine Gazelle an ihr vorbeilief.

Vielleicht ist Fitness nur für diejenigen, die fit sind, dachte sie.

„Gott!", rief sie. „*Es ist so schwer, sich zu ändern!*"

Sie hörte seine Antwort tief in ihrem Herzen: *Und wenn die Veränderung darin besteht, dass ich dir zeige, wer du wirklich bist?*

Moment mal – was?

Ich dachte, wir werden auf die eine oder andere Weise von uns selbst frei; Jesus übernimmt in gewisser Weise unser Leben und lebt es für uns. Hat nicht Johannes der Täufer gesagt: „Christus soll immer wichtiger werden, und ich will immer mehr in den Hintergrund treten!" (Johannes 3,30)?

Das ist das Paradoxon unserer Verwandlung. Einerseits geht es darum, uns selbst und alle Bereiche unseres Lebens Gott anzuvertrauen – auch all unsere Bemühungen, uns zu ändern, und all unsere Resignation, es nicht zu schaffen. Wie C. S. Lewis sagte: „Je mehr wir uns Gott anvertrauen, desto stärker finden wir zu uns selbst – weil er uns gemacht hat."[1]

Und doch schiebt Gott uns nicht beiseite. Stattdessen führt er uns zu unserem wirklichen Ich. Während er unser Inneres heilt, fordert er uns dazu auf, uns den Herausforderungen des Lebens zu stellen und uns damit auf die wichtigste Reise, die ein Mensch machen kann, zu begeben. Diese Reise erfordert Mut, Glauben und vor allem die Bereitschaft, zu wachsen und loszulassen, um damit am Ende bei sich selbst anzukommen. Die Reise des Werdens ist also eine Reise der gesteigerten Selbstwahrnehmung verbunden mit der Hingabe des eigenen Selbst.

Bei Gott dreht sich alles um diesen Prozess. Wir kommen funkelnagelneu auf die Welt und beginnen die Reise des Werdens mit unserem ersten Atemzug. Atmen ist gut. Vielleicht sollten wir in diesem Moment alle einmal tief durchatmen und darauf hören, was Gott sagt:

Gott hat euch ja dazu auserwählt; er ist treu, und was er verspricht, das hält er auch.   1. Thessalonicher 5,24

Es ist ein wunderschönes Paradoxon: Je mehr wir wie *Gott* werden, desto mehr werden wir *wir selbst* – das Selbst, das Gott im Blick hatte, als er vor Erschaffung der Welt an Sie dachte. *Dieses Selbst ist in Ihnen; es mag schwer angeschlagen und mit jeder Menge Schmutz bedeckt sein, aber es ist da.* Und Jesus kommt und möchte es zur wahren Blüte führen. Dabei ist der Weg dorthin ein ständiger Tanz zwischen Wählen und Nachgeben, Wünschen und Aufgeben, Versuchen und Abgeben.

Doch während wir wachsen, entdecken wir, dass es Dinge gibt, die uns auf dem Weg zur Veränderung nicht helfen, sondern verletzen.

Da ist die Stimme der Scham, die sagt: „*Eigentlich hasse ich mich. Ich würde mich am liebsten selbst loswerden.*"

Die Stimme der Disziplin sagt: „*Ich muss mich bessern, denn ich bin nicht gut.*"

Gott aber sagt: „*Ich liebe dich. Lass dich von mir wieder heil machen.*"

Diese Stimme mag ich am liebsten.

Gott *offenbart* uns, wer wir wirklich sind. Das ist das „unverhüllte Gesicht", wie Paulus es ausdrückt. All die Schleier der Scham und Sünde und des falschen Ichs, all diese Schleier, die andere Menschen auf uns gelegt haben, die glauben zu wissen, wie wir sein sollten – Gott nimmt sie fort, damit wir mit unverhülltem Gesicht seine Herrlichkeit widerspiegeln können.

Der Prozess scheint oft langsam, sogar endlos zu sein. Doch dauerhafte Veränderung braucht Zeit. Jeder kann es einen Tag lang schaffen. Die Vorsätze für das neue Jahr halten manchmal sogar einige Monate an. Doch Gott ist ein Gott des Prozesses, und er hat die Ewigkeit im Blick. Sein Plan für uns ist keine Schnellreparatur, sondern eine auf die Ewigkeit angelegte Verwandlung. Langsam. Sorgfältig. Absichtsvoll. So vollzieht sich die Enthüllung.

Doch gibt es eine Möglichkeit, den Prozess zu beschleunigen und die Veränderung, nach der wir uns sehnen, schneller zu erreichen?

Ja. Es gibt einen Weg. Wir können unsere Verwandlung beschleunigen, indem wir immer und immer wieder „Ja" zu Gott sagen. Nicht in einer wetteifernden, sondern einer befreiten Haltung. Es ist nicht ein Drängen zum nächsten Ziel, sondern vielmehr ein Nachgeben. Wir lassen uns in das Leben Gottes in uns fallen. „Christus in mir, hilf mir", wird dann zu unserem Gebet. Damit wir an diesen Punkt gelangen, bringt er uns oft an das Ende unserer eigenen Bemühungen, an das Ende unseres eigenen Ichs. Denn erst hier kehren wir unseren Anstrengungen den Rücken und heben unsere Arme zu Gott empor, damit er uns *erneut* rettet.

Wir wenden uns *im Glauben* zu ihm. *Im Glauben* beschließen wir darauf zu vertrauen, dass er unsere Gebete erhört. *Im Glauben* wissen wir, dass er gut ist und auf unserer Seite steht. Im Glauben vertrauen wir darauf, dass Gott auch dann, wenn wir es nicht sehen oder spüren, in uns und für uns wirkt. Weil er es selbst sagt.

Gemeinsam

Kann man sich wirklich verändern? Ich glaube, ja. Ich habe es schon gesehen; die Bibel verspricht es; und es passiert in meinem Innern.

Gott ist mir nachgegangen und er tut es weiterhin. Er hat mich geheilt, und er fährt damit fort. Er hat mich gerettet, und er rettet mich immer noch, indem er seine Schönheit und seine Gegenwart immer tiefer in meine Seele einprägt. „Ich bin, der ich bin" hat in mir Wohnung genommen, und seine Anwesenheit verändert mich. Er, der ganz und gar er selbst ist, befähigt mich, ich selbst zu werden, das Selbst, das er im Blick hatte, als er mich erschuf.

Machen Sie es sich bitte noch einmal ganz genau bewusst: Gott ist ganz und gar er selbst und damit absolut zufrieden. Entspricht das nicht genau dem, was das riesige Wesen, das in dem wunderschönen Buch *Der Ritt nach Narnia* sagte, als es neben Shasta herlief? Dort fragt Shasta niedergeschlagen die Stimme neben ihm: „Wer bist du?" Und obwohl es der große Löwe ist, erwidert er nicht: „Ich bin Aslan." Wie Jahwe sagt er einfach nur: „Ich selbst."[2] Er ist, der er ist, der er immer war und immer sein wird. Gott ist *Ich bin.* Er ist nicht im Werden begriffen. Er *ist* bereits. Und um seinetwillen bin ich dabei, *ich selbst* zu werden.

Sicher, ich neige noch immer dazu, in meinem Kopf Gespräche mit anderen Menschen zu wiederholen, um nach meinen Fehlern zu forschen, doch in letzter Zeit verweile ich immer weniger in der Selbstanklage. Ja, ich greife noch immer nach Kohlenhydraten, wenn eigentlich meine Seele hungrig ist, aber es geschieht nicht mehr so häufig. Ich wachse in dem Wissen, dass ich zu jedem Zeitpunkt, auch zu dem ganz speziellen und schwierigen, vollkommen von Gott geliebt bin und dass Gott nicht von mir erwartet, dass ich mich am Riemen reiße, um mir seine Zuneigung zu verdienen. Ich habe ein wenig Gewicht verloren und der Bademantel in Einheitsgröße passt mir nun. Aber ich weiß, dass ich deswegen nicht mehr Anerkennung vonseiten Gottes bekomme. Auch qualifiziert mich das nicht besser als Christ und ich bin dadurch für ihn nicht schöner als vorher. Ich war in Gottes Augen schon immer wundervoll, und Sie sind es auch. Angesichts seiner gleichbleibenden Liebe werde ich verwandelt. Ich werde ich selbst.

Ich bin mir sicher, dass Sie in der Vergangenheit versucht und gehofft haben, dass Sie sich ändern können. Gott lädt Sie heute dazu ein, erneut zu hoffen. Wir können uns nicht selbst heilen oder selbst befreien oder selbst retten. Wir können nicht aus eigener Kraft wir selbst werden. Doch wir sind nicht verlassen. Wir werden gesehen und sind gekannt, gestärkt und motiviert, das Leben zu leben, für das wir vom König der Liebe geschaffen wurden. Er möchte uns helfen, zu werden. Er möchte uns helfen, uns zu verändern und zu wachsen. Wir können das nicht alleine leisten, aber *er kann*. Er ist sehr, sehr gut darin. Und es ist genau das, was er uns versprochen hat.

Wen Gott nämlich auserwählt hat, der ist nach seinem Willen auch dazu bestimmt, seinem Sohn ähnlich zu werden, damit dieser der Erste ist unter vielen Brüdern und Schwestern.　　　Römer 8,29

Ich habe Folgendes gelernt:

* Spinnen sind wirklich hässlich, doch die meisten können mich nicht töten.
* Wir sind unaussprechlich geliebt.
* Es gibt *Gründe* dafür, dass wir mit bestimmten Dingen kämpfen.
* Und es gibt einen Weg, um die Frau zu werden, die wir nach Gottes Plan sein sollen.

Lassen Sie uns diesen Weg gemeinsam gehen.

2

Mit Gnade zurückblicken

Es spielt keine Rolle, wer mein Vater war. Wichtig ist, als wen ich ihn in Erinnerung behalte.
Anne Sexton

Ich wünschte, ich könnte einen Knopf drücken und mein Leben erneut leben.

Wenn ich damals nur gewusst hätte, was ich heute weiß! Wenn ich nur meinen Mund gehalten hätte! Warum habe ich jenes getan, gesagt, gewollt? Doch mir ist bewusst, dass ich gerade wegen der Reise, die ich hinter mir habe, die Frau bin, die ich bin. Und das betrifft nicht nur die Teile meiner Reise, von denen ich sagen kann: „Wie gerne würde ich das noch einmal erleben." Es betrifft auch die weniger schönen Abschnitte. Ich würde gerne einen großen Teil meiner Lebensgeschichte verändern, besonders die Zeiten, in denen meine Kämpfe und mein Scheitern meiner Familie und meinen Freunden Kummer bereitet haben.

Doch Gott befindet sich ebenfalls in ihrer Lebensgeschichte, und meine einzige Möglichkeit ist die, mit offener Hand, von Gnade umgeben, zu lernen und wieder neu zu beginnen. Mich zu erinnern und vorwärtszugehen. Mein Leben zu vergessen – meine Fehler, meine Siege, meine Herausforderungen, meine Sorgen, meine *Geschichte* – würde mich daran hindern, vorwärtszugehen und mich in die Frau zu verändern, die ich werden soll. Es ist wichtig, dass ich mich erinnere, und ich lade Sie dazu ein, dies mit mir gemeinsam zu tun. Es mag uns seltsam scheinen, dass wir an bestimmten Punkten unserer Reise zurückblicken müssen, um vorwärtsgehen zu können, aber es ist nötig.

Während wir uns aber erinnern, dürfen wir nicht in Versuchung geraten, mit Bedauern statt mit Gnade zurückzublicken. Aber weil Gottes Augen uns voller Gnade ansehen, können wir auch mit uns selbst gnädig sein.

Ich erinnere mich nicht klar und deutlich an alle Dinge in meinem Leben. Vieles kommt unaufgefordert, wie eine Brise, die mich umweht, begleitet vom Gesang der Vögel, die fröhlich damit beschäftigt sind, ihr Futter zu suchen. Es ist ein Lufthauch der Ewigkeit, eine Verbindung zu vergangenen Jahreszeiten, das Erinnern an sich wundern, sich sehnen, an *wissen*. Ich bin immer noch drei und sieben und zweiundzwanzig.

Mit fünf und mit neunundvierzig

Als ich fünf Jahre alt war, machte ich mit meiner Familie im *Grand Teton National Park* im Bundesstaat Wyoming Urlaub. Wir schliefen in einem Feriendorf, das aus mehreren Holzhütten bestand, und hinter unserem Häuschen plätscherte ein Fluss. Ich war zugleich die Indianerprinzessin Pocahontas und Laura Ingalls Wilder aus „Unsere kleine Farm" und zutiefst und wundervoll ich selbst.

Mein Bruder fing einen Fisch, und der Chef des Feriendorfes grillte für uns den Fisch zum Abendessen. Meine Schwestern gingen zum Reiten, während mein Bruder, meine Eltern und ich mit einem Floß über den *Snake River* fuhren. Das Schaukeln des Wassers schläferte mich ein, und ich kuschelte mich in der warmen Sonne auf den Boden des Floßes. Wir wanderten über den *Jenny-Lake-Pfad,* schwammen im *Jackson Lake* und hielten unsere Cola-Flaschen eiskalt, indem wir sie an einem Holzklotz im Wasser festbanden.

Es war eine wundervolle Zeit, die in meinen Träumen und in meiner Erinnerung leuchtet. Wir waren Abenteurer und Forscher, wir waren frei und glücklich. Es war gut. *Wir* waren gut. Es war eine heilige Atempause von einem unheiligen Leben.

An unserem ersten Nachmittag dort krempelten wir unsere Hosenbeine hoch und wateten im Fluss hinter der Hütte durch das sprudelnde Wasser. Meine Mutter lachte, als sie mich festhielt und mir das Leben rettete, bevor mich die Strömung mit sich riss. Sie tat es so, wie es nur eine Mutter tut – tausendmal während einer langen Kindheit. Klares Wasser. Unverdorbene Augenblicke. Sorgsam gehegte Erinnerungen.

Ich kehre heute Jahr für Jahr mit meinen eigenen Kindern an diesen Ort zurück, und es ist jedes Mal so, als ob ich nach Hause käme. Es ist eine von Gott erfüllte Schönheit, die sich nicht verändert hat (obwohl meine Betrachtung nicht mehr die gleiche ist). Ich liebe diesen Ort voller Erinnerungen und Hoffnung, an dem die Landschaft als Echo zurückwirft, was immer schon hätte sein sollen.

Ich habe jahrelang nach der Hütte gesucht, in der wir damals gewohnt haben, und mit neunundvierzig habe ich sie endlich gefunden. Als mein Mann auf den dazugehörigen Parkplatz fuhr, stieg ich jedoch allein aus dem Wagen aus und ließ ihn mit meinen erstaunten Kindern zurück, während ich eine Reise in die Vergangenheit antrat.

Es sind nicht länger Gästehäuser, sondern Hütten für den amerikanischen Alpenverein. Sie sind nicht besonders gut instand gehalten und besitzen auch nicht mehr den früheren Charme; sie sind so abgenutzt und verwahrlost, wie mein Herz sich manchmal anfühlt. Ich ging zum Ende des Grundstücks, wo unsere Hütte stand. Und tatsächlich stand sie noch dort. Die Zeit, die wir in ihr verbracht haben, hatte es unwiderlegbar gegeben. Ich erinnerte mich. *Wenn es wirklich dieser Ort und diese Hütte sind, dann gibt es dahinter einen Fluss.* Erwartungsvoll und zugleich vorsichtig ging ich hinter die Hütte. Der Fluss war zu diesem Zeitpunkt sehr hoch. Zu jener Jahreszeit konnte man nicht ohne Weiteres hindurchwaten, aber er war es – wild, klar, rein. Wasser, das über Steine fließt.

Begeistert nahm ich das Rauschen des Wassers und den Wind wahr, der die Bäume über mir streifte, und dann hörte ich ein anderes Geräusch. Lachen. Das Lachen von Kindern und das Lachen einer Frau – meiner Mutter. Es war weder eingebildet noch wirklich da und dennoch so real wie mein Atem. Das Lachen berührte mich auf eine Weise, die mir näher war als der Wind, der mein Gesicht streifte. Das Licht war unverändert, der Geruch derselbe, und doch hatte sich ein Fenster in die Ewigkeit geöffnet – und der Klang war himmlisch: freies, fröhliches, echtes *Lachen*.

Ich kostete diesen Moment aus und machte mir klar, dass ich als Neunundvierzigjährige fünfzehn Jahre älter war als meine Mutter damals war, als sie nach meinem von der Strömung erfassten Körper griff und mich leicht und fröhlich festhielt. Es war zehn Jahre her, dass ich meine Mutter zuletzt lachen hörte. Sie ist tot. Ich wusste, dass es so ist. Ich war dabei. Ich hatte miterlebt, wie ihr Geist nachgelassen hatte und ihr Körper schon bald gefolgt war. Aber nun, in diesem Augenblick, hörte ich ihr Lachen, das Lachen einer jungen Frau, deren Leben in diesem Moment gut war.

Meine Mutter war tot. Meine Mutter lebte.

Meine Mutter ist gegangen. Meine Mutter war da.

Ich war neunundvierzig. Und ich war drei und sieben und zweiundzwanzig.

In solchen Momenten spüre ich in mir das Echo der Wahrheit, dass ich ewig bin. Ich bin mit meiner Gegenwart, meiner Zukunft, meiner Vergangenheit verbunden. Und Sie sind es auch. Wir tragen jedes Alter und jeden Moment unseres Lebens in uns.

Das Großartige daran, älter zu werden, liegt darin,
dass man alle anderen Alter, die man schon durchlebt hat, nicht
verliert.
                                                        Madeleine L'Engle[1]

Sich ehrlich erinnern

Es ist wichtig, sich zu erinnern. Die Melodie meiner Kindheit besteht aus Grillen, Gewitterstürmen und dem Geräusch der Blätter, die im Herbst fallen und unter meinen Füßen rascheln, wobei sie einen erdigen Duft verströmen. Ich wuchs in einem Wohnviertel auf, in dem es keine Zäune und jede Menge Kinder gab. Wir erforschten die Tiere im Bach. Wir fingen Schmetterlinge und steckten sie in Marmeladengläser. Das ist wirklich so passiert und nicht nur aus einem Film geklaut. Wir spielten *Fischer, Fischer, wie tief ist das Wasser*, und wir führten kleine Theaterstücke für unsere Eltern auf, die wir uns vorher ausgedacht hatten.

Wir hatten vier Jahreszeiten, mit Schlittschuhlaufen auf einem zugefrorenen See im Winter und Schwimmen im öffentlichen Schwimmbad den ganzen Sommer hindurch. Zu Halloween schnitzten wir gruselige Gesichter in Kürbisse und gingen ohne elterliche Begleitung mit dem Ruf „Süßes oder Saures" von Haus zu Haus. Wir verkauften selbst gemachte Limonade, um für einen guten Zweck Geld zu sammeln, gingen Schlitten und Fahrrad fahren, gingen sonntags in die Kirche und unsere Mütter hatten immer einen kleinen Imbiss parat, wenn wir nachmittags aus der Schule kamen.

Ich war sechs Jahre alt, lag mit Windpocken im Bett und bekam die wunderbare Nachricht, ich hätte bei einem Malwettbewerb gewonnen. Ich hätte mich nicht mehr freuen können und das sieht man auch auf dem Foto, das meine Mutter damals von mir machte, als sie mir von meinem Sieg erzählte. Ich halte meine Puppe im Arm und lächle ein Lächeln voller Zahnlücken. Meine Belohnung war ein Gutschein für einen Süßwarenladen, abgesehen von der Aufregung, gewonnen zu haben. Oh ja. Ich erinnere mich gut.

Meine Mutter kochte jeden Abend für uns. Jeden Abend. Abendessen im Restaurant waren eine Seltenheit, die wir für den Silvesterabend und ab und zu für Pausen während langer Autofahrten reservierten. „Wie viel dürfen wir ausgeben?", fragten wir dann immer, während wir über den Verlockungen der Speisekarte brüteten. Meine Mutter trug keine Perlen, aber stets eine Schürze. Und wenn sie nicht Bridge spielte, ehrenamtlich in der Kirche tätig war oder das Haus putzte, war sie in der Regel in der Küche anzutreffen.

An den meisten Tagen setzte ich mich nach der Schule vor den Fernseher und schaute mir die verschiedenen Serien an, darunter waren zum Beispiel *Vater ist der Beste* und *Westlich von Santa Fé*. Auch vierzig Jahre später kann ich noch die Anfangsmelodien dieser Serien oder auch der Reklamespots singen, die zwischendrin ausgestrahlt wurden. Aber ich kann mich nicht erinnern, ob ich jemals Hausaufgaben machen musste. Du lieber Himmel, die Dinge haben sich sehr geändert!

Als ich fünfunddreißig war, selbst Mutter von drei Söhnen und seit elf Jahren verheiratet, machten mein Mann und ich eine Therapie. Jeder für sich. Ich hatte ein Jahr früher begonnen als er, und ich schloss die Sache genau ein Jahr später als er ab.

Als er eines Tages nach Hause kam und mir mitteilte, sein Therapeut habe ihm gesagt, die Therapie sei für ihn beendet, er brauche keine Beratung mehr, war ich verblüfft. Wie konnte das sein? Ich fragte ihn: „Wie kommt es, dass du die Therapie so schnell abschließen konntest, obwohl in *deiner* Familie ein viel größeres Chaos geherrscht hat als in meiner?"

Er sah mir direkt in die Augen und sagte: „Das liegt daran, dass du das glaubst."

Moment mal. Wie bitte? Meine Kindheit war wundervoll. Was wollte er mir damit sagen? Dass meine Kindheit vielleicht nicht die „Unsere kleine Farm"-Idylle gewesen war, für die ich sie immer gehalten hatte? Ich hatte den Eindruck, die Erde würde sich unter mir auftun, als ich über seine Bemerkung nachdachte.

Es ist wichtig, sich zu erinnern. Aber es ist genauso wichtig, sich *ehrlich* zu erinnern. (Zumindest dann, wenn wir dazu bereit sind und von Gott darin unterstützt werden.)

Wenn ich ehrlich bin, dann ist die Melodie meiner Kindheit auch das Klicken von Eiswürfeln im Glas und der Geruch von Whisky. Es ist der Klang bissiger Worte, die mit tödlicher Treffsicherheit und hochgekrempelten Ärmeln zwischen meinen Eltern hin- und hergeworfen wurden, als Vorbereitung auf eine Prügelei. Es ist die betäubende Eintönigkeit des Fernsehens und das Geräusch von Bierdosen, die geöffnet wurden. Es ist das Gefühl von Angst im Magen, das Gefühl eines einsamen Herzens und des unerfüllten

Wunsches, man möge mit mir spielen. Es ist der greifbare Schmerz der Sehnsucht nach Annahme, Bestätigung und Wertschätzung. Es ist das Gefühl, kläglich versagt zu haben.

Während meiner Erinnerung an die verschiedenen Stationen meines Lebens zeigte mir Gott die ganze Wahrheit. Auf dieser Reise erlebte ich bisher Verlust, Kummer und tiefen Schmerz – und ich wurde sehr wütend. Doch ganz langsam brachte diese Reise mir auch Gnade, Vergebung, Heilung und Liebe.

Meine Kindheit war keine Idylle – niemandes Kindheit kann es gewesen sein – und deshalb wette ich, dass auch Ihre Kindheit keine Idylle war. Doch ein tieferes Verständnis unserer Lebensgeschichte führt zu einem tieferen Verständnis unserer Person – wer wir sind und wozu Gott uns geschaffen hat. Ja, da ist Leid, aber da ist auch Schönheit.

Von der Kindheit geprägt

Die ersten zehn Jahre eines Menschen vergehen leider allzu schnell, doch sie beeinflussen sein ganzes weiteres Leben. Ob nun eher gut oder schlecht, die Kindheit der meisten Frauen besteht aus einer Mischung von beidem. Dabei sollten diese Jahre von den Problemen der Erwachsenen frei und unbelastet sein. Es sind die Jahre des Staunens, der Seifenblasen, der Kreidemalerei auf dem Bürgersteig und der Wolkenbilder. Sie sind voll von Entdeckungen, dem Klang quietschender Schaukeln, dem Duft nach Löwenzahn. Es sind die nachhaltig prägenden Jahre, die den Grundstein für die Frauen legen, die wir heute sind.

Erinnern Sie sich daran, wie Sie damals waren? Was Sie mochten? Welche Spiele Sie liebten? Hat man *Sie* geliebt?

Als jüngste von fünf Töchtern wuchs Annie im ländlichen Minnesota auf, umgeben von einer weitläufigen, offenen Landschaft und einer großen Familie. Ihr blondes Haar und ihre blauen Augen passten gut zu ihrer holländischen Herkunft, im Gegensatz zu ihrem schwachen, kranken kleinen Körper. Annie litt an schwerem Asthma und konnte weder Sport treiben noch an den improvisierten Fußballspielen mit den Nachbarskindern teilnehmen. Wenn es Zeit zum Schlafengehen war, hatte sie furchtbare Angst und verbrachte deshalb die meisten Nächte auf einer Matratze im Schlafzimmer ihrer Eltern. Die Allergien, die sie quälten, hinderten sie daran, zuzunehmen, tief zu atmen und unbeschwert zu leben. Wenn sie von ihrer Kindheit spricht, beschreibt sie sich selbst als kränklich, mager und einsam.

Wie können sportliche Eltern, die ihren aktiven Kindern zugetan sind, einem unsportlichen, kränklichen, am Rande stehenden Kind Liebe und Anerkennung vermitteln? Annie wuchs nicht mit dem Gefühl auf, geliebt zu sein. Sie passte nicht in ihre Familie. Annie spürte, dass ihre Eltern nicht wussten, was sie mit ihr anfangen sollten, also machten sie eben nichts. Die meiste Zeit blieb sie sich selbst überlassen. Und dann wurde ihr die entscheidende Wunde ihres Lebens von einem ihrer Cousins zugefügt. Sie war für Stunden ohne Aufsicht und Schutz gelassen worden, als er sie sexuell missbrauchte. Wie die meisten Frauen (und Männer) glaubte Annie, sie sei missbraucht worden, weil sie wertlos war – nicht wert, dass man sie schützte, auf sie achtete, eben in jeder Hinsicht wertlos. Sie dachte, mit ihr sei etwas nicht in Ordnung.

Wie sah Ihre Kindheit aus? Woran erinnern Sie sich in diesem Augenblick? Was liebten Sie, wovon träumten Sie, was spielten, fühlten, glaubten Sie? Laden Sie Jesus ein, an Ihrer Erinnerung und der Wahrnehmung Ihrer Erinnerung teilzunehmen.

Die Erinnerung ermöglicht es uns, die Vergangenheit – selbst die Teile, die wir als Fluch empfunden haben – zu segnen und zugleich dadurch gesegnet zu werden. Frederick Buechner[2]

34

Sei mehr, sei weniger

Meine Geschwister und ich quälten einander oft durch Kitzeln. Es war kein Spielen – es war tatsächlich quälen. Ich habe zwei Schwestern und einen Bruder, ich bin die Jüngste, und meine Erfahrungen und Erinnerungen an die Kindheit unterscheiden sich deutlich von ihren Erinnerungen. Wenn wir uns heute treffen und über Geschichten aus unserer Kindheit reden, dann fallen diese Erinnerungen ganz unterschiedlich aus. Ich war zehn, als mein Vater mit dem Trinken aufhörte. Mein Bruder war damals vierzehn, meine Schwestern sechzehn und siebzehn. Einige Jahre später wurde mein Vater als manisch-depressiv diagnostiziert, und er begann Medikamente zu nehmen, die seine Gefühle stabilisieren sollten. Zu diesem Zeitpunkt hatten meine Schwestern bereits das Haus verlassen, und mein Bruder war auf jede erdenkliche Weise abwesend. Ihre Erfahrungen innerhalb unserer Familie waren also ganz andere gewesen als meine. Doch eines weiß ich: Beim Kitzeln wurde derjenige, der am Boden lag, so lange gekitzelt, bis er nicht mehr atmen konnte, wobei er außerdem an einem feuchten Schwamm würgte, den wir ihm in den Mund gestopft hatten. Oder an einer schmutzigen Socke.

Warum tun wir solche Dinge?

Wir hatten ein Familienlied, das meine Geschwister und ich, wenn wir uns heute Nachmittag träfen, immer noch perfekt auswendig singen könnten: „*It was only an Old Beer Bottle* – Es war nur eine alte Bierflasche.“ Nun, was sagt so ein Lied über eine Familie aus? Ich kann Ihnen erzählen, dass derjenige von uns, der die Bierdose meines Vaters öffnete, stets mit dem ersten Schluck belohnt wurde. Als Dreijährige war ich ganz scharf auf dieses Privileg, und ich mag diesen Geschmack noch immer.

Es war nur eine alte Bierflasche,
die auf dem Wellenschaum dahin trieb.
Es war nur eine alte Bierflasche,
Millionen Meilen von zu Hause entfernt.

Und darin befand sich eine Botschaft,
und sie lautete:
Wer diese Flasche findet,
wird sehen, dass alles Bier verschwunden ist.

Wir sind also eine singende Familie, jedenfalls in gewisser Hinsicht. Und obwohl ich glaube, dass meine Geschwister mich lieben, waren wir in unserer Kindheit nicht gerade Verbündete. Wir waren auch keine Feinde, aber unsere Allianzen wechselten. (Mit Ausnahme meiner ältesten Schwester, Terri. Wir alle, sogar meine Eltern, konnten auf Terri zählen. Sie war die personifizierte Gnade, der Friedensstifter, der ruhende Pol unserer Familie, diejenige, die immer noch nach meiner Brille suchte, wenn ich längst aufgegeben hatte.)

Und obwohl wir alle miteinander in dieser Familie lebten und dieselbe unausgesprochene Bedrohung durch über uns schwebendes Unheil empfanden, waren wir allein. Allein mit der Art und Weise, wie wir mit der chaotischen Ehe unserer Eltern fertig wurden und mit der Botschaft, die jedem von uns von ihnen vermittelt wurde: *Du bist eine herbe Enttäuschung.* Die Liste ihrer Korrekturen und Aufforderungen war endlos: Nimm ab. Du bist zu blass. Sei sportlicher. Sei aktiver. Mach dich beliebt. Spiele Golf. Spiele Klavier. Sei mehr. Sei weniger. Sei *anders.*

Diäten

Die erste Diät, die meine Mutter mir angedeihen ließ, fiel in mein viertes Schuljahr. Ich war acht Jahre alt und ein bisschen mollig. Meine Lunchpakete für die Schule (danke, Mama, dass du sie überhaupt gemacht hast) bestanden fortan aus Selleriestangen und Diätwurst. Oh, die Glücklichen, die Kartoffelchips oder – was für ein unbeschreibliches Glück – Schokomuffins aus ihrem Ranzen zogen.

Ich nahm die angestrebten sieben Pfund mit viel Lob und Anerkennung ab und damit war der Anfang gemacht. Studien haben gezeigt, dass man durch eine kalorienarme Diät zwar einige Pfunde verliert, doch der Körper passt sich der Diät an, und von nun an wird diese Person mit unterschiedlicher Intensität ständig um ihr Normalgewicht kämpfen. Sobald Sie also eine Diät machen, um Gewicht zu verlieren, ist schon vorprogrammiert, dass Sie süchtig werden.

Mein Vater arbeitete in der Modebranche, was mit sich brachte, dass ihm das äußere Erscheinungsbild seiner Frau, seiner Töchter und seines Sohnes enorm wichtig war. Meine Mutter hatte eine fabelhafte Figur. Sie glaubte es allerdings nicht und war ständig mit irgendeiner Diät zugange, und sie versuchte auch ihren Töchtern beim Erreichen einer Topfigur zu *helfen*. Da sie wollten, dass ich schlank war, schickten meine Eltern mich zu einem Diät- und Ernährungsberater, als ich im zehnten Schuljahr war. Für ihn musste ich genau aufschreiben, was ich aß, musste mich wöchentlich wiegen und ich lernte viel über Ernährung. Ich war fünfzehn Jahre alt, 1,70 m groß und wog 63 Kilo.

Wenn ich mir jetzt Fotos aus meiner Jugendzeit ansehe, suche ich vergeblich nach dem dicken, unscheinbaren Mädchen, das ich in den Augen meiner Eltern war, stattdessen blickt mir auf allen Fotos ein hübsches, unsicheres Mädchen mit einer vollkommen normalen Figur entgegen. Durch Gottes Gnade wurde ich trotz der Kommentare meiner Eltern weder magersüchtig noch esssüchtig, aber ich suchte Trost im Essen – zumeist jedoch nur in geringem Ausmaß. Es waren eigentlich immer nur die vier Extrakekse aus dem Kühlschrank, damit Mama es nicht merkte.

Meine Mutter wollte, dass ich mehr wurde, als ich in ihren Augen war, mehr als sie selbst in ihren Augen war. Wir waren beide ganz klar nicht genug. Und doch zu viel.

Das Motto von Wallis Simpson: „Eine Frau kann nie zu reich oder zu schlank sein", war für Mama wie das Evangelium, zumindest was das Schlanksein betraf. Denn je schlanker man war, desto wertvoller war man.

Während meiner beiden letzten Highschooljahre suchte ich Trost und Zuspruch durch häufigen Partnerwechsel, und ich nahm immer mehr zu. Sieben Kilo auf der Highschool waren in den Augen meiner Mitschüler nicht wirklich viel weniger als 70 Kilo. Zwei Jahre lang war ich also tatsächlich übergewichtig. Erbärmlich. Als ich dann von der Highschool abging, entdeckte ich die Macht der Amphetamine, und ich verlor innerhalb von zwei Monaten mehr Gewicht als nötig. Aber ich sah mich selbst nach wie vor als das „dicke Mädchen". Ungeliebt. Unattraktiv. Ständig am Rande der Ablehnung. Ich spürte, dass ich für meine Eltern eine Enttäuschung war, nie imstande, ein unausgesprochenes, doch tief empfundenes Niveau der Annahme zu erreichen. Meine Geschwister und ich hatten nie das Gefühl, ihren Erwartungen zu entsprechen.

Und Gott war da.

Gott war da

Als ich zehn Jahre alt war, zog ich mit meiner Familie von Kansas nach Kalifornien. Dreißig Jahre später hatte ich Gelegenheit, an unseren ersten Wohnort zurückzukehren. Während ich langsam in unser altes Wohnviertel einbog, bat ich Gott, mir zu zeigen, dass er damals bei mir gewesen ist. Ich parkte vor dem geliebten Haus meiner Kindheit, an das ich mich so deutlich erinnerte, und Gott antwortete mir. Auf der vorderen Veranda stand eine Löwenstatue und hielt Wache. Der Löwe von Juda flüsterte in meinem Herzen, dass er all die Jahre, die ich dort gelebt hatte, über mir gewacht hatte. Ich ließ den Wagen stehen und ging die Straße bis zu meiner Grundschule hinauf. Dort hatte es einige Lehrer gegeben, die mir besondere Aufmerksamkeit geschenkt und mein ausgehungertes Herz genährt hatten.

„Ich weiß, dass du hier warst, Herr. Aber kannst du es mir auch zeigen?" Mittlerweile war meine Schule zu einer Kirche geworden und ich konnte hinein und zu meinem letzten Klassenzimmer gehen. Ich sah durch die Fenster, und da standen auf der Tafel die Worte: „Gott liebt dich."

Oh ja, er war da.

Er war auch für Annie da. Als sie dreißig war, gab Gott ihr die Gelegenheit, sich zu erinnern. Und sie tat es. Sie erinnerte sich an ihren Kummer, ihre Einsamkeit, ihren Schmerz. Und dann erinnerte sie sich an noch etwas. Als kleines Mädchen hatte sie den Frühling geliebt. Wenn der Winter endlich die Welt aus seinem Klammergriff entließ, zog Annie ihre Stiefel an und ging in das Moor, das sich ganz in der Nähe ihres Hauses befand. Es bestand nicht aus Treibsand, sondern aus Schlamm. Und bei den ersten Anzeichen des Frühlings konnte man noch etwas anderes darin finden: den Hahnenfuß. Hellgelbe zarte, verschachtelte, winzige Verkünder der Schönheit der Schöpfung Gottes. Der Hahnenfuß kann das Moor auf wunderbare Weise bedecken. Er ist eine einfache Blume, die ihre Schönheit einzig auf moorigem Gelände erweist. Sie wächst nicht auf gedüngten Weiden oder Wiesen. Sie zeigt sich auch nicht auf grasigen Hügeln. Sie blüht nur im Schlamm.

Annies Kindheit war schlammig. Und ganz ehrlich, sie ist eine der schönsten Frauen, die ich je kannte. Schönheit statt Asche. Glanz statt Verzweiflung. Der Phoenix erhebt sich, und Annie hat sich ebenso erhoben, mit einem Glauben, der wertvoll, ansteckend und unbeschreiblich schön ist. Sie ist Jesu ganz eigene wunderbare Blume. Ja, Gott war da. Er ist immer noch da.

Annies Kindheit war schlammig, und meine war es auch. Und auch Ihre Kindheit war es zu bestimmten Zeiten. Gott war auch für Sie da. Er rief Sie. Er sorgte für Sie. Er beschützte Sie. Er empfand Schmerz wegen Ihnen. Er liebte Sie. Warum ließ er bestimmte Dinge zu? Ich weiß es nicht. Wir werden es erst wissen, wenn wir ihm gegenüberstehen. Aber wir wissen, dass er gut ist und dass er auf unserer Seite steht.

Paulus schrieb: „Das eine aber wissen wir: Wer Gott liebt, dem dient alles, was geschieht, zum Guten. Dies gilt für alle, die Gott nach seinem Plan und Willen zum neuen Leben erwählt hat" (Römer 8,28). Eines Tages werden wir das vollkommen verstehen. Doch bis dahin sind wir dazu aufgerufen, die Dinge mit seinen Augen der Gnade zu sehen.

Warum reden Sie nicht mit ihm über Ihre Jugendjahre? Bitten Sie ihn, Ihnen auf eine kreative Weise, die Ihr Herz begreifen kann, zu zeigen, wann und wie er bei Ihnen war.

Was haben wir damit gemacht?

Jeder Mensch hat einen oder mehrere entscheidende Bereiche in seinem Leben, in denen er nicht den Sieg erlebt, nach dem er sich sehnt, und unsere Sicht auf uns selbst wird davon beeinflusst. Jeder persönliche Kampf einer Frau, der in ihrer Vergangenheit wurzelt, sei es Furcht vor Intimität, tief sitzende Selbstverachtung oder der Drang, alles zu kontrollieren, bewirkt eine verzweifelte Sehnsucht nach Gott. Wir alle haben Dinge in unserem Leben, die uns auf die Knie treiben. Wir würden diese Dinge nie für uns selbst wählen oder anderen wünschen, doch wir alle haben einen oder auch zehn Bereiche in unserem Leben, die uns zu Gott treiben. Wir können uns nicht selbst befreien. Wir sind schwach, wir sind uns bewusst, dass etwas in unserem Inneren zerbrochen ist und verhungert. Es ist eine wundervolle Gnade, wenn wir schließlich aufgeben und vor dem einen, der stark ist, auf die Knie gehen.

Und glauben Sie mir: Es ist keine schlechte Sache, dass Sie Jesus so verzweifelt brauchen. Aus irgendeinem Grund sind wir wegen unserer Verzweiflung beschämt; wir sehen Verzweiflung als Zeichen dafür, dass irgendetwas mit uns nicht stimmt. Aber dem ist nicht so. Wir wurden vielmehr dazu geschaffen, Jesus verzweifelt nötig zu haben. Wir haben ihn schon immer nötig gehabt, und wir werden ihn immer nötig haben. Ich glaube nicht, dass Gott den Schmerz in unserem Leben „verursacht" hat, aber ich weiß, dass er ihn benutzt, um uns zu sich zu ziehen. Die Verzweiflung ist eine gute Sache. Wie George MacDonald einmal geschrieben hat:

Welche Hilfe erteilst du denen, die lernen sollen?
Für einige ist sie ein arger Schmerz, für andere Mutlosigkeit.
Für einige Müdigkeit, die schlimmer ist als Schmerz.
Für andere quälende, furchtsame, blinde Sorge ...
Für einige ein Hunger, der nicht weichen will.[3]

Ich bin eine hungrige Frau. Ich bin hungrig nach Liebe, Annahme, Zugehörigkeit und dass ich anderen Menschen etwas bedeute. Ich sehne mich verzweifelt nach Gott. Ich bin mir des schmerzhaften Abgrundes in mir bewusst, über den schon viele andere Autoren geschrieben haben. Oswald Chambers schrieb zum Beispiel: „Es gibt nur ein Wesen, das den letzten schmerzenden Abgrund des menschlichen Herzens befriedigen kann, und das ist Jesus Christus, der Herr."[4] Ich weiß das heute. Doch als kleines Mädchen, das nach Anerkennung und Liebe hungerte, wusste ich es nicht. Ich wachte nicht jeden Morgen in dem Wissen auf, dass Jesus derjenige ist, der den Hunger meines Herzens stillen wird. Ich bin erst in dieses Wissen hineingewachsen. Und ich wachse weiter hinein.

Ich war mir meines Hungers gar nicht bewusst, als ich als frisch verheiratete Frau begann, mein Herz an Fast-Food-Restaurants zu verschenken. Ich wusste nicht, dass ich mich damit auf eine Sklaverei einließ. Nahrung stillte meinen Hunger, meine Einsamkeit und meinen Schmerz. Doch nur für eine kleine Weile. Dann brauchte ich wieder etwas zu essen, und wieder und wieder. Dreißig Jahre lang habe ich anschließend versucht, aus dieser Sucht herauszufinden.

Die Botschaften, die ich in meiner Kindheit erhielt, und insbesondere die Fixierung meiner Mutter auf mein Gewicht haben diesen Kampf ausgelöst. Sie haben den Weg dazu bereitet, dass das Essen in meinem Leben eine Macht bekommen hat, die ihm nicht zusteht. Mein zwanghafter Umgang mit Waage und Konfektionsgröße hat dazu geführt, dass ich meinen Wert als Frau anhand von Gewicht und Aussehen maß.

Mein Drang, mich ständig vollzustopfen, hat mein Leben tief geprägt. Was ich aufgrund meiner Hilflosigkeit (meines Scheiterns) von mir selbst glaube und die Tatsache, dass ich mich durch meine Scham hindurchkämpfe und mich trotz allem nicht vor der Öffentlichkeit verstecke, ja sogar anderen Hilfe anbiete, hat meine Seele zutiefst geprägt. Zu sehen, wie das Herz meines Mannes aufgrund meines aussichtslosen Kampfes gegen die Esssucht zerbrach und umgewandelt wurde, ist ein ganz entscheidender Teil meiner Lebensgeschichte.

Auf dem Weg zur Heilung

In meiner Wut und Verzweiflung fiel ich wieder und wieder auf die Knie und wandte mich an Jesus. Meine Rufe um Hilfe waren ein qualvolles Stöhnen voller Selbstverachtung, Selbstanklage und Hoffnungslosigkeit. Und Gott begegnete mir. Mitten in meiner übermächtigen Scham – ich schämte mich nicht nur meines Körpers, sondern meiner *selbst* – zog Gott mich an sein Herz und sprach Worte der Wahrheit zu mir. Er sagte Worte der Liebe, mitten hinein in meinen Schmerz und mitten hinein in die altbekannten Stimmen, die mein Versagen hinausschrien.

Ein Teil unserer Heilung geschieht durch Vergebung (wir müssen uns selbst und anderen vergeben) und ein Teil durch Reue. Doch zunächst müssen wir damit beginnen, uns neu zu vergegenwärtigen, wie Gott uns sieht. Wie er *Sie* sieht. Wissen Sie es?

- Sie sind zutiefst und vollkommen geliebt (Römer 8, 38-39).
- Sie haben vollkommene Vergebung erlangt (1. Johannes 2,12).
- Gott sieht Sie durch Jesus als gerettet an (2. Korinther 5,21).
- Sie bedeuten ihm alles (Johannes 3,16).
- Er findet Sie wunderschön. Genau in diesem Augenblick (Hohelied 4,1).
- Er hat versprochen, Sie zu heilen (Römer 8,29).
- Sie sind und waren niemals allein (Hebräer 13,5).

Ich habe in den letzten Jahren auf gesunde Weise tatsächlich einiges an Gewicht verloren. Doch bevor Gott meinen Körper veränderte, veränderte er meine Sicht auf mich selbst. Er führte mich zurück in meine Lebensgeschichte, zurück zu jenen Wunden, und er half mir, mich von den Lügen, die ich über mich gehört hatte, loszusagen. Er half mir, zu vergeben – sowohl denen, die mich verletzt hatten, als auch mir selbst. So handelt Gott, um Veränderung herbeizuführen: Von innen nach außen, und zwar ausgehend von unserem Herzen. Und dieselbe Reise werden wir in diesem Buch gemeinsam zurücklegen. Ach Schwester, wenn Sie nur wüssten, was Gott alles für Sie bereithält!

Lassen Sie mich noch ein, zwei Worte über die Vergebung sagen. Vergebung ist von entscheidender Bedeutung, wenn wir mit Gnade auf unsere Geschichte zurückblicken wollen. Vergebung ist genau wie Reue unerlässlich, und wir können uns dafür entscheiden. Doch um zu vergeben, müssen wir wissen, was wir eigentlich zu vergeben haben.

Der Vater meines Mannes war viele Jahre lang Alkoholiker. Wenn er trank, war er gefährlich. Er fügte seiner Familie unbeschreiblichen Schaden zu, doch seine Grausamkeit richtete sich insbesondere gegen eine von Johns Schwestern. Johns Vater hörte erst mit dem Trinken auf, als seine Kinder das Haus verlassen hatten, verheiratet und selbst Eltern geworden waren. Was aber an dieser Tatsache am wichtigsten ist: Johns Vater bereute alles, was er seiner Familie durch die Alkoholsucht angetan hatte, und er führte noch viele gute Gespräche mit John, bevor er 2011 starb. Es gab völlige Vergebung zwischen den beiden und die Gewissheit, dass sie sich im Himmel wiedersehen würden, doch wie viele Alkoholiker konnte sich Johns Vater nicht daran erinnern, wie er gewesen ist und wie er sich verhalten hat, als er betrunken war.

Vor rund fünfzehn Jahren schrieb Johns Vater in dem Bemühen, die Beziehung zu seinen Kindern wiederherzustellen, an jedes seiner Kinder einen Brief, in dem er sie um Vergebung bat. Er schrieb darin, dass er wahrscheinlich falsche Dinge getan habe, sich zwar nicht daran erinnern könne, sich aber trotzdem für sie entschuldigen wolle. Die Antwort von Johns Schwester auf diesen Brief lautete: „Er kann sich nicht an das erinnern, was ich niemals mehr vergessen kann." Dieser Bitte um Entschuldigung mangelte es sicherlich an Gewicht, doch Vergebung wartet nicht auf die Bitte um Vergebung. Sie ist und bleibt ein Entschluss.

Mein Kampf gegen die Esssucht ist nur ein Teil meiner Geschichte. Ja, ein sehr wichtiger Teil, der mehr als zwei Jahrzehnte meines Lebens beherrschte, doch Gott hat ihn dazu benutzt, mein Herz zu ihm zu ziehen. Ich glaube nicht, dass er die Esssucht verursacht hat. Aber ich weiß, dass er sie benutzt hat. Und ich habe beschlossen, meiner Mutter zu vergeben. Ich vergebe meinem Vater. Ich vergebe sogar mir selbst. Erneut.

Meine Geschichte neu schreiben

Gott schreibt meine Geschichte neu. Meine Geschichte ist *seine* Geschichte und eines Tages wird er sie in ihrem ganzen verborgenen Glanz erzählen. Dann werde ich seine Version hören, seine Sicht der Dinge, die unterhalb der Oberfläche und hinter der Bühne vor sich gingen. Er wird mir zeigen, auf wie vielfältige Weise er alles zu meinem Guten zusammenwirken ließ, und es wird wundervoll sein, das zu hören. Eines Tages wird er auch Ihnen Ihre Geschichte erzählen. Es wird herrlich sein. Gott hat mich geliebt und beschützt und er hat dasselbe für Sie getan. Auch wenn wir das heute nicht so deutlich sehen können, wie wir es eines Tages sehen werden.

In den letzten Jahren kommen lange vergessene Dinge an die Oberfläche, zum Beispiel wie sehr meine Mutter und mein Vater mich liebten und sich an mir freuten. Die Scherben des Verlustes und Kummers werden durch Gnade, Vergebung und Gottes Liebe hinweggeschwemmt, und stattdessen wird Liebe aufgedeckt.

Einmal kam mein Vater zu Weihnachten von einer Reise nach Hause und brachte mir Rudolf, das Rentier, als Plastiktier zum

Aufblasen mit. Dieses Rentier mit der roten Nase war nur für mich allein bestimmt. In meiner Erinnerung sehe ich meinen Vater vor mir, wie er es mir gibt, und ich spüre erneut die Freude, die sich in mir breitmacht. Außerdem schenkte er mir einen kleinen Plastikhund, der nach Pfeffer roch, weshalb ich ihm den Namen Pfeffer gab. Er bedeutete mir viele Jahre lang sehr viel, auch nachdem mein Hund ihm ein Ohr abgebissen hatte.

Ich erinnere mich auch an andere kleine Geschenke. Andere kleine und große Gesten der Freundlichkeit. Mein Vater gab mir hin und wieder ganz unerwartet kleine Geschenke, um mir seine Liebe zu mir zu zeigen. Wie konnte ich das damals nicht erkennen? Doch zum Glück erkenne ich es heute.

Und erst jetzt begreife ich, dass meine Mutter, als sie mich eines Tages von der Seite ansah und sagte: „Lass uns zusammen BHs für dich kaufen", mich tatsächlich liebte. Viele Jahre lang, als ich noch zu Hause lebte, sprachen wir nicht die gleiche Sprache, und so übersahen wir viele Liebesbeweise. Doch heute übersehe ich sie nicht mehr. Sie hörte sich zum Beispiel meine Seestern-Geschichte an (ich habe in *Weißt du nicht, wie schön du bist?* darüber geschrieben) und schenkte mir anschließend zu Weihnachten eine Weihnachtskugel mit einem Seestern darauf. Ich halte sie noch immer in Ehren. Sie hob einige meiner Babykleider auf und schenkte sie mir später mit den Worten: „Du warst so süß." Und sie gab meinem Mann die „Erlaubnis", um meine Hand anzuhalten (mein Vater war ein Jahr zuvor gestorben), und sagte währenddessen: „Stacy ist etwas Besonderes. Sie war schon immer etwas Besonderes." Wie schön, dass ich mich heute daran erinnern kann, dass sie diese Worte viele, viele Male gesagt hat.

Lassen Sie Gott damit beginnen, Ihre Geschichte neu zu schreiben. Laden Sie ihn ein, Ihnen zu zeigen, wie er Ihre Vergangenheit sieht. Bitten Sie ihn, vergessene gute Erinnerungen wiederaufleben zu lassen. Er möchte das so gerne tun. Er möchte Reue durch Gnade ersetzen und er hält Heilung für Sie bereit.

Unsere Vergangenheit hat uns zwar geprägt, doch wir *sind* nicht unsere Vergangenheit. Unsere Fehler und Sünden haben eine

Auswirkung darauf gehabt, wer wir sind, doch wir werden nicht durch unsere Fehler und Sünden *definiert*. Denkmuster und Süchte haben uns belastet, doch sie haben uns nicht überwältigt und werden uns niemals überwältigen. Jesus hat den Sieg für uns errungen. Jesus ist unser Sieg.

Die Geschichten unserer Vergangenheit, die uns geprägt haben, und die Worte, die über unser Leben gesagt wurden und uns verletzten, haben nicht den Hauch einer Chance im Licht der machtvollen Gnade und des Erbarmens, die uns in Jesus geschenkt werden. Wir brauchen nicht länger gefangen zu bleiben. Ja, Gott benutzt unsere Erlebnisse und Erfahrungen, um uns zu formen. Er lässt denen, die ihn lieben, alle Dinge zum Guten mitwirken, auch die furchtbaren Dinge. Das heilige Wirken Gottes tief in unserem Herzen, als wir litten und kämpften und weinten und uns nach Befreiung sehnten, übersteigt unser Verständnis. Und vielleicht sehen Sie das Gute jetzt noch nicht, aber Sie werden es sehen. Es geschieht dann, wenn wir unser Leben mit Gottes Augen betrachten.

Gott kommt zu uns. Er hat uns nicht verlassen, und er wird es niemals tun. Ich kann verstehen, dass der Schmerz des Lebens manchmal fast unerträglich ist, aber wenn wir in unserem Schmerz Jesus um Hilfe bitten, dann herrscht Freude im Himmel, die Dämonen zittern besiegt, und der Heilige Geist, der uns näher ist als unsere Haut, verändert uns.

Jesus lädt uns dazu ein, die Bereiche unseres Selbst wieder freizulegen, die wir zu verstecken oder loszuwerden suchten, um vermeintlich attraktiver zu sein. Gott möchte, dass wir ihn mit unserem ganzen Herzen lieben. Gott hat uns durch den Tod seines Sohnes vollkommene Freiheit erworben. Dazu gehören auch die Teile unserer Persönlichkeit, die wir gerne verändern würden, die längst begrabenen Träume und die Wunden, die wir ignoriert haben. Sie werden durch den Heiligen Geist sanft geweckt. Werde lebendig, geliebtes Kind. Wach auf. Erinnere dich. Jesus ist gekommen, um uns zu heilen, um uns zu ihm, zu anderen und zu uns selbst zurückzuführen.

3

Die Landschaft unseres Lebens

Was hinter uns liegt und was vor uns liegt,
sind Kleinigkeiten verglichen mit dem, was in uns liegt.
Ralph Waldo Emerson

Auf dem Weg zu einem Treffen fuhr ich gestern an einer jungen Frau in einem Minivan vorbei, die ganz verloren wirkte. Sie blieb viel zu lange am Stoppschild stehen, was mir ermöglichte, einen kurzen Moment in ihr Gesicht zu sehen. Was ich darin erblickte, war Unsicherheit und ein tiefes Unbehagen in Verbindung mit dieser Unsicherheit. Und wie ich sie dort so auf der Stelle stehen sah, erinnerte sie mich an mich vor zwanzig Jahren. Als ich Anfang dreißig war, fühlte ich mich völlig verloren. Ich sehnte mich nach der Anerkennung anderer und war mir dennoch ihrer Ablehnung sicher. Ich hoffte, dass man mich mögen und nichts an mir vermissen würde, doch ich hatte den Eindruck, dass ich ungeliebt war und völlig versagte. Irgendwie hatte ich das Gefühl, den Kurs, in dem man lernt, wie man das Leben am besten meistert, verpasst zu haben.

Ja, ich weiß, dass in der Bibel steht, dass der Gott des Universums voller Freude über mich singt. Doch meine Lebenserfahrungen und meine Selbstanklage hatten mich für seine Stimme taub gemacht.

Während wir unseren Weg des Werdens fortsetzen, fühlen wir uns alle dann und wann verloren. Dann ist es unheimlich wichtig, dass wir einmal von der Straße aufschauen und rausfinden, wo wir uns eigentlich gerade befinden; dass wir unsere Umgebung wahrnehmen und uns nach besonderen Ereignissen umsehen. Denn schließlich erklärt sich erst so manches, wenn wir den Kontext betrachten. Sicher, wir verlieren alle hin und wieder die Orientierung, verlieren sogar uns selbst, aber wir wollen doch nicht verloren *bleiben*. Deshalb möchte ich versuchen, die Kulissen unseres Lebens als Frau zu beschreiben. Ja, wussten Sie eigentlich, dass es überhaupt diese Kulissen gibt, eine Landschaft, die wir alle einmal durchlaufen müssen? Sobald Sie mehr über diese Landschaft erfahren haben, werden Sie verstehen, dass viele Dinge, die Sie sich selbst zugeschrieben haben, gar nicht an Ihnen lagen. Die Reise jeder Frau besteht aus zwei Realitäten, die wir kennen und steuern müssen – eine Realität befindet sich intern, die andere extern.

Das Geheimnis der Hormone

Gestern Morgen wollte ich einen Hundewelpen kaufen; heute Nachmittag fragte ich mich, wie viele Jahre Gefängnis ich wohl für einen Mord bekommen würde.

Bin ich schlicht und einfach verrückt? Ist das die sündige Natur, von der die Bibel spricht, und bin ich dazu verdammt, sie ständig neu zu bereuen? Nein, liebe Schwester. Es gibt eine innere Realität, die in meiner Welt Schaden anrichtet, aber es handelt sich weder um Verwundungen noch um Sünde noch um mangelnde Reife – noch nicht einmal um einen Hauch von Wahnsinn. Es gibt mächtige weibliche Gezeiten, die in unserem Innern hin und her schwanken, und sie haben einen enormen Einfluss auf unser Leben und darauf, wie wir unser Leben *wahrnehmen*.

Bis in die späten Jahre des neunzehnten Jahrhunderts betrug die durchschnittliche Lebenserwartung von Frauen achtundvierzig Jahre. Die meisten Frauen erlebten also die Umwälzung der Wechseljahre gar nicht. (Allerdings erlebten viele die Perimenopause, die schwierige Übergangsphase vor Beginn des Klimakteriums.) Heute beträgt die durchschnittliche Lebenserwartung von Frauen siebzig bis achtzig Jahre. Die meisten von uns werden nicht nur die

Wechseljahre erleben, sondern anschließend noch zwanzig bis dreißig Jahre leben.

Die Forschungen über die Hormone und den weiblichen Körper sind noch relativ jung, schreiten aber stetig fort. Da die Frauen
mittlerweile länger leben, gibt es auch immer mehr Frauen, die wegen ihrer Probleme Hilfe suchen, und immer mehr Fachleute, die
sie ernst nehmen. (Man sollte meinen, die Männer hätten sich schon
vor langer Zeit aus Gründen der Selbsterhaltung mit diesem Geheimnis auseinandergesetzt.)

Frauen, die unter einem schmerzhaften prämenstruellen Syn-
drom oder irgendeiner Form von Hormonschwankungen leiden,
wurden bislang als emotional, hysterisch oder unausgeglichen eingestuft. Und trotz aller Forschung und Publikationen zu diesem
Thema gibt es noch immer viel zu viele Frauen, die nicht wissen, in
welchem Ausmaß ihre Hormone ihr Leben beeinflussen – auf emotionaler, körperlicher und geistlicher Ebene. Doch wir müssen nicht
länger ahnungslos sein oder uns fragen, ob wir zu bestimmten Zeiten unseres Lebens (oder eines Monats) dabei sind, verrückt zu werden. Unser Körper und die erstaunlichen Hormone, die durch ihn
hindurchströmen, sind mitverantwortlich für die Kulisse, innerhalb
derer wir unser Leben leben. Sie tragen entscheidend zur Landschaft unserer persönlichen Geschichte und unserer gegenwärtigen
Realität bei.

Vier Jahreszeiten

Der Körper einer Frau spiegelt die Natur wider. Jedes Jahr erleben
wir Frühling, Sommer, Herbst und Winter – vier notwendige Jahreszeiten, die bis zum Ende unserer Zeit fortdauern werden. Und so
wie der Winter manchmal mitten in einer wundervollen Frühlings-
woche Einzug hält, so erscheint die Schönheit des Frühlings manchmal für eine kleine Weile bereits im Winter. Es gibt vier Jahreszeiten, doch sie gehen ineinander über. Eine Frau hat innerhalb ihres

Lebens und eines Vier-Wochen-Zyklus' menstrual gesehen ebenfalls vier Jahreszeiten, doch sie sind nicht exakt voneinander zu trennen. Manche Frauen haben einen Zyklus, der so unregelmäßig ist wie die Wahlregister eines skrupellosen Politikers, andere Frauen haben einen Zyklus, der so pünktlich ist wie ein Schweizer Uhrwerk. In jedem Fall ist es für uns sehr hilfreich zu verstehen, was sich in unserem Körper abspielt.

Zunächst einmal wollen wir mit der Betrachtung der vier Jahreszeiten innerhalb eines gesamten Lebens beginnen. Die Phase, in der sich der kindliche Körper manchmal auf rapide und sogar befremdliche Weise entwickelt, ist die Präadoleszenz. Diese Jahre legen den Grundstein für unsere Selbstwahrnehmung. Die tiefsten Fragen unseres Herzens werden in jenen Jahren beantwortet: Werde ich geliebt? Bin ich es wert, geliebt zu werden? Bin ich bezaubernd? Vom Säugling über das Kleinkind bis zum kleinen Mädchen werden wir wir selbst und entwickeln uns zu der Frau, die wir heute sind. In dieser Jahreszeit sind wir ganz und gar weiblich und trotzdem noch nicht von unserer Menstruation belastet (oder gesegnet).

Die nächste Jahreszeit im Leben einer Frau ist die Jahreszeit der Menstruation, sie umfasst die Jahrzehnte, in denen wir theoretisch dazu in der Lage sind, ein Kind zu gebären. Der Eintritt in diese Phase geht mit massiven hormonellen Veränderungen einher. Es kann ein schwieriger Übergang sein, der oft Gewichtszunahme, unreine Haut und gewaltige innere Kämpfe mit sich bringt. *Wer bin ich? Was macht meinen Wert aus? Wohin gehöre ich?* Die Pubertät ist *hart*. All die Hormone, die in unserem Körper ausgeschüttet werden, können für emotionale Schwankungen sorgen. Die Fragen in unserem Herzen werden weiterhin beantwortet, während wir allmählich in unser Frausein hineinwachsen. Unsere Monatsblutung kann regelmäßig sein oder uns jedes Mal überraschen – diese Jahre bilden die längste Jahreszeit im Leben einer Frau.

Die erstaunliche Fähigkeit, die Frauen erhalten haben, nämlich Leben hervorzubringen, ist mit einer regelrecht atemberaubenden Ehre, aber auch mit einem hohen Preis verbunden. In dieser

Jahreszeit empfinden die meisten Frauen die Monatsblutung entweder als Erleichterung oder als eine Art Tod.

Die dritte Jahreszeit im Leben einer Frau ist als Perimenopause bekannt. In dieser Phase, die rund ein Jahrzehnt dauert, verändert sich unser Körper auf dramatische Weise, vergleichbar mit dem Beginn der Pubertät[1]. Einige glückliche Frauen bemerken fast nichts davon, doch für viele Frauen ist es eine qualvolle Zeit. Die meisten befinden sich aber irgendwo in der Mitte dieses Spektrums. Diese Phase geht mit unregelmäßigen Blutungen, starken Emotionen und Beziehungsproblemen einher. Schlafstörungen treten ein. Hitzewallungen beginnen. Forscher haben festgestellt, dass diese Hitzewallungen, von denen man dachte, sie könnten maximal ein bis zwei Jahre dauern, bis zu zehn Jahre anhalten können – wir Glückspilze! (Ich glaube, ich hatte gestern meine erste Hitzewallung. Ich bin mir nicht ganz sicher, denn es ist noch neu für mich. Aber da ich mich aus meinen Kleiderschichten schälen musste, einschließlich der Socken, und anschließend ein leichtes T-Shirt und Badelatschen anzog, um mich wohlzufühlen, hatte ich vermutlich eine Hitzewallung. Immerhin haben wir draußen fast minus zehn Grad, also ist eine Hitzewallung durchaus im Bereich des Möglichen.)

Für Frauen mit Kindern ist diese Jahreszeit meistens auch die Phase, in der die Kinder beginnen, das Elternhaus zu verlassen. Die Zeit, in der sich das Nest leert, trifft mit der allmählichen Abnahme der so hilfreichen mütterlichen Hormone zusammen. Wir haben immer öfter Gedanken wie: *Mach dir dein Abendessen gefälligst selbst!* Und vielleicht sagen wir das auch. Wir beginnen uns daran zu erinnern, was wir lernen wollten, als wir jung waren und uns noch nicht um andere kümmern mussten. Es ist wundervoll, wenn wir unsere Talente und Wünsche in unserem Leben nähren konnten, aber wenn wir einen Teil unseres Selbst anderen geopfert haben (und wer hat das nicht getan?), dann ist dies die Phase, in der wir zu unserem eigenen Werden zurückfinden. Gottes Zeitplan in all diesen Dingen ist erstaunlich.

Die vierte Jahreszeit im Leben einer Frau ist das Klimakterium. Wir haben keinen Menstruationszyklus mehr, wir können nicht mehr schwanger werden und müssen uns keine Sorgen mehr darüber machen, dass unsere Unterhosen unansehnliche Flecke bekommen. Viele Frauen leben zwanzig oder dreißig Jahre in dieser Post-Menstruationsphase. Es kann eine wundervolle Jahreszeit sein, in der Frauen sich stärker entfalten können. Kreativität kommt auf. Wünsche, die im Interesse der Familie zurückgestellt wurden, können mit Macht wieder lebendig werden. Selbstzweifel und Selbstkorrektur haben nicht mehr die gleiche Macht wie früher, als wir jünger und weniger sicher waren. Viele Frauen genießen in dieser Phase eine zuvor ungekannte Tiefe des Selbstwertes. Es ist eine wirklich wundervolle Jahreszeit.

Die gute Nachricht bei alldem lautet aber: Mit Gott brauchen wir nicht zu warten, bis wir das Klimakterium erreicht haben, um eine Frau zu sein, die mit sich selbst im Reinen ist, frei von der Last der Meinung anderer, und die ihre einzigartige, von Gott geschenkte Kraft nutzen kann.

Leben innerhalb eines Monats

Ich will nicht drum herumreden und gebe zu, dass meine liebste Woche im Menstruationszyklus die erste ist. Ich bin dann voller Energie und habe eine positive Einstellung. Ich schmiede Pläne für eine Party, treibe mit Begeisterung Sport und glaube all die wundervollen Dinge, die Gott in der Bibel über mich sagt, mit größerer Inbrunst als wenige Tage zuvor.

Meine Hormone erfüllen ihre Leben spendende Aufgabe. Ich würde gern glauben, dass diese Version meiner Persönlichkeit die wahre ist, aber ich werde auch in drei Wochen ich selbst sein, wenn die Partygäste kommen und ich dann keine Lust mehr auf sie habe. Das alles bin ich. Die Höhen und Tiefen, das Auf und Ab – und auch Sie sind all das.

Der Zyklus einer Frau umfasst vier Wochen. Achtundzwanzig Tage. In der ersten Woche wird Östrogen ausgeschüttet und unsere Eierstöcke beginnen an einer Eizelle zu arbeiten. Östrogen trägt auch dazu bei, andere sagenhafte Stoffe in unserem Gehirn freizusetzen, wie Dopamin und Serotonin. Wir sind glücklicher. Unser Energielevel ist auf dem Höchststand, und wenn uns unser Mann vor dem Zubettgehen ein eindeutiges Zeichen macht, gehen wir sehr wahrscheinlich darauf ein. Oder wir ergreifen sogar die Initiative. Es ist die Woche mit dem Motto: „Auf geht's, Mädel!"

Zu Beginn der zweiten Woche ändern sich die Dinge. Der Östrogen-Level flacht ab und geht schließlich zurück. Wir sind noch immer voller Energie, stark und kreativ, aber ein wenig ruhiger. Dann geschieht der Eisprung. Der Östrogenpegel steigt leicht an und das Progesteron nimmt zu. Gleichzeitig wandert das Ei durch den Eileiter in Erwartung einer Zufallsbegegnung. Wir fühlen uns innerlich ruhiger und sind vielleicht auch mehr zum Sex bereit. Doch dann beginnt unsere Energie nachzulassen. Unsere Gefühle schwanken ein wenig hin und her.

In der dritten Woche, wenn keine Befruchtung stattgefunden hat, signalisiert unser Gehirn, dass sich Östrogen und Progesteron aus dem Staub machen sollen. Unsere Gefühle rutschen ein wenig in den Keller. Auch der Blutzuckerspiegel sinkt ab. Wir haben weniger Selbstvertrauen. Ein paar Tage lang spüren viele Frauen nach diesem Absinken des Hormonspiegels eine innere Leere. Das ist nicht der ideale Zeitpunkt, um zu Hause eine große Party zu veranstalten.

Während der vierten Woche verschwinden sowohl Östrogen als auch Progesteron von der Bildfläche, sofern wir nicht schwanger sind, und die Gebärmutterschleimhaut, die sich gebildet hatte, um einen warmen, sicheren Platz für ein Embryo zu schaffen, löst sich ab. Unsere Regelblutung setzt ein. Schokolade ist unwiderstehlich. Fernsehschnulzen machen uns rührselig. In dieser Phase würden wir am liebsten das Telefon ausstecken und uns für ein paar Tage aus unserem Leben zurückziehen. Es sind die Tage, an denen wir es uns erlauben sollten, zurückzuschalten, ein Nachmittagsschläfchen zu halten, eine Zeitschrift zu lesen. Ein ausgiebiges Schaumbad könnte guttun. Und dann blüht der Krokus. Die Narzissen beginnen sich zu öffnen. Der Frühling kommt wieder, und die Hoffnung nimmt zu. Der Zyklus beginnt von Neuem.[2]

Sehen Sie, Sie sind nicht verrückt! Mein Menstruationszyklus neigt sich dem Ende entgegen, und ich lerne erst jetzt die einzelnen Facetten kennen. Der Zyklus hat vierzig Jahre lang meine Stimmung beeinflusst, und erst jetzt lerne ich, dass Stimmungsschwankungen normal sind. Ich habe mich oft verrückt gefühlt. Verletzt. Ausgelaugt. Warum habe ich meine Periode nicht in einem Kalender festgehalten? Liebe Schwester, wenn Sie es nicht bereits tun, dann halten Sie künftig Ihre Periode im Kalender fest. Machen Sie es Monat für Monat, damit Sie wissen, in welcher Phase Sie sich befinden. Notieren Sie die Anzeichen. Sie sind nicht am Ende. Sie befinden sich einfach in Ihrer dritten Woche.

Ich habe versucht, meinen Körper nicht zu beachten, seine Rufe nach Fürsorge zu ignorieren. Ich habe versucht, meine Gefühle nicht zu beachten, ihr Flehen um Aufmerksamkeit. Das war keine gute Strategie. Ich habe mich von meinem Selbst abgekoppelt. Ich bin genauso mein Körper wie ich mein Geist, meine Seele, meine Gefühle, meine Träume, meine Wünsche und mein Sinn für Humor bin. Ganz ehrlich, in genau diesem Augenblick ignoriere ich mein eigenes Ich nicht. Ich gebe zu, dass ich langsam und müde bin und dass sich meine Brüste schwer anfühlen und schmerzen. Und weil ich jetzt Bescheid weiß, kann ich sagen, dass ich Folgendes *nicht* bin:

- depressiv
- verloren
- verwirrt
- überfordert
- überdreht
- auf der Stelle tretend
- launisch

Es bedeutet einfach, dass mein Östrogen- und mein Progesteronpegel niedrig sind. So einfach ist das. Spüren Sie die Erleichterung?

Ich bitte Jesus, mir dabei zu helfen, mich selbst und andere freundlich zu behandeln und mir zu erlauben, langsam und müde zu sein. Es ist ein ganz normaler Aspekt meines Frauseins. Ja, ich mag die übrigen Wochen des Monats lieber. In meiner „Ich schaffe alles"-Woche möchte ich schreiben, reden, predigen, mehr Erfahrungen mit dem Heiligen Geist machen, anderen die heilende Botschaft von Jesus bringen und ein Zimmer streichen. Heute will ich nichts von alledem. Ich möchte heiße Schokolade, ein Bett, einen Film, Popcorn und niemanden zum Reden, außer jemanden, der mir weiche Kissen bringen will.

Ich bin keine Hormonexpertin, aber es gibt Experten, an die wir uns wenden können. Es ist enorm wichtig, dass wir als Frauen uns selbst annehmen und uns dafür Zeit nehmen zu entdecken, was in unserem Körper vor sich geht und wann. Die Hormone beeinflussen uns auf emotionaler, physischer und geistlicher Ebene. Für einige von uns sind die Auswirkungen schmerzhaft und beeinträchtigen unser Gefühlsleben. Doch wir müssen nicht leiden und damit allein bleiben. Es gibt so viele Hilfen für uns. Reden Sie mit einer Freundin, einem Pastor, einem Therapeuten, einem Arzt. Gehen Sie zu einem Naturheilarzt, einem Gynäkologen, einem Hormonexperten. Und stützen Sie sich auf Gott. Begeben Sie sich in seine Gegenwart. Die schwierigen Tage des Monats können eine Ruhepause sein, in der wir uns bei Gott bergen, der uns immer versteht und uns unendlich liebt. Dort finden wir Gnade. Dort finden wir Barmherzigkeit. Jede von uns.

Doch zuallererst: Verfluchen Sie sich nicht, indem Sie Ihren Körper oder Ihre Weiblichkeit verfluchen. Es ist wunderbar, eine Frau zu sein. Ja, wir tragen ein Leiden, das die Männer nicht kennen. Das ist jedoch kein Grund, sie zu beneiden oder uns selbst wegen unseres Körpers zu hassen oder gar zu verfluchen. Wenn wir sie brauchen, können wir Heilung durch segnende Worte finden:

Ich segne meinen Körper. Danke, Herr, dass du mich als Frau ge-
schaffen hast. Ich nehme meinen Körper und mein Frausein als Ge-
schenk an. Ich segne die Hormone in mir. Ich weihe meinen weibli-
chen Körper Jesus Christus. Ich weihe ihm meine Hormone. Jesus,
bitte komm und bring Heilung. Verwandle den Sturm in meinem
Innern in Stille, so wie du die Wellen auf dem See beruhigt hast.
Komm und segne meine Weiblichkeit, und hilf mir zu verstehen,
wie du mich gemacht hast und wie ich mit mir selbst und dem
Rhythmus meines Körpers leben kann.

So weit der kurze Überblick über die innere Kulisse im Leben einer
Frau. Nun wollen wir uns mit der äußeren Landschaft beschäftigen,
in der wir uns alle befinden. Sie kann viel mächtiger sein als Hormone, und ich versichere Ihnen, dass sie einen gewaltigen Einfluss
auf so manche unwissende Frau hat.

Der Krieg um uns herum

Neulich las ich die Geschichte eines zwölfjährigen Mädchens in
Äthiopien, das von einigen Männern entführt worden war, um zur
Ehe mit einem von ihnen gezwungen zu werden. Nach einer Wo-
che wurde es blutend und vollkommen verstört aufgefunden. Nach-
dem man es brutal geschlagen hatte, war es liebevoll von drei Lö-
wen bewacht worden, die ihm zu Hilfe gekommen waren und seine
Peiniger verjagt hatten. Drei wilde Löwen, die normalerweise einen
Menschen angreifen würden, hatten das Mädchen auf wunderbare
Weise gerettet!

Ich liebe diese Geschichte jener anderen Dreieinigkeit, die einem
Menschen in Not begegnete. Doch durch diese Lektüre erfuhr ich,
dass es in Äthiopien gängige Praxis ist, junge Mädchen zu entführen
und zu misshandeln, um sie zur Ehe zu zwingen. UN-Schätzungen
zufolge kommen mehr als 70 Prozent der Eheschließungen in Äthiopien durch diese Praxis zustande.

Ich will hier nicht über Äthiopien meckern. Seine Geschichte und die aktuelle Lage der Dinge spiegeln wider, was in viel zu vielen anderen Ländern geschieht. Doch hier geht es um die Geschichte *eines* Mädchens. Ich bin erstaunt und dankbar für diese Rettung und zugleich voller Trauer, wenn ich an die Millionen anderer Mädchen denke, die eine solche Rettung nicht erleben.

Die meisten kleinen Mädchen träumen irgendwann davon, einmal ein Märchen zu erleben. Die große Überraschung beim Älterwerden ist aber nicht die, dass das Märchen ein Mythos war, sondern dass das Leben viel gefährlicher ist, als sie dachten. Wir leben in einem Märchen, aber oft scheint es so, als ob sowohl der Drache als auch die böse Hexe gewinnen. (Manchmal haben wir das Gefühl, sogar selbst der Drache zu sein – wenn wir unseren monatlichen internen Kampf ausfechten.) Doch eines will ich mit größter Ernsthaftigkeit anmerken: In jedem Augenblick, während wir schlafen und während wir wach sind, tobt um uns herum ein Kampf. Die äußere Landschaft, die wir alle miteinander teilen, befindet sich mitten in einem Kampf – nicht nur zwischen Gut und Böse, sondern auch zwischen Leben und Tod.

Die Dinge sind nicht so, wie sie ursprünglich geplant waren. Ausgehend von unserem Standort östlich von Eden sind wir immer weiter nach Osten gezogen, nur um den Garten völlig verwahrlost und auf grausame Weise unkenntlich gemacht wiederzufinden. Wir alle wurden in *diese* Welt hineingeboren. Wir kamen und schnappten nach Luft, und wir schnappen immer noch danach. Es ist ein grausamer Ort, um das Leben zu bestreiten, ein harter Ort, um ein Leben aufzubauen. Feuer und Eis. Schönheit und Terror. Schmerz und Heilung. Alles ist miteinander verflochten.

Die gute Nachricht bei all dem Schrecklichen jedoch lautet: Das Leben trägt den Sieg davon. Es hat bereits gesiegt. Die Liebe hat gesiegt. Doch das Schlachtfeld ist immer noch da, gerade dort, wo wir uns befinden, und die Bühne für diesen Kampf ist eine Welt, die Frauen erbittert hasst. Gott liebt Frauen. Jesus liebt Frauen. Doch der Feind, der Teufel, hat uns Frauen ins Visier genommen.

Das sind keine erfreulichen Gedanken, aber wir müssen uns ihnen stellen. Unsere Lebensreise vollzieht sich auf unfreundlichem Terrain. Sie wussten das bereits. Der Rauch des geistlichen Kampfes, der um uns herum stattfindet, lässt unsere Augen tränen und unsere Lungen mühsam atmen. Kanonenkugeln werden auf unser Herz abgeschossen, und wir müssen diese Realität beim Namen nennen. Ein großer Teil des Kummers in unserem Leben wurzelt in der Frauenfeindlichkeit.

Der Frauenhass

Misogynie: Frauenhass. Vom griechischen misein „*hassen*" + gyne „*Frau*".

Der griechische Philosoph Aristoteles lebte etwa dreihundert Jahre vor Christus und übte auf die uns bekannte Welt einen gewaltigen Einfluss aus. Er war der Ansicht, dass Frauen als eine natürliche Deformation von Männern beziehungsweise als unvollkommene Männer zu sehen wären.[3] Er stand mit diesem Glauben nicht allein, und dieser Glaube hat sich weltweit verbreitet. So sieht die Welt aus, in die Sie hineingeboren wurden. Der Frauenhass färbt unsere Welt und damit auch Ihr Leben. Wenn wir das erkennen, können wir unser Leben besser verstehen und meistern.

Frauenhass ist der Hass auf Frauen und alles Weibliche. Er entstand beim Sündenfall und hat nicht nur in den Männern, sondern auch in uns Frauen Einzug gehalten. Er zeigt sich auf vielfältige Weise: von Witzen unter der Gürtellinie über Pornografie und Sexhandel bis hin zur Selbstverachtung, die eine Frau für ihren Körper empfindet. Warum ist die plastische Chirurgie mittlerweile so weit verbreitet? Magersucht, Bulimie und Esssucht haben ihre Wurzeln in der Selbstanklage, im Frauenhass. Die Geschichte unserer Welt ist voll von Verletzungen, Unterdrückung, Herabsetzung, Verachtung und Angst, die auf Frauen *gerichtet sind*.

Als Jesus auf den Plan trat, stellte er den Frauenhass auf den Kopf. Damals hätte kein Rabbi in der Öffentlichkeit das Wort an eine Frau gerichtet, noch nicht einmal an seine eigene Frau (orthodoxe Rabbiner machen das noch heute so). Selbst heutzutage ist es einem orthodoxen Juden verboten, eine Frau, die nicht seine eigene ist oder mit der er nahe verwandt ist, zu berühren oder von ihr berührt zu werden. Jesus hielt sich nicht an solche Regeln. Während seines Dienstes hier auf der Erde hatte er oft mit Frauen zu tun. Er sprach mit ihnen. Er berührte sie. Er lehrte sie. Er schätzte sie wert. Es gab Frauen, die sich um sein körperliches Wohl sorgten, ihn berührten, seine Füße wuschen, ihn mit Öl und mit ihren Tränen salbten. Er hatte weibliche Jünger, die mit ihm durch das Land reisten, ihn unterstützten, von ihm lernten und zu seinen Füßen saßen. Wenn wir, die Gemeinde, der Leib Christi, dem Beispiel Jesu gefolgt wären, anstatt uns an menschliche Traditionen zu halten, die in der Sünde verhaftet sind, dann könnten wir in Bezug auf die Frauen dieser Welt auf eine ruhmreichere Geschichte zurückblicken.

Doch der Frauenhass gelangte in die Gemeinde und das bereits vor sehr langer Zeit. Viele mit Bibelstellen angefüllte Predigten, die für die Unterdrückung der Frauen plädierten, wurden im Laufe der Jahrhunderte gehalten. Doch wir müssen verstehen, dass die Bibel Informationen enthält und kulturelle Gepflogenheiten nennt, die sie *nicht* befürwortet. Die Bibel beschreibt im Detail sündige Handlungen, ohne diese aber zu unterstützen geschweige denn zu propagieren. Nehmen wir als Beispiel die Sklaverei – die Bibel berichtet davon, doch sie empfiehlt sie nicht. Dagegen wurde im Amerika des achtzehnten Jahrhunderts die Sklaverei oftmals von der Kanzel herunter befürwortet und dies mit Bibelzitaten bestärkt. Und genauso wurden die Worte des Apostels Paulus über die Frauen nur allzu oft verdreht, um die Unterdrückung von Frauen zu rechtfertigen – weit entfernt von seinen Absichten.

Über die Jahrhunderte hinweg wurde die Haltung gegenüber den Frauen in der Gemeinde auf absurde Weise verzerrt. Es wurde gelehrt, Frauen seien der Ursprung des Bösen und Sex an sich sei böse. Noch immer gibt es Gemeinden, die weiterhin lehren, der Sündenfall gehe auf die Bosheit Evas zurück und sie und alle Frauen nach ihr seien Verführerinnen. Es wurde verkündet, Frauen dürften nicht lehren, nicht in der Gemeinde zu Wort kommen und nicht ihr Haar schneiden. Frauen sollen ihren Körper, ihr Gesicht, ihren Kopf bedecken. Sie sollen still sein, von den Männern getrennt und zu Hause bleiben. Frauen können keinen Besitz haben, wählen, vor Gericht Zeugnis geben oder alleine reisen. Frauen können nicht zur Schule gehen, weil sie es nicht wert sind, ausgebildet zu werden.

Die gute Nachricht lautet: Die Dinge ändern sich. Und es ist wahr, dass das Christentum mehr dazu beigetragen hat, die Stellung der Frauen anzuheben, als irgendeine andere Bewegung der Geschichte.

Doch in viel zu vielen Kulturen gibt es in dieser Hinsicht keinerlei Veränderung. Ja, wir sind schon weit gekommen, aber *wir haben noch eine Menge vor uns*. Der Frauenhass regiert erbittert weiter. Er ist durch Menschen und Regierungen, durch Kulturen, Religionen und Nationen zu uns gekommen. Er kommt durch Männer. Er kommt durch Frauen. Er kann sogar in kleinen Mädchen herrschen.

Denken Sie nur an den Spielplatz. Kleine Mädchen können gehässig und grausam sein und schon miteinander konkurrieren. Vergleicht man das Verhalten von Jungen mit dem von Mädchen, so verdreschen sich Jungen und sind fünf Minuten später schon wieder gute Freunde. Mädchen dagegen denken sich Rachestrategien aus und sie verletzen einander mit ausgesprochener Raffinesse und tödlichen Worten.

Frauen konkurrieren um die Aufmerksamkeit der Männer miteinander. Schon unzählige Frauen haben ihre beste Freundin für die Beziehung zu einem Mann geopfert. Und viele Frauen fühlen sich durch die Schönheit, Intelligenz und Anmut anderer Frauen bedroht. Wir betreten einen Raum und taxieren unbewusst alle im Raum anwesenden Frauen. Wir beurteilen rasch, wo wir uns selbst in der Hierarchie der Attraktivität befinden, ohne uns dessen bewusst zu sein. Dieses Verhalten findet seine Wurzeln im Frauenhass.

Ob wir es merken oder nicht, wenn wir andere Frauen hassen, hassen wir uns selbst und kooperieren mit dem Feind. Wir setzen den großen Schaden, der angerichtet wurde, weiter fort. Und nicht umsonst hat Jesus uns Menschen gesagt, dass Hassen mit Töten gleichzusetzen ist.

Und so kann der Frauenhass natürlich zu körperlicher Gewalt führen. Durch Frauen. Durch Männer. Im 2. Buch Samuel lesen wir:

Aber dann schlug seine große Liebe in glühenden Hass um. Ja, er hasste Tamar nun mehr, als er sie vorher geliebt hatte.

2. Samuel 13,15

Amnon, ein Sohn König Davids, verliebte sich in seine wunderschöne Halbschwester Tamar und wurde beinahe krank daran, dass sie für ihn unerreichbar war. Auf den Rat eines Freundes hin gab Amnon vor, krank zu sein und ließ Tamar rufen, damit sie sich um ihn kümmerte. Als Tamar sein Zimmer betrat, schickte Amnon alle anderen fort und forderte sie auf, zu ihm ins Bett zu kommen. Als sie sich weigerte und ihn anflehte, an ihrer beider Würde zu denken, vergewaltigte er sie. Nachdem er befriedigt war und ihre Schönheit verschlungen hatte, schlug die *Liebe* Amnons unmittelbar in Hass um.

Sam Jolman, ein Therapeut, der in seinem Blog über Männerprobleme schreibt, stellt in einem seiner Artikel eine interessante Verbindung zwischen sexueller Lust und Frauenhass her:

Wie Dan Allender sagt: „Begierde hat nichts mit Sex zu tun. Es geht um Macht." Begierde ist das Bestreben eines Mannes, eine Frau zu beherrschen und ihr ihre Macht zu entziehen. Die Vergewaltigung ist die offensichtliche Illustration hiervon. Vergewaltigung hat nichts mit Sex zu tun. Der Genuss der Vergewaltigung liegt in der momentanen Erfahrung der Macht. Wir können beobachten, dass die wilde Brutalität des Krieges und Völkermords immer das Töten von Männern und die Vergewaltigung von Frauen einschließt. Es geht nicht um einsame Soldaten, die sich nach ein bisschen Liebe sehen, sondern um Wilde, die ihren Durst nach Macht befriedigen wollen.

Wie bei vielen von Ihnen, die dieses Buch lesen, gibt es auch in meiner Lebensgeschichte sexuelle Übergriffe. Als ich zwanzig war, folgte mir ein Mann auf die Toilette eines Restaurants, schloss die Tür ab und warf sich auf mich. Ich kämpfte. Schließlich gelang es ihm, mich zwischen dem Waschtisch und der Wand festzuklemmen und sich zu befriedigen. Anschließend gab er mich frei und schrie: „Sieh nur, wozu du mich gebracht hast!" Dann verschwand er.

Sieh nur, wozu *du* mich gebracht hast. Er gab mir die Schuld für seine Sünde, für seinen *Hass*. Diese Sicht der Dinge ist keine Seltenheit.

Doch wir sollten uns davor hüten, Männer anzuklagen oder zu hassen. Auf keinen Fall dürfen wir dahin gelangen! Männer sind zu achten. Und Frauen ebenso. Die Männlichkeit sollte genossen werden. Gefeiert, geehrt und willkommen geheißen. Und die Weiblichkeit ebenso. Das Leid, das sich nach dem Sündenfall auf die Menschen legte, umschließt die Trennung von Gott und die Trennung von ihrem *ezer*. Gott schuf Eva, um Adams *ezer* zu sein. Das hebräische Wort, das in 1. Mose 2 Vers 18 benutzt wird, bedeutet Lebenshilfe, Gegenüber, die Person, ohne die ein Mensch buchstäblich nicht leben und erblühen kann. Gottes Plan für Männer und Frauen sah so aus, dass sie einander unterstützen und ergänzen, dass sie dasselbe Ziel verfolgen und in der Liebe eins seien. Doch dann kam der Sündenfall, und er brachte Entzweiung und unaussprechliches Leid mit sich. Obwohl viel Kummer in unserem Leben von anderen Menschen verursacht wird, sind nicht die Menschen unsere Feinde. Frauen sind nicht unsere Feinde. Männer sind nicht unsere Feinde. Der Teufel ist der Feind.

Der wahre Grund

Pro Minute werden zwei Kinder für den Sexhandel verkauft, jährlich werden rund zwei Millionen Kinder weltweit in die Prostitution gezwungen und achtzig Prozent dieser Opfer sind Frauen und Mädchen. Der Menschenhandel ist nicht nur ein Problem in anderen Ländern – er nimmt auch in den Vereinigten Staaten und in Europa zu. Es ist sogar so, dass im Jahr 2012 in den USA der Menschenhandel in der Liste der Verbrechen die Spitzenposition einnahm. Die USA nehmen außerdem mittlerweile die erste Stelle in der Liste der Zielorte des Sextourismus ein.

Und dann ist da auch noch das Thema Pornografie: Achtzig Prozent der Pornografie, die die Welt überschwemmt, wird als *harte* Pornografie eingestuft. Die meisten von uns denken bei Pornografie an sogenannte *Soft*pornos, doch zur harten Pornografie gehört Kinderpornografie, sadomasochistische Pornografie und Pornografie mit Inhalten jenseits aller Vorstellungskraft. All diese Pornografie hat nur das eine Ziel, das Herz der Person, die mit ihr in Berührung kommt, zu zerstören.

Der Ursprung dieses Hasses und Leides sind weder Männer noch die Kirche, noch nicht einmal Regierungen oder Unrechtssysteme. Die Bibel sagt sehr deutlich, dass der Ursprung des Bösen der Böse selbst ist:

> *Denn wir kämpfen nicht gegen Menschen, sondern gegen Mächte und Gewalten des Bösen, die über diese gottlose Welt herrschen und im Unsichtbaren ihr unheilvolles Wesen treiben.*
>
> Epheser 6,12

Das Böse greift um sich. Und es ist viel zu einfach, Menschen, Organisationen, Bewegungen, die Kirche oder politische Systeme dafür verantwortlich zu machen. So wird sich nie etwas ändern, denn einem solchen Verhalten liegt ein naives Verständnis der Welt zugrunde. Jesus nannte den Teufel den Prinzen dieser Welt. Er ist der

Prinz der Dunkelheit, dessen einziges Ziel darin besteht, zu stehlen, zu töten und das Leben in all seinen Formen zu zerstören. Er hat Macht. Er hat Macht hier auf dieser Erde überall dort, wo das Reich Gottes nicht verbreitet oder aufrechterhalten wird. Er ist die Quelle des Frauenhasses, des Hasses, den Sie haben ertragen müssen. Doch vergessen wir nicht: Jesus hat durch seinen Tod am Kreuz, seine Auferstehung und seine Himmelfahrt den Sieg allumfassend erkämpft. Sämtliche Macht im Himmel und auf der Erde wurde ihm, dem sie rechtmäßig zusteht, zurückgegeben. Und anschließend gab Jesus uns diese Macht weiter.

Im nächsten Kapitel werde ich diesen Aspekt noch genauer ausführen. Bis dahin sollten wir aber schon einmal zwei Dinge festhalten:

- Die Welt ist vom Bösen erfüllt, meine Schwester, und ein großer Teil dieses Bösen hat sich die Frauen als Ziel gesucht.
- Der Ursprung des Bösen sind weder Männer noch Frauen, sondern es ist der Teufel.

Wenn Sie das einmal für sich verstanden und angenommen haben, werden Sie nicht nur rasante Fortschritte machen, was das Verständnis Ihres eigenen Lebens betrifft; Sie werden auch Ihren Weg durch den Kampf hindurch finden, um die Güte Gottes, die er für Sie bereithält, zu entdecken.

Der Weg nach vorn ist Liebe

Genauso wenig, wie wir unseren weiblichen Körper überwinden können, indem wir ihn hassen, genauso wenig können wir die Frauenfeindlichkeit überwinden, indem wir Frauen oder Männer hassen. Wenn wir Frauen hassen, hassen wir uns selbst. Wenn wir die Rolle der Frau schmälern, setzen wir uns selbst herab. Wenn wir eifersüchtig und neidisch sind und andere Frauen verleumden, dann schließen wir uns dem Angriff des Feindes auf sie an. Wenn wir uns so verhalten, stimmen wir mit dem Feind unserer Seelen und dem Feind Gottes überein, indem wir sagen, was Gott geschaffen hat, sei *nicht* gut. Wir müssen damit aufhören. Wir können diesem Kampf, der in unserem externen Leben wütet, nur entgegentreten, indem wir mit Liebe handeln. Nicht mit Anklage, nicht mit Schuldzuweisungen, sondern mit Liebe.

Ja, die Rollen, die in der Vergangenheit hauptsächlich vom weiblichen Geschlecht ausgefüllt wurden, sind die Rollen, die in der Gesellschaft den niedrigsten Stellenwert besitzen. Erzieherinnen, Krankenschwestern, Altenpflegerinnen und Büroassistentinnen bilden das Rückgrat unserer westlichen Welt und werden mit einem lächerlich geringen Gehalt entlohnt. Ihre Arbeit wird regelrecht entwertet. Und auch die Rolle der Mutter wurde bagatellisiert. In der Frage: „Arbeiten Sie?", schwingt auch immer gleich die nächste Frage mit: „Haben Sie einen echten Job, der etwas von Ihnen verlangt, oder sind Sie nur Hausfrau und backen den lieben langen Tag Plätzchen?"

Hilfe!

Doch wir werden diese subtile Frauenfeindlichkeit nicht überwinden, indem wir versuchen, wie Männer zu sein, genauso wenig wie wir unseren weiblichen Körper überwinden, indem wir wie Lady Macbeth versuchen, uns selbst von unserem Geschlecht loszusagen. Vielmehr sollten wir damit beginnen, unsere Rolle zu feiern. Wir wollen unsere Berufung in Ehren halten und sie auf jede erdenkliche Weise ausleben. Die Wahrheit lautet: Wer wir als Frau sind, was wir bewirken, und die Rolle, die wir in der Welt, im Reich Gottes und im Leben von Männern, Frauen und Kindern spielen dürfen, ist von unschätzbarem Wert und Einfluss.

Das Reich Gottes wird nicht so weiterwachsen, wie es wachsen sollte, wenn die Frauen nicht aufstehen und ihre Rolle annehmen. Zur Heilung der Seele eines Mannes ist die Nähe, Stärke und Barmherzigkeit seiner Frau absolut unabdingbar. Die Männer dieser Welt werden ohne Frauen Gottes, die sie durch ihr Leben hindurch begleiten, nicht so werden, wie es Gottes Plan entspricht. Die Frauen dieser Welt werden ihre Bestimmung nicht erfüllen ohne die Kraft, Ermutigung und Weisheit anderer Frauen, die einen Teil ihres Lebensweges mit ihnen gehen. Ja, es ist hart. Aber das liegt daran, dass sie so dringend gebraucht werden. Ihr tapferes weibliches Herz wird heute von den Menschen, mit denen sie leben und arbeiten und die sie lieben, gebraucht. Es wird Zeit.

Frauen sind nach dem Bilde Gottes geschaffen. Sie sind Miterben Christi. Frauen sind geschätzt, wertvoll, einflussreich und werden gebraucht. Es gibt einen Grund dafür, dass der Feind uns Frauen fürchtet und seinen Hass in unsere Existenz hineingegossen hat. Lassen Sie ihm seine Furcht. Denn „die Schwierigkeiten bedrängen uns von allen Seiten, und doch werden wir nicht von ihnen überwältigt. Wir sind oft ratlos, aber nie verzweifelt. Von Menschen werden wir verfolgt, aber bei Gott finden wir Zuflucht. Wir werden zu Boden geschlagen, aber wir kommen dabei nicht um" (2. Korinther 4,8-9). Wir sind mehr als Überwinder durch Christus, der uns Kraft gibt, und wir werden nicht unterliegen. Gott ist unsere Stärke. Jesus ist unser Verteidiger. Der Heilige Geist ist unser Teil. Und im Namen unseres Gottes entscheiden wir uns dazu, ihn zu lieben. Wir entscheiden uns dafür, uns in Anbetung und Hingabe unserem Gott zu unterwerfen. Und durch die Kraft des Christus, die in uns wohnt, entscheiden wir uns dazu, aufzustehen und Frauen Gottes zu sein, die sein Reich in unverminderter und gnadenvoller Kraft voranbringen.

4

Unsere Mütter, wir selbst: Teil 1

Mark arbeitete ehrenamtlich in einem Nachmittagsbetreuungsprogramm, in dem er Highschoolschülern Nachhilfe in Englisch gab. Schwester Janet war die treibende Kraft hinter dem gesamten Programm. Schwester Janet fand heraus, dass Mark Cello spielte und bat ihn, bei einer Schulversammlung ein Stück vorzutragen.

Mark war von dieser Idee nicht besonders angetan. Er sagte Schwester Janet, dass Versammlungen, bei denen klassische Musik gespielt würde, nicht gut verliefen. Sie würden aus dem Ruder laufen. Schwester Janet versicherte ihm aber, dass sich ihre Jungs niemals schlecht benehmen würden. *Ihre Jungs* waren übrigens junge Männer im Alter von fünfzehn bis siebzehn, die in einem Jugendgefängnis in Los Angeles inhaftiert waren. Sie warteten auf ihren Prozess für Verbrechen, die von bewaffnetem Raub bis hin zu Mord reichten.

Und sie wollte, dass Mark Cello spielte.

Schwester Janet verfügte über eine Menge Überzeugungskraft, und so konnte sie Mark schließlich überreden. Am Tag der Versammlung wurde Mark von einem Wachmann zu einem Raum neben der Bühne eskortiert, in dem er auf seinen Auftritt warten sollte. Während er dort wartete, hörte er den rhythmischen Klang von Hip-Hop-Musik. Er konnte hören, wie begeistert die jungen Männer waren. Als er einen Blick durch den Türspalt wagte, sah er, dass der Star der Aufführung eine dürftig bekleidete junge Frau war, die keinerlei musikalisches Talent besaß und auf eine Trommel einschlug.

Mark schloss die Tür und ließ sich auf seinen Stuhl fallen. Dann kam Schwester Janet herein. Mark rief sofort: „Das war ein

Riesenfehler! Hören Sie nur die Jungs da draußen. Sie sind außer Rand und Band, und das alles nur wegen eines Mädchens im Bikini."

„Da draußen ist ein Mädchen im Bikini?", fragte Schwester Janet irritiert.

„Auf jeden Fall irgendwas, was wie ein Bikini aussieht!", jammerte Mark.

„Haben Sie doch bitte ein wenig Vertrauen", drängte ihn Schwester Janet.

Die Hip-Hop-Gruppe war schließlich fertig. Der Wachmann öffnete die Tür für Mark und bedeutete ihm, auf die Bühne zu treten. Während er über die Bühne schritt, stolperte Mark über sein Cello, worauf das Publikum lachte und applaudierte.

Zunächst unterhielt er sein Publikum mit (für ihn) interessanten und (für die Jungen) langweiligen Ausführungen über sein Instrument, bis er seinen Vortrag nicht länger hinausschieben konnte.

„Ich möchte *Der Schwan* für euch spielen. Dieses Lied erinnert mich an meine Mutter", waren seine letzten erklärenden Worte, bevor er mit dem Spielen begann.

Mark begann zu spielen. Der Betonboden, die nackten Wände und die hohe Decke ließen die Musik so stark nachklingen wie in einer Duschkabine. Die Musik war wunderschön. Doch dann begann er ein anderes Geräusch zu hören, es klang nach Unruhe, nach Bewegung, nach Gescharre.

Na großartig, dachte er, *sie langweilen sich bereits.*

Er wagte einen flüchtigen Blick ins Publikum und erkannte, dass das Geräusch ein vielfaches Schluchzen war. Die jungen Männer wischten sich ihre Nasen mit dem Ärmel ab. Tränen rannen ihnen die Wangen herunter. Mark spielte *Der Schwan* so gut weiter wie nie zuvor. Als er geendet hatte, bekam er tosenden Applaus.

„Jetzt werde ich eine *Sarabande* von Bach spielen", erklärte Mark sein nächstes Stück und spielte wieder sehr gut.

Nach dem nächsten donnernden Applaus rief ein junger Mann von hinten: „Spielen Sie noch mal das Stück über die Mütter!"

Oh.

Es war also nicht so sehr die Schönheit der Musik, die die Häftlinge bewegt hatte, als vielmehr der Gedanke an ihre Mütter. Mark spielte das Stück noch zweimal und bekam stehenden Applaus. Schließlich buhten die jungen Männer den Wachmann aus, als er Mark von der Bühne hinunterbegleitete.[1]

Mutter.

In ihrem Buch *The pastor's Wife* (dt.: Die Frau des Pastors) erzählt Sabrina Wurmbrand, dass nachts im Gefängnis, wenn alles still ist, ein Wort am häufigsten in die Dunkelheit hinausgerufen wird. Es ist ein Appell und ein Gebet zugleich: „Mutter."

Soldaten, die auf dem Schlachtfeld verwundet wurden und im Sterben liegen, rufen alle dieses eine Wort aus: „Mutter!"

Ich rief es auch aus, und zwar als ich zwölf Jahre alt war und mir mein Bruder endlich erlaubt hatte, mit seinem *Minibike* (Anm. d. Übers.: ein kleines Motorrad) zu fahren. Er hatte mir alle möglichen Anweisungen gegeben, außer einer: wie man anhielt. Unsere Auffahrt war lang und steil und von Bäumen gesäumt, die den Blick auf die Straße versperrten. Ich flog also mit dem *Minibike* die Auffahrt hinunter, beschleunigte, raste quer über die Straße in den Bordstein hinein und flog über den Lenker. Der Gartenzaun unseres Nachbarn fing mich auf.

„Mama!", rief ich.

Sie kam gerannt, mit ihr kam ein Nachbar, und beide halfen mir, bis in mein Zimmer und ins Bett zu humpeln. Kurze Zeit später kam meine Mutter herein, um nach mir zu sehen, und sagte: „Du musst abnehmen. Es war wirklich schwierig, dich zu tragen, weil du so schwer bist. Es war mir peinlich."

Mutter.

Es ist ein mächtiges Wort für eine mächtige Frau, die unser Leben auf vielfache Art beeinflusst hat. Unsere Mütter waren für uns ein Segen, aber sie haben uns auch – oft unwissentlich – verletzt. Deshalb ist es nun an der Zeit, mehr von der heilenden Kraft Jesu zu erfahren, indem wir uns mit unserer Mutter-Wunde beschäftigen, die leider für einige von uns die Mutter aller Wunden ist. (Tief durchatmen. Atmen Sie weiter.)

Die Macht einer Mutter

Eines Nachmittags betrachtete ich meine Söhne auf dem Spielplatz, als unser ältester (der damals erst fünf Jahre alt war) begann, in eine verbotene Richtung zu laufen. Blitzartig stieß ich einen Laut aus, der wie ein Maschinengewehr klang: „AH! AH! AH! AH! AH!" Nie zuvor hatte ich diesen Laut ausgestoßen. Meine Mutter aber sehr wohl. Ich sah mich um. Woher *kam* dieser Laut? Sind Sie nicht auch erschrocken, wenn Ihre Mutter plötzlich durch *Sie* hindurch auftaucht?

Je älter wir werden, desto öfter hören wir uns sagen: „Ich werde immer mehr wie meine Mutter." Und im Allgemeinen sagen wir das nicht gerade erfreut. Zwischen Müttern und Töchtern gibt es eine Spannung, die wir als fast etwas Ursprüngliches empfinden. Und manchmal können allein unsere Unterschiede zu Konflikten führen. Meine Mutter zum Beispiel mochte das Meer nicht und konnte kaum schwimmen, während ich mich wie ein Fisch im Wasser bewege. Wenn sie zu lange in der Sonne blieb, bekam sie einen Hitzschlag, während ich die Sonne liebe. Sie kleidete sich klassisch und konservativ, während ich Hemdblusen hasse. Kragen sind mir ein Gräuel. Sie trug am liebsten Tennisschuhe. Ich mag lieber Flip-Flops. Sie fand, ich sollte meine Haare schneiden. Ich habe immer noch lange Haare.

Aber es gab auch Dinge an meiner Mutter, die ich über alles liebte. Sie war eine begeisterte Gärtnerin. Ich auch. Sie liebte Kuchenbacken. Wie ich. Sie dekorierte das Haus entsprechend der Jahreszeiten und für die Feiertage, und ich mache das auch. Sie liebte es, Menschen einzuladen. Ich habe wahnsinnig gern Besuch. Sie übernahm vor fünfundvierzig Jahren bereits eine Patenschaft für ein Kind in einem Schwellenland, bevor die meisten Leute überhaupt wussten, dass eine solche Möglichkeit existiert. Und sie lud elternlose Kinder zu uns nach Hause ein, damit sie einen Tag lang sorglos bei uns spielen konnten. Ich hoffe, dass ich auch so bin. Sie war selbstbeherrscht und diszipliniert, und ich frage mich, warum ich nicht mehr davon habe. Ganz ehrlich, in vielen, vielen Dingen würde ich *gerne* so sein wie meine Mutter.

Die Schriftstellerin Lillian Hellman hat einmal gesagt: „Meine Mutter war bereits seit fünf Jahren tot, als ich begriff, wie sehr ich sie geliebt habe."

Zum Glück für mich – und ich danke Jesus dafür – wurde mir das klar, bevor meine Mutter vor zehn Jahren verstarb.

Es ist leicht, unsere Mütter anzuklagen. Kinder wie auch Teenager machen schnell ihre Mutter für ihre Verletzungen verantwortlich. Ich erinnere mich noch gut, wie ich hinter meinem Sohn Sam die Treppe hinunterging, er war damals ungefähr vier Jahre alt. Dabei stieß er mit der Hüfte ans Geländer. Ich hörte ein dumpfes Geräusch und mir war klar, dass er sich wehgetan hatte, doch dann kam die Überraschung. Er drehte sich mit stechendem Blick zu mir um und knurrte: „Mama!" Wie bitte? Ich hatte ihm nichts getan. Warum gab er mir die Schuld?

Es ist wichtig, unsere Mütter zu ehren, und zwar nicht allein, weil dies in der Bibel erwähnt wird.

Das Gebot, unseren Vater und unsere Mutter zu ehren, wird mehrmals in der Bibel genannt. Es ist das einzige Gebot, das mit einer Verheißung verbunden ist. „Ehre deinen Vater und deine Mutter, dann wirst du lange in dem Land leben, das ich, der Herr, dein Gott, dir gebe" (2. Mose 20,12). Ihr Land kann tatsächlich ein Stück Land sein, aber auch eine Berufung, eine Firma, eine Beziehung, ein Dienst in einem christlichen Werk oder einer Gemeinde. Ihr Land ist Ihr Terrain, Ihre Wirkungsstätte.

Mütter tun viel, sie lehren, beraten und leiten. „Mein Sohn, denke immer an die Ermahnungen deines Vaters, und habe die Weisung deiner Mutter stets vor Augen" (Sprüche 1,8). Mütter trösten. „Ich will euch trösten wie eine Mutter ihr Kind" (Jesaja 66,13). Mütter sind eine Quelle der Weisheit. Das berühmte Kapitel 31 im Buch der Sprüche hat König Lemuel geschrieben, aber seine Mutter hat ihn dazu inspiriert: „Folgende Worte stammen von König Lemuel; seine Mutter gab sie ihm mit auf den Weg" (Sprüche 31,1). Es gibt einen Grund dafür, warum in den Sprüchen die Weisheit als Frau personifiziert wird. Frau Weisheit wandelt in Gnade und Klugheit, die sie über Jahrzehnte erworben hat, indem sie ihr Herz durch Glauben veredelte. Weisheit wird erworben. Und eine Mutter gibt ihre Weisheit, ihre Erfahrungen, ihren Glauben an ihre Kinder weiter. „Ich weiß, wie aufrichtig du glaubst; genauso war es schon bei deiner Großmutter Lois und deiner Mutter Eunike. Ich bin überzeugt, dass dieser Glaube auch in dir lebt" (2. Timotheus 1,5).

Allzu oft haben wir unsere Mütter in Bezug auf ihre Person und in Bezug auf das, was sie geleistet haben, herabgesetzt. Doch wir sollten die überaus wichtige Rolle, die sie in unserem Leben gespielt haben, anerkennen.

Außerdem ist es wichtig, dass wir hinsichtlich unserer Mütter wirklich ehrlich sind, denn sie haben uns viel stärker beeinflusst, als den meisten von uns klar ist. Wie könnte es auch anders sein?

Frauen wurden nach dem Bilde Gottes geschaffen, so steht es gleich am Anfang der Bibel: „Dann sagte Gott: Jetzt wollen wir den Menschen machen, unser Ebenbild, das uns ähnlich ist. Er soll über die ganze Erde verfügen: über die Tiere im Meer, am Himmel und auf der Erde. So schuf Gott den Menschen als sein Ebenbild, als Mann und Frau schuf er sie" (1. Mose 1,26-27). Das bedeutet, dass unser weibliches Herz seine Wurzeln im Herzen unseres Schöpfergottes findet. Nicht dass Sie mich falsch verstehen, ich stelle damit das Geschlecht Gottes nicht infrage, auch nicht die Tatsache, dass Gott unser himmlischer Vater ist. Er ist es zutiefst und eindeutig. Er ist nicht nur unser himmlisches Elternteil, er ist wirklich und wahrhaftig unser himmlischer Vater. Und ein Vater ist männlich. Doch die Dreifaltigkeit – Gott der Vater, Gott der Sohn und Gott der Heilige Geist – hat kein Geschlecht, sondern ist die *Quelle allen Geschlechts*. Deshalb gibt es das Vaterherz Gottes und auch das *Mutterherz* Gottes. Vorhin beschrieb ich, was eine Mutter in der Regel tut: Sie lehrt, leitet, gibt Weisheit weiter und tröstet. Erinnert Sie das an eine Person der Dreifaltigkeit? Vielleicht an den Heiligen Geist?

Sie verfügen über so viel Würde, schon allein, weil Sie eine Frau sind. Sie tragen das Bild des lebendigen Gottes in sich. Unschätzbar. Ganzheitlich.

Um aber immer mehr die Person zu werden, die wir wirklich sind, müssen wir uns immer tiefer auf die Heilung einlassen, die Jesus uns schenken möchte. Wenn wir das in unserem Kopf und auch in unserem Herzen berücksichtigen, können wir behutsam die Wunde erkunden, die wir durch unsere Mutter erlitten haben. Doch Sie sollten von vornherein eines wissen: Ich werde weder unsere Mütter noch uns selbst den Wölfen zum Fraß vorwerfen. Keine einzige von uns ist eine perfekte Mutter, und niemand von uns hat eine perfekte Mutter gehabt. Nur Gott ist vollkommen. Und keine Sorge, ich will uns nicht in Scham, Schuldgefühle, Anklagen und Reue oder Bitterkeit führen. Nein. Im Namen Jesu: Nein.

Es gibt eine Menge Literatur über den Einfluss eines Vaters auf seinen Sohn oder seine Tochter. Mein Mann und ich haben beide in unseren Büchern *Weißt du nicht, wie schön du bist?*, *Der ungezähmte Mann* und *Fathered by God* (dt.: Gott unser Vater) darüber geschrieben. Jedes Kind kommt mit ganz zentralen Fragen auf die Welt und die erste Person, der diese Herzensfragen gestellt werden, ist der Vater. Jungen fragen: *„Bin ich gut genug? Bin ich der Beste?"* Mädchen fragen: *„Hast du Freude an mir? Bin ich hinreißend?"* Doch die wichtigste Frage für Jungen und Mädchen lautet: *„Liebst du mich?"*

Entsprechend der Schöpfungsordnung Gottes ist die Vater-Kind-Beziehung die tiefste Beziehung unserer Seele. Der Vater verleiht uns unsere Identität. *Das bist du und das ist dein Name.* Die Art und Weise, wie Ihr Vater diese Fragen beantwortet hat, hat zu Ihrer aktuellen Identität als Frau beigetragen, damit hat Ihr irdischer Vater in Ihrem Leben eine gewaltige, prägende Rolle gespielt und spielt sie immer noch.

Nun könnten wir leicht daraus folgern, dass die Mutter eine nebensächliche Rolle spielt. Doch warum sollten wir denken, dass das, was der Vater seinen Kindern schenkt, von entscheidender Bedeutung ist, während das, was die Mutter gibt, sagen wir, saubere Unterwäsche und Ostereier sind? Sie hatten einen tollen Vater? Prima. Dann ist ja alles in Butter.

Nein. Die Rolle der Mutter ist tief greifend, und die Rolle, die Ihre Mutter in Ihrem Leben gespielt hat und weiterhin spielt, ist von entscheidender Bedeutung für Ihre heutige Persönlichkeit.

Väter verleihen uns unsere Identität.

Mütter geben uns *Selbstwertgefühl*.

Wurden Sie von Ihrer Mutter wertgeschätzt?

Als Frau ist Ihre Mutter Ihr wichtigstes Vorbild. Was sie fühlte, was sie dachte und glaubte, hatte einen direkten Einfluss auf Sie.

Wie unsere Mutter ihren Körper akzeptierte, hat uns dahingehend tief beeinflusst, wie wir unseren Körper wahrnehmen. Was sie glaubte, hat unseren Glauben beeinflusst und auch, was sie über Beziehungen dachte: Wie Männer sind, wie eine Ehe geführt werden kann, wie glücklich wir sein können. Unsere Mutter hat außerdem unser Vertrauen in das, was im Leben möglich ist, beeinflusst: was wir erreichen, erlangen und werden können, wie hoch wir unsere Träume und Ziele stecken und sogar, wie wir uns um uns selbst kümmern.

Es ist wichtig, sich damit zu beschäftigen. Der Einfluss unserer Mutter ist keine lebenslange Gefängnishaft, denn Jesus ist zu uns auf diese Welt gekommen, um uns in eine neue Familie hineinzuadoptieren. Durch ihn haben wir einen neuen Stammbaum. Und trotzdem hat unsere Mutter alles, was sie glaubte, an uns weitergegeben. Jetzt ist es an uns, uns dessen bewusst zu werden. Was glaubte oder glaubt Ihre Mutter? Wie hat sie sich um sich selbst und ihre Bedürfnisse gekümmert?

Waren Sie es wert, dass man für Sie Opfer brachte? Waren Sie es wert, dass man für Sie Unbequemlichkeiten in Kauf nahm, dass man sich Zeit für Sie nahm, Sie liebte? Sind Sie wertvoll? Ihre Mutter ist die Person, die diese Fragen in Ihrem Herzen beantwortet hat. Auch die Fragen im Herzen ihrer Söhne.

Der Einfluss Ihrer Mutter auf Sie ist tief greifend. Er ist grundlegend, emotional, geistig, geistlich und physisch. Sie spielte eine gewaltige, prägende Rolle in Ihrem Leben, die bereits begann, als Sie noch im Mutterleib waren, die während Ihrer Kindheit fortgesetzt wurde und jede Phase Ihres Lebens bis heute durchlief.

Ein Embryo im Mutterleib weiß bereits eine Menge, fühlt eine Menge und hört eine Menge. Es ist nachgewiesen, dass ein Baby im Mutterleib über ein *Bewusstsein* verfügt und dass wir uns irgendwo tief in unserem Innern an das erinnern, was in unserer Welt dort ablief. Eine gestresste, ängstliche oder wütende Mutter beeinflusst ihr Baby bereits in ihrem Bauch. Die Gefühle der werdenden Mutter und auch die Probleme, mit denen sie kämpft, werden auf das Baby übertragen. Doch das Verhalten einer Mutter hat nicht nur auf der psychischen Ebene einen Einfluss auf das ungeborene Kind; so steigen zum Beispiel die Aussichten, dass das Kind später einmal mit Fettsucht kämpfen wird, exponentiell an, wenn eine schwangere Frau erheblich übergewichtig ist. Und die Wahrscheinlichkeit einer späteren Sucht im Leben eines Kindes steigt dramatisch an, wenn die werdende Mutter mit einer Sucht kämpft.

Ich selbst habe in den letzten dreißig Jahren gegen die Fettsucht gekämpft. Meine Mutter war allerdings nicht übergewichtig, als sie mit mir schwanger war. Ich kann meine Fettsucht also nicht auf sie schieben. Verflixt! Sie war mit mir jedoch stark überfordert und regelrecht verzweifelt. Ich war ein Baby, dessen Ankunft kein Grund zur Freude, sondern vielmehr zum Weinen war. Meine Mutter hatte keine Ahnung, wie um alles in der Welt sie ein weiteres Kind verkraften geschweige denn *überleben* sollte.

Was im Mutterleib geschieht, legt den Grundstein für unser Leben. Wenn eine Mutter glücklich und voller Hoffnung ist, öffnet

sich der Blutstrom zu ihrer Gebärmutter und nährt den Fötus un-
gehindert. Wenn sie dagegen besorgt, ängstlich oder nervös ist, ziehen sich die Blutgefäße zusammen und behindern den Blutstrom
Richtung Fötus. Das Baby bekommt nicht genug Nahrung. Wenn
diese Erfahrung besonders schwerwiegend ist, wird das Baby das
Empfinden entwickeln, dass seine Mutter nicht genug zu geben hat;
es fühlt sich nicht sicher und geborgen, es fühlt sich nicht genug
versorgt.[2]

Bereits in einem derart winzigen Herzen tauchen tief greifende
Fragen auf: *Bin ich in Sicherheit? Wird es genug für mich geben? Genug zu essen? Genug emotionale Nahrung? Bin ich gewollt? Freut man
sich über mich? Oder bin ich ein Grund zur Panik? Werde ich in eine
sichere Umgebung oder in eine gefährliche hineingeboren werden?*

Weil ein Baby bereits im Mutterleib Stimmen hören kann, erkennt es die Stimme der Mutter bei der Geburt sofort. Ja, eine Mutter ist bereits seit dem Moment der Empfängnis eine Mutter und
alles, was sich während der neun Monate dauernden Schwangerschaft in ihrem Leben abspielt, ist von Bedeutung. Es beeinflusst
das Kind. Es hat Sie beeinflusst.

Denken Sie doch bitte einmal darüber nach: Als Sie noch im
Mutterleib waren, ging es Ihnen da gut? Hatten Sie genug? War
Ihre Mutter gestresst oder ängstlich? Besorgt? Rauchte sie? Trank
sie? Freute sie sich über die Schwangerschaft oder war sie regelrecht in Panik darüber?

Da Ihre Mutter ein menschliches Wesen war, gab es ganz sicher
Momente, in denen sie bei dem Gedanken an Ihre Ankunft gestresst war. Und wenn das Baby zur Welt kommt, erleben die meisten Mütter Zeiten, die sogar mehrere Monate dauern können, in denen sie sich überfordert fühlen. Sie bringen ein Baby zur Welt, und
dann schickt man sie einfach mit ihm nach Hause.

Als ich zum ersten Mal Mutter wurde, hatte ich schwere postna-
tale Depressionen. Ich konnte es nicht fassen, wie irgendein Baby
je überleben konnte. Ich fühlte mich völlig überfordert von der
Verantwortung, für ein Kind zu sorgen und es aufzuziehen. Und

ähnliche Gefühle erleben auch Adoptivmütter. Wir können mit ziemlicher Sicherheit davon ausgehen, dass ein adoptiertes Baby eine leibliche Mutter hatte, die zeitweise Angstgefühle kannte. Doch sollten Sie adoptiert worden sein, dann hatten Sie eine leibliche Mutter, die Sie tief und selbstlos genug liebte, um ihr kostbares Baby einer Familie zu überlassen, die ihm das bieten konnte, was sie ihrem Kind nicht geben konnte. Vielleicht haben sogar Sie selbst diese unglaublich schwierige und absolut liebevolle Entscheidung für Ihr Baby getroffen. Gott segne Sie dafür. Gott weiß, was Sie durchgemacht haben.

Die fürsorgliche Mutter

Die entscheidende Rolle einer Mutter ist die der Ernährerin und Versorgerin. Sie sorgt für die lebenswichtigen Bedürfnisse des Kindes. Dazu gehört die ganze Palette der körperlichen, emotionalen, sozialen und geistlichen Bedürfnisse eines Kindes, die gestillt werden müssen, damit es wachsen und sich gesund entwickeln kann. Ein Kind benötigt Nahrung, Obdach, Kleidung, Medizin, Fürsorge, Behaglichkeit und Berührung.

Nach der Geburt tragen die mütterlichen Hormone dazu bei, dass eine Mutter in der Lage ist, die Bedürfnisse ihres *völlig von ihr abhängigen* Babys zu stillen: sein Weinen nach Nahrung und Trost zu beantworten, es zu halten, zu wickeln, ihm Liebe zu zeigen. Immer und immer wieder. Das Baby registriert, was geschieht, und es beobachtet: *Werden meine Bedürfnisse beachtet? Bin ich wertvoll? Ist die Welt ein sicherer Ort? Wird man sich um mich kümmern? Mich schützen? Mich pflegen? Wenn ich es brauche, oder wenn es den anderen passt? Oder nie?*

Kleinkinder, die in vielen Entwicklungsländern zur Adoption freigegeben werden, verbringen oft Stunden, Tage und Monate allein in ihrem Bettchen. Sie werden nur ein- oder zweimal täglich hochgenommen oder berührt. Ein Baby, das nicht oft genug im Arm gehalten wird, entwickelt sich zu einem Erwachsenen mit einer Vielzahl emotionaler Schwierigkeiten, so wie eine unzulängliche Ernährung später im Leben zu Gesundheitsproblemen führt. Der Schaden, der einer menschlichen Seele durch derart herzlose Vernachlässigung zugefügt wird, ist verheerend. Doch wir brauchen gar nicht so weit in die Ferne zu blicken. Wir brauchen nur nach nebenan zu schauen oder zurück in unsere eigene Kindheit.

Die beiden ersten Jahre eines Kindes sind die entscheidenden Jahre, in denen das Selbstbewusstsein und das Selbstwertgefühl gebildet werden. Und wer ist in erster Linie dafür verantwortlich? Mama. Auch wenn sie voll berufstätig ist und ihre Arbeit wieder aufnehmen muss, wenn das Baby noch klein ist, ist es nicht die Person, die sich um das Baby kümmert, die sein Herz prägt. Es ist die Mama.

Wir leben in einer unvollkommenen Welt. Ich bin selbst eine Mutter, die unzählige Male hinsichtlich ihrer Kinder Fehler begangen hat. Wenn ich hier über Mütter schreibe, dann geht es mir nicht darum, irgendjemanden anzuklagen, sondern ich möchte nach Verständnis und *Heilung* suchen. Vielleicht sind auch Sie eine Mutter, und ich bin mir der Spannung bewusst, die damit einhergeht, auf unsere eigene Kindheit zurückzublicken und zugleich auf die Kindheit unserer Kinder. Wir können leicht Angst bekommen, wir hätten sie für immer ruiniert. Doch das haben Sie nicht, meine Liebe. Ja, wir haben Fehler gemacht. Auch die beste Mutter macht Fehler. Niemand kommt um das Bedürfnis nach Heilung herum. Niemand kommt um das Bedürfnis nach Gott herum. Wir brauchen ihn. Und unsere Kinder brauchen ihn auch.

Doch zunächst wollen wir uns mit *unserer* Lebensgeschichte befassen und mit dem Einfluss, den unsere Mutter auf *unser* Leben hatte. Wir wollen es wagen, gemeinsam mit Gott auf jene Tage zurückzublicken, auch jene Tage, die außerhalb unseres Bewusstseins lagen, um Gottes Heilung zu erfahren. Wir müssen dies tun, bevor wir uns damit beschäftigen können, wie wir selbst uns um unsere Kinder kümmern und wo Gott uns zu Veränderungen aufruft.

Wurden Ihre Bedürfnisse befriedigt? Bekamen Sie genug, nachdem Sie auf die Welt gekommen sind, genug Nahrung, Trost, Sicherheit, Liebe, Berührungen, Augenkontakt? Ein Baby braucht seine Mutter. Es kennt ihre Stimme, ihren Duft, ihr Gesicht. So kommt es nicht von ungefähr, dass Kleinkinder erheblich stärker auf das Gesicht und die Stimme einer Frau reagieren als auf die eines Mannes.

Wurden Ihre Bedürfnisse *als Kind* befriedigt? Wurden Ihre grundlegenden Bedürfnisse nach Nahrung, Sicherheit und liebevoller Berührung gestillt? Schenkte man Ihnen die Aufmerksamkeit, die Sie brauchten? Hat man Sie spüren lassen, dass man sich über Sie freute? Liebte man Sie einfach um Ihrer selbst willen? Denn wenn ein Mensch nicht genug von alldem bekommt, empfindet er Ablehnung. Ein Kind, dessen grundlegende Bedürfnisse nicht gestillt werden, entwickelt tief in seinem Innern den Glauben, es sei nicht wertvoll, es sei nicht genug und irgendetwas stimme nicht mit ihm.

Meine Mutter rauchte und trank, als sie mit mir schwanger war. Damals dachte man sich nichts Schlimmes dabei (ich weiß, es ist schwer zu glauben). Sie war mit ihrer Schwangerschaft überfordert, außerdem wütend und ängstlich und, wie sie selbst sagte, aufgrund dieser Schwangerschaft „am Boden zerstört". Aus diesem Grund wurden meine Bedürfnisse im Mutterleib leider nicht ausreichend gestillt. Außerdem hatte meine Mutter große Angst, weil es sich bei mir um eine Risikoschwangerschaft handelte. Meine Mutter war bei den Geburten meiner beiden älteren Geschwister beinahe verblutet, und aus diesem Grund war es für sie gefährlich, ein weiteres Baby zu bekommen.

Nachdem ich dann mittels eines Kaiserschnitts zur Welt gekommen war, war mein Vater größtenteils abwesend. Während dieser Zeit erzählte meine Mutter meinen Schwestern ständig, dass sie, wenn sie am nächsten Tag aufwachten, nicht mehr da sein würde. Also rannten meine Schwestern nach jedem Aufwachen in ihr Zimmer, nur um zu sehen, ob sie uns verlassen hätte. Meine Mutter war nicht in der Lage, meine Bedürfnisse zu befriedigen. Sie hatte nicht genug für mich: nicht genug Nahrung, Zeit, Berührung, Liebe, Aufmerksamkeit, Fürsorge, Freude an mir oder Zeit um Spielen.

Phillip Moffit vom *Life Balance Institute* schrieb zu diesem Thema:

Wenn Sie in Ihrer Kindheit nicht genug Fürsorge erfahren haben, werden Sie als Erwachsener möglicherweise unstillbare Bedürfnisse empfinden, nicht imstande sein, sich über andere zu freuen, oder ein niedriges Selbstwertgefühl haben, ungeachtet Ihrer Kompetenzen und Fähigkeiten.

Kommt das irgendjemandem außer mir bekannt vor?

Dagegen sagt der Psalmdichter:

Ich bin zur Ruhe gekommen. Mein Herz ist zufrieden und still.
Wie ein Kind in den Armen seiner Mutter,
so ruhig und geborgen bin ich bei dir!   Psalm 131,2

Es gibt also Hoffnung. Es gibt Heilung. Nichts ist für Jesus unerreichbar. Der Vers „wie ein Kind in den Armen seiner Mutter" bedeutet zufrieden. *Ich bin zufrieden. Ich habe genug. Alles ist gut.* Ein Kind in den Armen seiner Mutter ist ein zufriedenes Kind. Es ist erfüllt und froh. Es hat genug. Wir können diesen Zustand tatsächlich erleben. Wir können es!

Gott hat die Heilung meiner Mutter-Wunde dazu benutzt, die Bereiche mit den meisten Entbehrungen in meinem Innern zu öffnen. Diese Heilung war dann auch das entscheidende Element zur Befreiung von meinem Esszwang. Nun konnte ich Jesus bitten, die hungernden Bereiche meines Herzens zu füllen, und ich begann die Wahrheit auszusprechen, dass ich in Christus alles habe, was ich brauche. Dadurch konnte ich mit Gott schließlich auch darin übereinstimmen, dass meine Seele in ihm gesättigt ist. Ich muss jetzt nie mehr befürchten, nicht genug zu bekommen. Ich muss keine Reserven mehr anhäufen und mich nicht mehr selbst um meinen Schutz und meinen Trost kümmern. Ich habe bereits mehr als genug, und so wird es immer sein. Als ich begann, in diesem Sinne zu beten, geschah etwas Unerklärliches. (Wir werden uns gleich näher damit beschäftigen.)

Wir alle haben einen tiefen Hunger in unserer Seele, und nur die Gegenwart Gottes kann diesen Hunger stillen. Gott, der Unsichtbare. Der Ewige. Der Schöpfer. Er sagt, dass er *unsere Seele mit allerlei Gutem füllen wird.* Letztendlich mit ihm selbst.

Die Mutter als Beschützerin

Eine weitere wichtige Aufgabe einer Mutter besteht darin, ihr Kind zu beschützen und ist normalerweise einfach eine Sache des Instinkts. Ein Kind benötigt Schutz vor physischem, sexuellem und emotionalem Missbrauch und auch schon vor der Bedrohung durch all diese Missbrauchsformen.

Hier tritt die Bärenmutter auf den Plan, die ihr Kind mit Zähnen und Klauen verteidigt. Einmal war ich mit einigen Freundinnen, die allesamt kleine Kinder hatten, auf dem Spielplatz. Wir beobachteten unsere Kinder aus der Ferne beim Spielen, während wir uns miteinander unterhielten. Die kleineren Kinder vergnügten sich im Sandkasten, die größeren waren auf der Schaukel. Plötzlich ging eines der kleineren Kinder direkt auf die Schaukel zu, auf der sein Bruder gerade kräftig von hinten nach vorne schwang. Der Kleine stellte sich so hin, dass er Gefahr lief, hart gestoßen und verletzt zu werden.

Sofort schoss seine Mutter wie eine Gazelle hoch. Sie rannte durch den Sand und schnappte sich den Kleinen, gerade rechtzeitig, bevor der große Bruder nach vorn geschwungen kam. Es war verblüffend.

Eine Mutter schützt ihr Kind oder sollte es zumindest tun. Aus diesem Grunde sollte sie auch wissen, was im Leben ihres Kindes vor sich geht. Sie sollte es bemerken und einschreiten.

Hat Ihre Mutter bemerkt, was bei Ihnen los war? Ist sie einge-
schritten?

Meine Mutter hat vielleicht etwas gemerkt, aber sie griff nicht
ein. Sie sah etwas, aber sie wandte ihren Blick ab. Vielleicht war
es aufgrund ihrer gewaltigen Sorgenlast zum damaligen Zeitpunkt
zu schwierig für sie, vielleicht hatte sie aber auch einfach nicht die
Fähigkeit oder die passenden Mittel, um etwas zu tun. Ich wünschte
so sehr, sie hätte etwas getan.

Es war der Abend meines Abschlussballs an der Highschool. Der
Regen durchkreuzte unseren Plan, nach dem Ball zum Strand zu
gehen, also fuhren wir zu mir nach Hause. Meine Mutter lag schon
seit einer Weile im Bett. Das Schlafzimmer meines Bruders befand
sich am anderen Ende des Hauses, neben der Küche. Dort war man
für sich, getrennt vom Rest der Familie. Leise schlichen wir in sein
Zimmer und schlossen die Tür. Um das Herz dieses Jungen zu gewinnen, bot ich ihm meinen Körper dar. Bevor wir miteinander
schliefen, aber als wir bereits voller Leidenschaft zugange waren,
hörten wir ein Geräusch an der Tür. Meine Mutter stand draußen
vor dem Zimmer. Wir erstarrten und blieben bewegungslos, bis wir
sie weggehen hörten. Dann machten wir weiter.

Vielleicht wäre mein weiteres Leben vollkommen anders verlaufen, wenn meine Mutter den Mut gehabt hätte, zu klopfen und einzutreten. *Vielleicht*. Doch sie tat es nicht. Unzählige weitere Male
kam es vor, dass sie nichts sagte und nicht einschritt, und jenes Ereignis sowie alle anderen hatten tief greifende, schädliche Auswirkungen auf mein Leben.

Hat Ihre Mutter Ihren Selbstwert geachtet, indem sie um Ihret-
willen eingriff, auch wenn es für sie unbequem oder schwierig war?

Mütter verleihen uns unser Selbstwertgefühl, aber sie können es
uns auch versagen. Sie tun dies absichtlich, jedoch meistens unab-
sichtlich. Eine Mutter kann nicht weitergeben, was sie selbst nicht
besitzt. Und wir können das ebenso wenig. Mütter verfügen über
die Macht, uns Annahme, Wert und Liebe vorzuenthalten. Unsere
Mütter haben uns gegenüber versagt, wenn sie, auch ohne es zu

wollen, ein niedriges Selbstwertgefühl an uns weitergegeben haben oder unser Selbstwertgefühl auf irgendetwas anderem gründeten als unserer ureigener Existenz.

Gott tut das nicht.

Unser Wert hängt nicht davon ab, was wir tun, welchen Weg wir wählen oder was wir glauben. Unser Wert ist in uns angelegt, weil wir im Bild des lebendigen Gottes geschaffen wurden. Dieser Wert gehört zu uns und ist unermesslich, einfach weil wir menschliche Wesen sind.

Wir erhalten unseren Wert als Frau nicht in dem Moment, in dem wir an Jesus Christus als unseren Erlöser glauben. Unser Wert als Frau ist uns bereits durch die Schöpfung gegeben.

Wenn wir nicht so wertvoll wären, dann hätte das Blut von Ziegen und Lämmern, Ochsen und Stieren ausgereicht, um die Menschheit aus der Gefangenschaft zu befreien. Aus der Gefangenschaft, die bereits im Garten Eden begann, und deren Preis so hoch war, dass keine Lösegeldforderung geschickt wurde, um uns loszukaufen. Doch Gott wusste Bescheid, ging uns nach und griff ein.

Gott zahlte das höchste, unerlässliche Lösegeld, um uns aus der Gefangenschaft der Sünde und des Teufels freizukaufen. Wir alle tragen einen solch hohen Wert in uns, dass nur das Blut Gottes selbst ausreichte, um für uns zu bezahlen. Sie sind unermesslich wertvoll. Genau in diesem Moment.

Die Mutter als Wegbereiterin

Die dritte wichtige Aufgabe einer Mutter besteht darin, ihr Kind vorzubereiten, es zur Selbstständigkeit zu ermutigen und ihm Selbstvertrauen einzuflößen. Eine Mutter sollte ihr Kind darauf vorbereiten, ihr ebenbürtig zu werden und sie vielleicht sogar einmal zu überflügeln. Die Fähigkeit, diesen Auftrag gut auszuführen, hängt von dem eigenen Selbstvertrauen der Mutter ab. Ihre Selbstwahrnehmung darf nicht davon abhängen, wie es ihrem Kind geht.

(Niemand hat behauptet, es würde einfach sein.) Eine Mutter, die das Selbstvertrauen ihres Kindes fördert und ihm Erziehung, Disziplin und kreative Gelegenheiten schenkt, hilft ihrem Kind, sein eigenes Leben aufzubauen.

Eine Mutter sollte das Herz ihres Kindes kennen. *Was magst du? Was ist dir wichtig? Es zählt! Du zählst!* Sie sollte die Interessen ihres Kindes begeistert wahrnehmen und es ermutigen, Dinge zu *probieren*. Dabei kann es versagen und trotzdem vollständig angenommen werden. Also fördert eine Mutter ihr Kind, indem sie die Wahrheit sagt und ihm Annahme und Liebe vermittelt.

Okay. Pause. Vielleicht fühlen Sie sich jetzt überfordert. Atmen Sie durch und bitten Sie Jesus um Unterstützung.

Wurden Sie als Kind angenommen, wie Sie waren? Wurden Sie gesehen? Freute man sich über Sie? Wurden Sie dazu ermutigt, Ihren Interessen nachzugehen? Dinge auszuprobieren?

Und wie war es, als Sie ein Teenager oder eine junge Frau waren? Auch in diesem Alter brauchen wir immer noch all diese Dinge: Nahrung, Sicherheit, Trost, Liebe, Berührungen, Augenkontakt. Wir funktionieren am besten, wenn wir mindestens zwei intensive Umarmungen pro Tag bekommen, und ich meine richtige Umarmungen, nicht diese kurzen, flüchtigen Berührungen. Haben Sie Aufmerksamkeit und Wertschätzung erhalten? Können Sie sich daran erinnern, dass man Sie dazu ermutigt hat, Sie selbst zu sein? Ihr einzigartiges Selbst zu werden? Wurde Ihre Entwicklung zur Frau willkommen geheißen? Hat man Sie mit Anerkennung in die weibliche Welt eingeführt und Ihr Bedürfnis, dazuzugehören, gestillt?

Wissen Sie überhaupt, wovon ich spreche?

Okay, wie fühlen Sie sich mit Ihrer Regelblutung? Ist sie ein *Fluch*, ein Ärgernis, ein Klotz am Bein? Welche Worte würden Sie wählen, um darüber zu sprechen? Wunder? Staunen? Das Geschenk, eine Frau zu sein mit der Möglichkeit, Leben zu tragen und zu nähren? Wie haben Sie Ihre erste Blutung erlebt? Wer hat Ihnen beigebracht, weibliche Produkte zu benutzen oder Ihre Beine zu rasieren? Wie haben Sie gelernt, Ihr Gesicht zu waschen oder sich um

Ihren Körper, Ihre Haut, Ihr Haar zu kümmern? Hat man Ihnen bezüglich Ihrer Weiblichkeit Bestätigung oder Scham vermittelt?

Wie kam Ihre Mutter mit ihrem Körper zurecht? Wie ging sie mit ihrer Menstruation um? Noch wichtiger: Wie hat sie es empfunden, eine Frau zu sein?

Verstehen Sie nun, was ich meinte, als ich davon sprach, dass Ihre Mutter eine entscheidende Rolle in Ihrer Entwicklung zur Frau gespielt hat? Ohne bewusst darüber nachzudenken, hat Ihre Mutter all diese Dinge an Sie weitergegeben, noch bevor Sie Ihren ersten Atemzug taten.

Pause

Unsere Mutter-Wunde ist für unser Leben in der Gegenwart und in der Zukunft von so großer Bedeutung, dass wir noch zwei weitere Kapitel benötigen, um dorthin zu gelangen, wohin ich Sie gerne bringen möchte. Doch jetzt möchte ich eine kleine Pause einlegen und Ihnen sagen: Liebe Schwester, es gibt Heilung. Es gibt Hoffnung. Wie auch immer Ihre Mutter Sie beeinflusst hat – Sie sind nicht dazu verdammt, Ihr ganzes Leben darunter zu leiden. Was *Sie* jetzt glauben, bestimmt Ihren Weg und Ihre Zukunft. Sie sind eine Frau! Sie tragen auf wunderbare, überwältigende Weise das Bild Gottes in sich. Sie sind das geliebte Kind von Jesus Christus. Um unser Frausein anzunehmen und die Person zu werden, die wir sein sollen, und das zu geben, wozu wir geboren wurden, muss jede von uns ein gewisses Maß an Heilung empfangen. Im nächsten Kapitel werden wir uns gemeinsam durch diese Themen hindurchbeten.

5

Unsere Mütter, wir selbst: Teil 2

Wir haben uns bereits drei der vier grundlegenden Rollen einer Mutter angesehen: Die ernährende, die schützende und die vorbereitende Rolle. Vergessen Sie nicht, wir beschäftigen uns nicht mit ihnen, um unsere eigene Mutterschaft zu kritisieren, sondern um zu begreifen, warum wir die Frau geworden sind, die wir heute sind, und vor allem, um die Veränderungen zu erreichen, nach denen wir uns seit Jahren sehnen. Bevor wir gemeinsam fortfahren, möchte ich aber noch etwas über die vorbereitende Rolle der Mutter sagen, besonders unter dem Aspekt der Vorbereitung auf das Frausein. Nur ganz wenige von uns haben die Vorbereitung erfahren, die Gott für uns geplant hat, um eine selbstbewusste, belastbare und liebevolle Frau zu werden. Ich möchte Ihnen ein Beispiel geben, indem ich Ihnen berichte, was eine meiner Freundinnen ihrer Tochter geschenkt hat.

Wie Katy in ihr Leben als Frau eingeführt wurde

Becky ist eine Frau, die ich zu lieben und respektieren gelernt habe. Als ihre Tochter Katy begann, sich zur Frau zu entwickeln, begannen Becky und ihr Mann Jim, Katy auf alles, was auf sie zukam, bewusst vorzubereiten. Hier ist die Geschichte mit Beckys eigenen Worten:

Wir benutzten ein Buch für Mädchen im Alter von acht bis zwölf Jahren, das auf kindgerechte Weise die körperlichen Veränderungen im Leben eines Mädchens erklärt und auch Anleitungen für die Körperpflege gibt, um den Dialog über das, was in den nächsten Jahren auf sie zukam, zu beginnen. Wir sprachen darüber, dass sie in Gottes Augen schön und ein Kunstwerk unseres Schöpfers ist. Wir gingen mit ihr in ein lustiges Café, in dem wir besondere Getränke bestellten, die in den ulkigsten Henkelbechern serviert wurden. Ich hatte aber auch einen Styroporbecher mitgebracht, um ihr eine bestimmte Sache zu verdeutlichen. Wir erklärten ihr, dass sie nicht wegwerfbar sei wie ein Styroporbecher oder zweckdienlich wie ein Henkelbecher. Anschließend sagte ich ihr, dass sie vielmehr so sei wie das feine Porzellangeschirr, das ich auch noch mitgenommen hatte, nämlich wertvoll, handgefertigt und sorgfältig zu behandeln. Nach diesem netten Café gingen wir dann in ein feines Wäschegeschäft und kauften zusammen ihre ersten BHs ein. Damit machten wir diesen Schritt auf dem Weg zum Frausein zu einem besonderen Ereignis.

Bei unserem nächsten Ausflug sprachen wir darüber, was sie an ihrem Körper mag und was nicht. Es war ein großartiges Gespräch. Ein anderes Mal gingen wir gemeinsam zur Fußpflege und sprachen anschließend über die Quelle wahrer Schönheit. Dabei benutzten wir einige Grundsätze aus Weißt du nicht, wie schön du bist?, um ihr Jesu wahre Einstellung zum Thema Schönheit zu verdeutlichen. Schließlich sprachen wir über die Menstruation, und ich gab ihr ein hübsches kleines Täschchen mit Dingen, die sie für ihre erste Monatsblutung brauchen würde. Als sie dann zum ersten Mal ihre Periode hatte, machten wir einen besonderen Tag daraus und gingen gemeinsam in die Eisdiele.

Ich muss jetzt eine kleine Pause einlegen. Ich weiß, ich weiß, lassen Sie Ihren Tränen freien Lauf. Tränen für alles, was Sie gern gehabt hätten und nicht bekommen haben. Ich habe Katys Geschichte nicht nur erzählt, damit Sie wissen, was jede von uns hätte bekommen sollen, sondern auch, um Ihr Herz für Ihre eigene Heilung zu sensibilisieren, die Jesus Ihnen schenken möchte.

In jenen Jahren begann Jim mit Katy auszugehen, wobei davon das größte Ereignis der jährlich stattfindende „Vater-Tochter-Tanz" war, der in unserer Stadt organisiert wurde. Im letzten Frühling, als Katy vierzehn war, nahmen sie an ihrem letzten Tanz teil. Jim machte diesen letzten Tanz zu etwas ganz Besonderem, indem er mit Katy einkaufen ging, um das perfekte Kleid und die passenden Accessoires für diesen Anlass zu finden. Im gleichen Jahr sollte dann eine Art Jugendweihe stattfinden, während der wir ihren Übergang vom Kind zur jungen Frau feiern wollten.

Die Jugendweihe

Wir beteten um Weisheit für die Gestaltung dieses feierlichen Ereignisses. Zunächst einmal sollte es eine vollkommene Überraschung für Katy sein. Wir luden Verwandte und Freunde, die in Katys Leben eine wichtige Rolle spielten, zu dieser Feier ein. Jim hatte außerdem erneut ein Kleid (ein weißes) mit Katy gekauft, ohne ihr zu sagen, wofür es bestimmt war. Als der Abend begann, legten wir ihn zunächst gemeinsam im Gebet in Gottes Hände und sagten Katy, wir würden sie nun dazu aufrufen, die Frau zu sein, die sie in Gottes Augen ist.

Bereits einige Wochen zuvor hatten Jim und ich unsere Tochter gebeten, auf einem Blatt Papier aufzuschreiben, was es in ihren Augen bedeutet, eine christliche Frau zu sein. Wir ließen sie laut vorlesen, was sie geschrieben hatte. Und ich bin der festen Überzeugung, dass sie sich damit auf symbolische Weise noch einmal all die Dinge zu eigen machte, die wir mit ihr über die Jahre hinweg besprochen hatten.

Anschließend zeigten wir einen Ausschnitt aus dem Film Der Herr der Ringe. Die Gefährten. *Darin reitet Arwen mit Frodo zu einem Fluss. Katy, die Pferde liebt und Arwen verblüffend ähnlich sieht, war von dieser Szene tief beeindruckt. Kurz darauf trugen unsere beiden Söhne, damals neun und siebzehn, Arwens Schwert* herein. Jeder der beiden sprach einige Worte über Katy, dann gaben sie mir das Schwert. Ich sprach ebenfalls einige Worte darüber, was ich in ihr sah, und rief sie dazu auf, wie Arwen eine kämpfende Prinzessin zu sein. Daraufhin ließen wir das Schwert herumgehen und jeder konnte einige Worte über Katy sagen. Zum Schluss bekam ihr Vater das Schwert in die Hand, der ihr ebenfalls einige Worte zusprach und ihr schließlich das Schwert überreichte.

Nach dieser Zeremonie erzählten wir den Anwesenden, dass wir das Lied „Butterfly Kisses" gespielt hätten, als wir Katy als Säugling unter Gottes Segen gestellt hatten. Wir begannen das Lied vorzuspielen, und etwa nach der Hälfte des Liedes forderte Jim Katy zum Tanzen auf. Kein Auge im Raum blieb trocken. Anschließend nahm Jim Katy auf seinen Schoß und sprach mit ihr darüber, wie wichtig es sei, ihre Reinheit zu bewahren. Er holte einen „Freundschaftsring" aus seiner Jackentasche, den wir speziell für diesen Anlass gekauft hatten und in dessen Innenfläche die Worte „Für immer meine Tochter" eingraviert waren, und überreichte ihn ihr.

Schließlich stellten wir uns alle um Katy herum auf, legten ihr die Hände auf und segneten sie für den nächsten Abschnitt ihres Lebens. Wir besiegelten damit alles, was an diesem Tag über sie gesagt worden war. Außerdem schenkten ihr einige gute Freunde ein Wunscharmband, in das besondere Steine eingearbeitet waren, die die Wünsche ihrer Freundinnen für Katy symbolisierten. Während des ganzen Abends schrieb eine Freundin auf, was jede Person sagte, und sammelte die Worte in einem wunderschönen Erinnerungsbuch. Katy liest immer wieder darin und fügt hin und wieder neue Gedanken hinzu.

Wir sind sicherlich keine perfekten Eltern, aber ich glaube, Gott hat uns so geführt, dass wir Katy bestimmte Werkzeuge für ihre Zukunft an die Hand geben konnten: die Bekräftigung, wer sie in Gottes Augen ist, und die Ermutigung, in einer für eine junge Frau schwierigen Zeit anders zu leben.

Ich erzähle dies alles nicht, um vorzugeben, dass Becky und Jim alles richtig gemacht haben. Ich möchte auch keinesfalls vorschlagen, dass dies *das* Modell ist, das man nachahmen sollte. Ich erzähle es, weil es eine wunderschöne Illustration von Liebe ist, die auch Sie hätten erfahren sollen, die Vorbereitung, die auch Sie als junge Frau verdient hätten. *Komm zu uns, Jesus. Hilf uns da, wo wir nichts von alledem bekommen haben. Tröste unsere Herzen.* Wir werden am Ende dieses Kapitels ein Heilungsgebet sprechen, doch zunächst wollen wir uns noch die vierte grundlegende Rolle einer Mutter ansehen.

Die Mutter als Initiatorin

Wir ziehen unsere Kinder groß, damit sie uns eines Tages verlassen. Das ist vermutlich die schwierigste und zugleich schönste Wahrheit hinsichtlich unseres Lebens als Mutter.

Gestern brachte ich meine Söhne Sam und Blaine zum Flughafen, nachdem sie einen viel zu kurzen *Thanksgiving*-Urlaub bei uns verbracht hatten. Und obwohl wir uns zuvor schon viele Male voneinander verabschiedet haben, tut es jedes Mal wieder aufs Neue weh. Es gehört zum Kummer einer Mutter dazu, dass wir unsere Kinder großziehen, damit sie uns schließlich irgendwann verlassen. Und es ist wichtig, dass sie uns verlassen. Auch wenn es sehr schwierig ist, sollten Mütter ihre Töchter und Söhne segnen und es feiern, wenn sie ihr Elternhaus verlassen und einen neuen Lebensabschnitt beginnen.

Diesen neuen Lebensabschnitt können sie jedoch nur beginnen, wenn wir uns von unseren Kindern trennen, die Schürzenbänder und die unsichtbare Nabelschnur durchschneiden und sie gehen lassen – in dem Vertrauen, dass sie dazu in der Lage sind, ihr Leben ohne unser ständiges Mitwirken zu meistern. Dazu gehört, dass eine Mutter insbesondere in den Teenagerjahren und später, wenn ihre Tochter zur jungen Frau heranreift, begreift und akzeptiert, dass ihre Tochter *das Recht hat*, ihr einzigartiges Selbst voll und ganz zum Ausdruck zu bringen. Noch besser ist es, wenn die Mutter diese Entwicklung segnet und ihre Tochter dazu ermutigt. Um diese wohl allerschwerste Aufgabe einer Mutter leisten zu können, müssen wir selbst es erfahren haben, dass man uns frei ins Leben entließ.

Einige nennen diese Phase im Leben von Mutter und Kind *Initiation* – die komplette Einführung ins Frausein. Wenn dies jedoch nicht geschieht, empfindet das erwachsene Kind zeit seines Lebens Schuldgefühle. Die erwachsen gewordene Tochter fühlt sich permanent für das Glück und das Wohlbefinden ihrer Mutter verantwortlich. Und oft verstärkt die Mutter, die nicht loslassen kann, diese Schuldgefühle auch noch. Sie setzt sie als Waffe ein, um ihr Kind zu manipulieren.

Wie ist Ihre Mutter mit dieser schwierigsten aller Aufgaben fertig geworden?

Der Disney-Film *Rapunzel – neu verföhnt* zeigt das Bild einer Mutter, die das Leben ihrer Tochter nicht segnet und sich nicht von ihr trennen kann. Die böse Frau (die gar nicht wirklich ihre Mutter ist, sondern dies nur vorgibt) setzt ganz bewusst Angst ein, um ihre Tochter zu manipulieren und das zu behalten, was sie will: die Kontrolle über das Leben ihrer Tochter. Sie ist der Typus der Mutter, die nicht loslassen kann. Auch wenn es sich hier um ein Märchen handelt, zeigt der Film die Realität vieler Frauen.

Ich habe eine gute Freundin – Janie –, deren Mutter enorme Anforderungen an sie stellt und die Waffe der Schuldgefühle mit großem Geschick einsetzt. Sie verhält sich so, als hielte sie den Schlüssel zur Haustür ihrer Tochter in der Hand, ganz zu schweigen vom Schlüssel zu ihrem Leben und Herzen – als ob sie das Recht hätte, in jeden dieser Bereiche vorzudringen, wann immer sie Lust dazu hat. Sie telefonieren mindestens einmal am Tag miteinander. Meine Freundin möchte ihre Mutter ehren, wie Gott es von ihr erwartet, doch sie hat irrtümlicherweise geglaubt, ihre Mutter habe ein Anrecht auf ihr Leben. Ihre Mutter hat Janie zeit ihres Lebens durch

Angst und Einschüchterung in Schach gehalten, und meine Freundin hat ihrer Mutter erlaubt, sie auf unzählige Arten fortlaufend zu kontrollieren. Ihre Angst, Vorwürfe von ihrer Mutter zu hören, die sie nicht vermeiden kann, haben sie zu Entscheidungen getrieben, die das Wohlbefinden ihrer Kinder und die Beziehung zu ihrem Mann beeinträchtigt haben. Janie hat die biblische Aufforderung, die Eltern zu verlassen und die Nabelschnur zu durchtrennen, nicht befolgt. Sie hat sogar ihre Beziehung zu ihrer Mutter über die Beziehung zu ihrem Ehemann gestellt (sehr zur Freude ihrer Mutter). Meine wertvolle Freundin sieht diese Wahrheit nun und bereut sie. Doch ihre Mutter wird sich nicht ändern, deshalb ist es Janies Aufgabe, angemessene Grenzen zu ziehen. (Mehr darüber im nächsten Kapitel.)

Mütter haben kein Anrecht auf das Leben ihrer erwachsenen Kinder. Sie haben kein Anrecht auf das Gefühlsleben ihrer Kinder. Mütter müssen *eingeladen* werden, daran teilzuhaben. Doch zunächst einmal müssen Mütter loslassen.

Es gibt eine Szene kurz vor Ende des Buches und Films *The Help – Gute Geister*, die ich sehr gern mag. Skeeters Mutter – die alle klassischen Fehler einer Mutter gegenüber ihrer Tochter begangen hat – gelangt schließlich dahin, ihre Tochter vollkommen zu *segnen*. Vielleicht zum ersten Mal sieht die Mutter in ihrer Tochter die Frau, die sie geworden ist, und schenkt ihr Bestätigung: „Ich bin so stolz auf dich wie nie zuvor." Sie schaut ihrer Tochter direkt in die Augen, und ihre Liebe, ihre Anerkennung und ihr Loslassen befreien Skeeter dazu, ihre eigene Lebensreise fortzusetzen. Es ist wunderschön.

Eine gute Mutter zu sein, ist eine Kunst, die viel Gebet erfordert.
Lori Mc Connell[1]

Heilung

In ihrem Video-Seminar *Mother-Daughter wisdom* (dt.: Mutter-Tochter-Weisheiten) beschreibt Dr. Christiane Northrup, wie man das, was wir von unserer Mutter bekommen, mit einer Handvoll Karten vergleichen kann. Was uns zugeteilt wurde, ist grundlegend und prägend, doch diese Karten sind *nicht* unser Schicksal. Wenn wir kein besonders gutes Blatt bekommen haben oder unsere Karten zerrissen oder mit Blut befleckt, vielleicht geknickt und fehlerhaft sind oder gar ganz fehlen, dann kann genau dort die Heilung durch die Gegenwart von Jesus Christus einsetzen und unsere Karten reinwaschen. Er gibt uns die Karten, die er für uns geplant hatte. Er heilt uns. Er hat unsere Bestimmung festgelegt, die da lautet, dass er *in uns Gestalt annimmt*. Er ist unser Erbteil, und wir müssen ihm unser Herz, unsere Wunden und all das bringen, was wir als heranwachsende Mädchen vermisst haben. Wir bringen ihm die Handvoll Karten, die uns zugeteilt wurde, und bitten ihn um Heilung. Sein Name ist Treue und Wahrheit. Er ist derselbe gestern, heute und in Ewigkeit. Er möchte uns heilen! Jesus ist derjenige, dem das Recht zusteht, mit Autorität und Macht in unser Leben hineinzusprechen. Er hat die Macht, zu segnen, wer wir sind und wer wir werden. Deshalb ist es wichtig, dass wir auf ihn hören.

Um die Heilung zu erfahren, die Gott im Blick auf unsere Mutter-Wunde für uns bereithält, müssen wir zunächst wissen, *wovon* und *wofür* wir Heilung benötigen. Ganz konkret bedeutet das, dass wir uns daran erinnern müssen, was in unserer Lebensgeschichte vorgefallen ist, und uns der heilenden Gegenwart von Jesus genau in diesen Bereichen öffnen. Um wirkliche Heilung zu erfahren, ist es unabdingbar, dass wir zurückblicken und uns erinnern und sogar die Gefühle, die der Wunde zugrunde liegen, abrufen. Jesus hilft uns dabei.

Die Kraft der Erinnerung, mittels derer wir die Vergangenheit für uns präsent werden lassen können, ist bemerkenswert. Der Grund

dafür ist, dass Jesus, der Unendliche, der sich außerhalb der Zeit be-
findet und für den alle Zeiten Gegenwart sind, in das eintritt, was
für uns vergangene Ereignisse sind. Leanne Payne[2]

Die Ereignisse selbst verändern sich nicht, doch im Licht der Liebe
und Gegenwart Jesu können wir sie anders sehen und durchleben.
Der Stachel des Todes ist herausgezogen, der Schmerz der Erinnerung an Jesus abgegeben worden, und die Heilung setzt ein. Gott
wird unsere Geschichte und unsere Erinnerungen gewissermaßen
neu *rahmen*, während er uns heilt. Während Gott uns umsorgt,
beschützt, vorbereitet und unseren Weg ebnet, stellt er in uns die
Wahrheit darüber, wer wir sind, und die Realität unseres Lebens,
so wie wir es leben und leben sollten, wieder her. *Wir können Erfüllung finden.* Wir sind geliebt, gewollt, beachtet, Gott freut sich
über uns, er sorgt für uns, er umgibt uns, hat uns erwählt, kennt
uns und hat Pläne mit und für uns. Wir sind auserwählt, er glaubt
an uns, er lädt uns ein, er schenkt uns grenzenlose Wertschätzung,
er segnet uns.

Dies ist ein Augenblick, den wir zum Beten nutzen sollten. Es
wäre hilfreich, wenn Sie jetzt einen ruhigen, abgeschiedenen Ort
aufsuchen könnten, an dem Sie voraussichtlich eine Weile ungestört
sein können. Wenn es jetzt gerade nicht möglich ist, dann warten
Sie auf einen günstigen Moment. Wir wollen Jesus einladen, zu uns
zu kommen und uns zu zeigen, in welchen Bereichen unseres Lebens er uns noch mehr Heilung bringen möchte.

Doch zunächst sollten wir einige Worte von unserer Mutter hören, die sie vielleicht nie selbst aussprechen kann. Möglicherweise
ist sie dazu emotional und geistlich gesehen nicht in der Lage, vielleicht ist Ihre Mutter auch bereits tot. Wie auch immer, ich möchte
Ihnen *im Namen Ihrer Mutter* Folgendes sagen:

*Schatz, es tut mir so leid. Es tut mir leid, dir gegenüber auf alle
mögliche Art und Weise versagt zu haben. Ich brauche deine Vergebung. Bitte vergib mir. Lass dir von Gott da, wo ich dir nicht*

genug Liebe gegeben habe, seine Liebe schenken. Vergib mir. Du hast mehr verdient.

Nun zum Gebet. Nehmen Sie sich bitte dazu Zeit.

Herr, ich bitte dich um deine heilende Gegenwart in diesem Augenblick. Komm und begegne mir hier und jetzt. Ich gebe meine Erinnerungen und Bilder in deine Hände. Ich bitte dich: Komm und zeige mir, wo ich Heilung brauche, Jesus, und bitte heile mich.

Wo willst du hineinwirken, Herr? Wo brauche ich dein Wirken? Bezieht es sich auf meine Zeit im Mutterleib? Oder als ich Kind war, ein kleines Mädchen, eine junge Frau? Bezieht es sich auf jede Phase meines Lebens?

Komm, Jesus. Bitte komm zu mir und heile mich tief in meinem Innern, an den verborgenen Stellen meines Herzens. Ich brauche dich. Komm mit deinem Licht und deiner Liebe, mit deiner zärtlichen, starken und barmherzigen Gegenwart und erfülle mich.

Im Namen Jesu: Ich danke dir für meine Zeugung. Du hast mich geplant, bevor die Erde geschaffen wurde. Ich danke dir für meine Entwicklung im Mutterleib. Herr, du warst da. Stelle dich nun außerhalb der Grenzen meiner Zeit, lieber Herr, und kümmere dich um mich, während ich in meinem Innersten geformt wurde. Sprich deine Liebe und deine Freude an mir aus. Ich bekenne dir, Herr, die Wahrheit, dass ich alles habe, was ich brauche. Ich habe absolute Erfüllung in dir, Jesus, und so wird es immer sein. Ich bin gewollt, du freust dich über mich, und ich bin von unschätzbarem Wert für dich. Du hast mich geplant. Du hast mich gewollt und du willst mich noch immer. Wie ein gestilltes Kind, so ist meine Seele zufrieden in dir, Gott.

Von jedem Fluch, mit dem ich berührt wurde, darunter auch all die Urteile, die generationenübergreifend auf mir lagen, will ich mich lossagen. Ich wurde in deine Familie hineinadoptiert. Du hast mich befreit, und ich gehöre dir für immer als deine Tochter. Ich bekenne dies genau hier, im Mutterleib.

Zusammen mit dir, Jesus, segne ich meine Geburt. Komm in diese Zeit und diesen Raum, lieber Herr. Komm hinein in jegliches Trauma und in jegliche Furcht, die ich dabei erfahren habe. Ich sage mich im Namen Jesu von aller Angst und Todesfurcht los, die möglicherweise durch eine traumatische Geburt ausgelöst wurden.

Jesus, komm und stille mein Bedürfnis nach Fürsorge. Wirke dort hinein, wo ich die Fürsorge meiner Mutter brauchte. Zeige mir, inwiefern ich in diesem Bereich Heilung benötige.

Während Sie bei diesem Gebet verweilen, wird Jesus Ihnen Erinnerungen schenken und Gefühle wiederaufleben lassen, die Sie während vergangener Ereignisse empfunden haben. Waren Sie als Kind zufrieden? Wurden Ihre grundlegenden Bedürfnisse nach Nahrung, Sicherheit und Körperkontakt gestillt? Bekamen Sie die Aufmerksamkeit, die Sie brauchten? Freute man sich über Sie? Wurden Sie einfach um Ihrer selbst willen geliebt? Verweilen Sie in diesen Fragen und laden Sie Jesus ein. Während er Ihnen verdrängte Dinge zeigt, bitten Sie ihn, dort hineinzuwirken und Sie zu heilen. Müssen Sie jemandem vergeben? Dann vergeben Sie. Sind Tränen nötig? Erlauben Sie Ihren Tränen, zu fließen, aber laden Sie Jesus in diese Tränen ein. Bitten Sie ihn um Heilung. Bitten Sie ihn, an genau diesem Punkt für Sie zu sorgen. Machen Sie eine Pause und setzen Sie dann das Gebet fort:

Jesus, komm in mein Bedürfnis nach Schutz. Komm in die Bereiche, in denen ich Schutz vonseiten meiner Mutter brauchte. Zeige mir, wo ich in diesem Bereich Heilung benötige.

Eine Mutter schützt ihr Kind. Sie sollte wissen, was im Leben ihres Kindes vor sich geht. Sie sollte es bemerken, darauf achten und eingreifen. Hat Ihre Mutter Dinge bemerkt? Hat sie eingegriffen? Laden Sie Jesus in diesen Bereich ein.

Jesus, komm in mein Bedürfnis nach Vorbereitung auf das Leben. Komm in die Bereiche, wo meine Mutter mich hätte vorbereiten sollen. Zeige mir, wo ich in diesem Bereich Heilung benötige.

Eine Mutter ermutigt ihre Tochter zur Selbstständigkeit und fördert ihr Selbstvertrauen. Wurden Sie als Kind angenommen? Sah man Sie? Feierte man Sie? Wurden Sie dazu ermutigt, Ihren Interessen nachzugehen? Dinge auszuprobieren? Schenkte man Ihnen Aufmerksamkeit und Anerkennung? Können Sie sich daran erinnern, dass man Sie dazu ermutigte, Sie selbst zu sein – Ihr einzigartiges Selbst zu werden? Wurden Sie auf der Schwelle zur Frau willkommen geheißen? Führte man Sie mit Anerkennung in die Welt der Frauen ein und gab man Ihnen das Gefühl, dazuzugehören? Laden Sie Jesus in diesen Bereich ein.

Schließlich, Vater, bereue ich in diesem Augenblick jeglichen Frauenhass, der sich in meinem Herzen eingenistet hat. Frauenhass ist Hass auf mich selbst und kommt nicht von dir. Ich beschließe, Frauen zu lieben und nehme meine eigene Weiblichkeit vollkommen an. Danke, dass ich eine Frau bin! Ich segne mein Frausein! Ich danke dir für mein Leben, und ich wähle das Leben. Ich gebe dir, Jesus, mein ganzes Leben und bitte dich, mit mir zu tun, was in deinen Augen das Beste ist. Ich liebe dich, Jesus. Danke, dass du mir begegnet bist. Bleibe bitte bei mir! Jetzt und in alle Ewigkeit. Amen.

Das war gut. Richtig gut. Ob Sie nun etwas gefühlt haben oder nicht, es war gut. Liebes Herz: Du *kannst* Erfüllung finden. Gott hat uns in eine Welt hineingestellt, in der wir ihn haben und auch einander haben. Eine Frau erzählte mir einmal, dass Gott auf alle mögliche Art und Weise Töchter in unser Leben hineinbringt, und ich habe festgestellt, dass das stimmt. Und genauso stimmt es, dass Gott uns auf alle mögliche Art und Weise Mütter schenkt: geistliche Mütter, Freundinnen, Berater, ja Christus selbst. Lassen Sie zu, dass

Gott weiterhin wie eine Mutter für Sie sorgt und Ihnen Heilung bringt. Bleiben Sie dabei. Beten Sie weiter und strecken Sie sich nach dem Mehr aus, das Gott für Sie bereithält.

Und machen Sie sich bitte eines klar: Ob sie es Sie hat spüren lassen oder nicht, Sie waren für das Herz Ihrer Mutter ein Geschenk von größtem Wert. Jede Mutter lernt mehr von ihren Kindern, als sie ihnen beibringt.

Ein Wiegenlied voller Freude

John und ich besuchten neulich Freunde in Tucson, um der klirrenden Kälte des Winters in Colorado zu entkommen und eine Weile die Wärme der Sonne und der Freundschaft zu genießen. Nach einem erholsamen Tag, an dem wir die Wunder der Wüste erforscht hatten, versammelten wir uns zum Abendgebet. Dabei wurde ich besonders von den Worten eines Freundes berührt: „Vater, sing dein Wiegenlied voller Freude für uns."

Wie viele andere Mütter erfand auch ich Schlaflieder für meine Kinder. Ich sang meinen kleinen Söhnen sanfte Wiegenlieder vor, um sie in den Schlaf einzulullen. Ich erinnerte mich nie an die genauen Worte der Lieder und sang sie auf meine Weise, wobei ich oft ihre Namen mit einflocht. Ich machte das unheimlich gern, und auch sie waren davon begeistert.

Als ich mich an jenem Abend in Tucson schlafen legte, fragte ich Gott, wie sein „Wiegenlied voller Freude" für mich klang. Sofort musste ich an besondere Momente denken, die ich an diesem Tag erlebt hatte: wie ich allein im Schatten gesessen hatte, um dem Wind zu lauschen, der durch die Blätter der Eukalyptusbäume über mir strich und wie Wasser klang, wie die Bewegung des Lebens. Ich erinnerte mich an die Rotschwanzbussarde, die über ihrem Nest schwebten und einander riefen. An den Klang von Wachteln und Tauben und Vögeln, die ich nicht kannte, deren Melodien sich zu einer lebendigen Symphonie vereinten. Dann war wieder alles still gewesen bis auf das Rauschen der Blätter, als eine neue Brise durch die hin und her wiegenden Äste fuhr.

Ein heiliges Lied. Ein Wiegenlied voller Freude. Gesungen für mich. Und auch Sie können es hören.

6

Von der Annahme zur Umarmung

Wenn die Liebe in uns wächst, dann nimmt die Schönheit zu.
Denn Liebe ist die Schönheit der Seele.
Augustinus

„Mögen Sie Ihre Hüften?"
Die Frage verblüffte mich. Warum um alles in der Welt sollte ich meine Hüften mögen? Die Frau, die mir auf der Konferenz gegenüberstand, nachdem ich meinen Vortrag gehalten hatte, wartete auf meine Antwort. Sie fragte noch einmal: „Mögen Sie Ihre Hüften? Denn Jesus wird Sie nicht heilen, bevor Sie nicht Ihre Hüften mögen!"
Du meine Güte! Bei all den Dingen, die ich an mir selbst nicht mag, hatte ich noch nie besonders über meine Hüften nachgedacht, aber in diesem Moment konnte ich tatsächlich sagen: Nein, ich mochte meine Hüften nicht.
Die Frau hatte recht. Sie sagte mit anderen Worten: *Gott möchte, dass Sie alles an sich mögen und genießen und die Wahrheit annehmen, dass Sie ungeachtet Ihrer Konfektionsgröße eine schöne Frau sind.* Bevor wir das nicht können, werden wir nicht weiterkommen, womöglich sogar Rückschritte machen.
Es ist schwierig, nackt vor einem Spiegel zu stehen und sich zu sagen, dass man einen wundervollen Körper hat. Es steht im Gegensatz zu allen Scherben in der Seele einer Frau und in dieser zerbrochenen Welt. Doch ich begann, es zu tun. Nicht so sehr, damit Gott endlich meinen Körper verändern würde. Sondern, damit ich beginnen konnte, die Wahrnehmung meiner selbst der Wahrnehmung Gottes anzupassen.

Ich begann eines Abends in der Badewanne damit, Gott für meine Beine zu danken. Ich sagte mir selbst, dass ich fantastische Beine habe. „Ich war bisher nie besonders freundlich zu euch, liebe Beine, aber wir haben schon eine Menge zusammen erlebt und ihr habt mich weit getragen. Danke. Ihr seid großartig."

Und so weiter. Es wurde eine richtige Übung. Ich stotterte ein wenig, als ich bei meinen Armen anlangte. Ich kämpfe noch immer mit meinen Armen. Okay, ich werde es genau jetzt tun. „Danke, Herr, für meine tollen Arme. Sie arbeiten und tragen Dinge und Menschen und öffnen Gläser und steuern Lenkräder und heben alles Mögliche auf. Wow. Es tut mir leid, dass ich euch bisher vernachlässigt habe, liebe Arme. Ihr seid wirklich etwas Besonderes."

Schön in genau diesem Augenblick

Letztes Jahr fuhr ich an einem wunderschönen Sommertag nach Denver, um meinen Mann bei der Hochzeit des Sohnes eines guten Freundes zu treffen. Ich trug ein hübsches Kleid, das ich besonders gern mochte. Um besonders chic zu sein, trug ich darunter ein Mieder, so ein Folterwerkzeug, in dem man schlanker aussieht, aber kaum atmen kann.

Zu Zeiten meiner Mutter und noch davor trugen Frauen Korsetts, die geschnürt wurden. Meine Mutter trug regelmäßig ein solches Korsett. Die meisten Frauen ihrer Generation taten das, so wie heute viele Frauen neumodische Korsetts tragen. Meine Mutter hatte mir von der Schwester ihrer Großmutter erzählt, die aus Deutschland nach Amerika eingewandert war. Sie kam mit einem Schiff von Europa herüber und wollte während der Reise so gut wie möglich aussehen, also trug sie die ganzen zwei Wochen lang dieses Korsett, und zwar so eng geschnürt wie eben möglich. Es war so eng geschnürt, dass sie nicht zur Toilette gehen konnte, und als sich die Reise in die Neue Welt dem Ende zuneigte, war sie tot. Wegen des Korsetts. Eine wahre Geschichte. Oh Schwester, welch ein Preis für die Schönheit!

Ganz ehrlich: Wie viele Frauen sind gestorben, weil sie eine schier unerreichbare Schönheit anstrebten? Die Zahl ist dramatisch hoch.

So fuhr ich also nach Denver mit dem verhassten Mieder am Leib. Es wurde schließlich so schmerzhaft, dass ich kaum noch atmen konnte. Es piekte mich in die Rippen. Ich vermute, so ein Mieder ist dafür vorgesehen, dass man steht, nicht aber für eine Autofahrt, bei der man eine Stunde lang hinter dem Steuer sitzt. Glücklicherweise konnte ich meinen Rock hochziehen, mit einer Hand daruntergreifen und das Mieder von meinem Körper weghalten. Ganz im Ernst, ich brauchte alle meine Kraft dazu. Ich formte eine Faust und presste sie von innen gegen das Mieder. Ich fuhr nur noch mit einer Hand, aber wenigstens konnte ich wieder atmen. Allerdings musste ich alle paar Minuten die Hand wechseln, weil das Mieder derart stramm und fest saß.

Und dabei war es eine Größe größer als die, die ich normalerweise trage. Es lag also nicht daran, dass ich die falsche Größe gewählt hätte. Es liegt daran, dass ein Mieder den Körper so einzwängt, dass er ein oder zwei Größen schlanker erscheint. Allen Ernstes: Warum tun wir uns so etwas an? Was ist so schlimm an Fettröllchen? Bitte, sagen Sie es mir. Wir bringen uns wörtlich und im übertragenen Sinne um, um der allgemeinen Definition, wie wir sein sollten, zu entsprechen.

Meine Mutter sagte: „Wer schön sein will, muss leiden!" Was bedeuten sollte: Es ist wichtiger, schön zu sein als sich gut zu fühlen. Stöckelschuhe, in deren Spitze wir unsere Zehen quetschen. Stretch-Unterwäsche. Enthaaren. Zupfen. B-e-z-a-h-l-e-n.

Als jüngste Tochter gab mir meine Mutter bestimmte Anweisungen, darunter folgende: Sollte sie einmal nicht mehr in der Lage sein, die kleinen schwarzen Härchen, die an ihrem Kinn wuchsen, zu sehen oder sich darum zu kümmern, dann sollte ich das Auszupfen dieser Haare übernehmen. Sie nahm mir das Versprechen ab, sie nicht in einem so unwürdigen Zustand zu lassen. Sie war Krankenschwester und kümmerte sich oft um ältere Frauen, und sie hatte Mitleid mit den Menschen, deren Körperpflege vernachlässigt wurde. Meine Mutter war wohlvertraut mit diesen lästigen kleinen, schwarzen Haaren. Sie hatte einen Vergrößerungsspiegel, mit dessen Hilfe sie alle Eindringlinge aufspüren und zerstören konnte. Zupf! Zupf! Zupf!

Als ich ungefähr dreißig war, beging ich den Fehler, mich selbst in jenem Vergrößerungsspiegel zu betrachten. Waaaaas? Oh Mann! Warum hatte mir nie jemand gesagt, dass ich einen Bart hatte? Wo ist die Pinzette? Ich war entsetzt. Was man mit dem bloßen Auge nicht wahrnehmen konnte, nahm im Spiegel meiner Mutter die Proportionen der Behaarung eines Werwolfs an.

Zupf. Zupf. Zupf.

Als meine Mutter starb, bekam ich ihren Spiegel. Ich hatte angebissen. Als der Spiegel meiner Mutter schließlich zerbrach, kaufte ich mir einen neuen. Einen größeren. Einen, der noch besser beleuchtet war. Ich forderte meinen Mann einmal auf, hineinzusehen, um die Haare, die mit zunehmendem Alter aus der Nase wachsen, zu entfernen. Er sah hinein und rief: „Ach du meine Güte! Ich bin ein Wookie!" (Ein Wookie ist eine sehr große Kreatur, die über und über behaart ist und in den Star-Wars-Filmen anzutreffen ist. Chewbacca, Han Solos treuer Freund, ist ein Wookie. Mein Mann John aber ist kein Wookie. Außer, wenn er in einen Spiegel mit starkem Vergrößerungseffekt hineinsieht.)

Mein Mann hatte genug Vernunft um zu wissen, dass ein Vergrößerungsspiegel nicht die Realität widerspiegelt. Man sieht darin Dinge, die kein Mensch sehen kann. Er weigert sich, je wieder in einen solchen Spiegel zu schauen, und er bedrängte mich, diesen Spiegel wegzuwerfen. Ich sagte ihm, dass ich dass irgendwann tun würde, aber ich bin noch nicht so weit.

Vielleicht werde ich so weit sein, wenn ich endlich *haarfrei* bin. Oder besser: Vielleicht werde ich ihn wegwerfen, wenn meine Seele die Wahrheit, die Gott über mich sagt, vollständig erfassen kann. Gott hat mich aufgefordert, den Vergrößerungsspiegel wegzuwerfen und frei zu sein, frei davon, die zahlreichen Mängel in meinem Gesicht und in meiner Seele zu betrachten, anstatt an das Spiegelbild zu glauben, das er mir zeigt. Glauben Sie mir: Das einzige Spiegelbild, das wirklich von Bedeutung ist, ist das, was wir in seinen liebevollen und erfreuten Augen sehen. Was sieht er? Was sagt er? Er sagt uns, dass wir *in diesem Augenblick* schön sind.

Wie schön du bist, meine Freundin, wie wunderschön!
Deine Augen hinter dem Schleier glänzen wie das Gefieder der
Tauben. Hohelied 4,1

Jesus lädt uns dazu ein, uns zu entspannen und die Schönheit zu erfassen, die er uns geschenkt hat, anstatt uns damit abzuplagen, ein Niveau geschmeidiger Perfektion zu erreichen, das bei einer Puppe oder auf der Titelseite eines Hochglanzmagazins toll aussieht, jedoch im Reich der lebenden, atmenden Menschen nicht erreichbar ist. Gott hat nirgendwo gesagt, dass Perfektion unser Ziel ist. Vollkommenheit werden wir in keinem grundlegenden Bereich unseres Lebens erreichen. Das musste einmal gesagt werden. Nun, wir können uns verbessern. Wir können wachsen. Wir können liebevoller werden, mehr von Gnade erfüllt, barmherziger. Wir sind nicht länger Sklaven der Sünde, müssen dem Lärm der Versuchung nicht mehr nachgeben. Wir werden weiterhin sündigen. Doch wir müssen es nicht. Das Geheimnis heißt Jesus.

Unsere Hoffnung gründet sich nicht darauf, dass wir es schließlich schaffen werden. Unsere Hoffnung ruht in Jesus. Paulus schreibt: „Ihnen wollte Gott zeigen, wie unbegreiflich und wunderbar dieses Geheimnis ist, das allen Menschen auf dieser Erde gilt: Christus lebt mitten unter euch. Er hat euch die Hoffnung auf die Herrlichkeit Gottes geschenkt" (Kolosser 1,27). Diesseits des Himmels werden wir nicht vollkommen sein. Doch Jesus ist vollkommen. Immer. Wir werden zunehmend heilig. Jesus ist es bereits. Sein Name lautet nicht „der Werdende", sondern „Ich bin". Die Vollkommenheit ist nicht das Ziel. Das Ziel ist Jesus.

Herr, hilf mir, eines Tages werde ich diesen Spiegel zerschmettern.

Im Hohelied sagt Gott:

Zeig mir dein schönes Gesicht, und lass mich
deine wunderbare Stimme hören!   Hohelied 2,14

Schön. Ist das nicht ein tolles Wort? Je mehr ich Gott vertraue, desto schöner werde ich. Ich ruhe darin. Nicht um eine habgierige, klammernde, kämpfende, nicht zu befriedigende Frau zu sein. Gott sagt: Ich bin und du bist schön. Genau in diesem Augenblick. Wirklich. Atmen Sie diese Wahrheit tief ein.

Jede Frau besitzt eine Schönheit, die einzigartig ist. Ich habe in jeder Frau, die mir im Leben begegnet ist, Schönheit gesehen, unabhängig vom Hauttyp, von der Figur, der Haarfarbe, dem Weiß der Zähne oder der Kiloanzeige auf der Waage. Jede Frau ist schön. Sie sind schön. Ich bin schön. Und obwohl ich dies von jeher bei anderen Frauen sehen konnte, habe ich gerade erst damit begonnen, mich selbst schön zu finden. Ja, ich glaube, dass ich schön bin. An manchen Tagen. In manchen Augenblicken. Gott helfe uns, es tiefer und häufiger zu glauben. Denn wenn wir das nicht tun, dann werden wir uns weiterhin in bestimmten Bereichen unseres Seins schämen. Und Scham hat noch nie Veränderung herbeigeführt.

Der Versuch, dazuzugehören

Ich wurde Christ, als ich im vierten Jahr an der Uni war. Ich war am absoluten Tiefpunkt angekommen. Ich war eine Katastrophe, ohne Kraft zur Veränderung und ohne die Hoffnung, es jemals zu schaffen. Ich hasste mich selbst, ich hasste die Entscheidungen, die ich getroffen hatte, die Dinge, die ich getan hatte, und die Person, die ich geworden war. Ich war von Frauenhass erfüllt, den ich auf mich selbst richtete – und der Teufel spornte mich dazu an. Doch ganz tief in meiner Zerrissenheit flüsterte Jesus mir zu, dass er sich danach sehnte, in mein Herz zu kommen.

Ich liebe meine Geschichte. Ich liebe das Wunder darin und die Rolle, die mein Mann dabei spielte. Ich war gerade für ein Wochenende zu Hause, als John mich besuchte und mir erzählte, er habe Jesus Christus als seinen Erlöser angenommen. Das waren Neuigkeiten! Ich wusste, dass John jahrelang auf einer spirituellen Suche gewesen war, und er schien dabei nur ausgesprochen ungewöhnliche Wege zu benutzen. Doch sein Glaube an Jesus Christus war die spektakulärste Kehrtwendung, die ich jemals erlebt habe. Ich hungerte selbst nach spirituellen Dingen, und so hörte ich gerne zu, wenn John über Gott und die Bibel sprach. Und nach nur wenigen Monaten gab auch ich mein Herz und Leben Jesus Christus.

Doch ich kehrte an die Uni zurück, und John, der einzige Christ, den ich kannte, lebte zweieinhalb Stunden von mir entfernt.

Ich wusste, dass ich andere Christen in meinem Leben brauchte, und ich kannte nur einen Ort, an dem ich welche finden konnte. In der Mensa meiner Universität machten verschiedene Studentenorganisationen Werbung und versuchten neue Mitglieder zu gewinnen. Ich hatte dort auch schon mehrmals einen großen Tisch mit einem Schild gesehen, das mir zwar nicht besonders gefiel, aber *Campus für Christus* lud damit zu Bibelgruppen ein.

Weil ich verzweifelt war, entschied ich mich, das Schild zu ignorieren, und ich näherte mich verstohlen dem Tisch, ging von einer Säule zur anderen und nahm all meinen Mut zusammen, um mich für eine Bibelgruppe einzuschreiben. Die Frau hinter dem Tisch war sehr freundlich und warmherzig. Sie trug eine Karohose und einen Strickpulli und sah aus, als wäre sie einer Fernsehsendung aus den 50er-Jahren entsprungen, während ich wie ein Hippie aussah. Ich trug einen langen Baumwollrock, Birkenstocks, ein indisches Top und hatte unrasierte Beine.

Worauf ich hinauswill, ist das, was ich über mich selbst glaubte, als ich diese Frau zum ersten Mal sah. Ich sah sie und dachte: *Ab jetzt werde ich mich so anziehen müssen wie sie.* Ich nahm an, dass ich als Christ alles ablegen müsse, was mich als Person ausmachte. Ich dachte, es ginge nicht nur darum, aufzugeben, was ich tat, sondern auch allem den Rücken zu kehren, was ich mochte, meinem Geschmack, meinen Wünschen, meinem Herzen. War das alles denn nicht sündhaft?

Ich nahm meinen Jesus sehr ernst, und wie eine ertrinkende Frau sich an den Rettungsschwimmer klammert, so klammerte ich mich an Jesus. Und wenn das mit sich brachte, dass ich meinen Kleiderstil ändern müsste, nun gut, dann würde ich das eben tun. Wenn es bedeutete, dass ich alles, was mich betraf, aufgeben müsste, dann würde ich es tun.

Nun, ein Teil unserer Heiligung besteht natürlich darin, dass wir uns verändern. Wir lassen bestimmte Aspekte unserer Persönlichkeit los, darunter auch einen Kleiderstil, der Gott nicht gefällt oder uns daran hindert, zu zeigen, dass wir Gottes geliebtes Kind sind. Wir kleiden uns nicht unanständig, denn wir sind wertvoll und heilig und zutiefst geliebt. Wir schummeln nicht bei der Steuererklärung oder stehlen im Supermarkt oder verbringen unseren Freitagabend damit, uns zu betrinken. Doch es ist ein Prozess, in dem wir mehr und mehr in die einzigartige Person hineinwachsen, die wir in Christus sind.

Aber ich gab noch etwas anderes auf, etwas für mich sehr Wichtiges. Indem ich so bereitwillig meine Vorlieben und Abneigungen aufgab, gelangte ich dahin, auch nicht mehr meiner Intuition zu trauen. Ich vergrub, wozu ich mich hingezogen fühlte, und übernahm stattdessen sämtliche Anregungen von anderen. Wie ich mich anzog. Welches Geburtstagsgeschenk ich kaufte. Welches Kissen ich für einen Stuhl aussuchte. In welcher Farbe ich mein Zimmer strich. Ich zwängte mich in ein spirituelles und emotionales Korsett und versuchte mich in eine Form hineinzupressen, die akzeptabel war.

Es war nicht etwa so, dass ich mich selbst an Christus verloren hätte. Ich lehnte mich selbst ab.

Und das ist genau das Gegenteil von dem, was Jesus tut.

Umarmen

Die Menschen sind eigenartig – nun, ich nicht, aber alle anderen. Die Definition des Begriffs „normal" ist für die meisten Menschen „ich". Dabei ist es hilfreich, sich einzugestehen, dass wir genauso schrullig sind wie alle anderen und dass Gott uns so mag, wie wir sind! Er liebt Sie! Er hat einen fantastischen Humor, und er liebt den Ihren. (Er versteht Ihre Witze, auch wenn alle anderen sie nicht verstehen!)

Er hat Sie absichtlich so geschaffen, wie *Sie* sind. Sie sind einzigartig. Wenn wir *wir selbst* werden, dann kooperieren wir aktiv mit Gottes Absicht für unser Leben, statt ihn oder uns selbst zu bekämpfen. Gott nimmt uns genau in diesem Augenblick an, und er möchte, dass wir uns auch selbst annehmen. Er schaut mit Freude und Gnade auf uns, und er möchte, dass wir mit Freude und Gnade auf uns selbst sehen! Uns anzunehmen schließt mit ein, unseren unvollkommenen Körper zu akzeptieren und für ihn dankbar zu sein, doch es geht noch darüber hinaus. Wir können auch andere Wahrheiten über uns selbst annehmen, dazu gehört unsere Persönlichkeit, unsere Lebensgeschichte, unser Geschmack. Die Art und Weise, wie wir uns selbst schützen, gehört zu uns. Wir haben unseren besonderen Erzählstil, eine bestimmte Sünde, der wir leicht zur Beute fallen, und eine bevorzugte Art, einen freien Nachmittag auszufüllen. Wir sind bereits wir selbst. Einzigartig.

Gott nimmt uns nicht nur an, er umarmt uns. Uns selbst zu umarmen ist für die meisten von uns eine Dehnübung, aber bedenken Sie: Jesus hat uns dazu aufgefordert, unseren Nächsten wie uns selbst zu lieben. Wie können wir das tun, wenn wir uns nicht selbst lieben? Wie können wir eine fröhliche Frau werden, wenn wir nicht dazu in der Lage sind, den Humor in unserer eigenen Verrücktheit zu sehen? Wir werden sogar noch mehr wir selbst, wenn wir bestimmte Dinge in unserem Leben bereuen, die nichts mit Liebe und mit unserem Glauben zu tun haben.

Es ist unerlässlich, dass wir unsere Sünden bereuen.

Doch es ist auf keinen Fall richtig, uns selbst für unsere Sünden zu bestrafen.

Uns selbst zu umarmen hat nichts damit zu tun, dass wir arrogant wären. Es hat vielmehr damit zu tun, die kreative Arbeit Gottes in uns zu umarmen. Es bedeutet, Gott zu vertrauen und zu glauben, dass alles, was er gemacht hat, wunderbar und gut ist. Dazu gehören auch wir. Für die Welt, Gott und alle Menschen in Ihrem Lebensumfeld ist es wichtig, dass Sie umarmen, wozu Sie geschaffen wurden, während Sie immer mehr Ihr *wahres* Selbst werden.

Wer sind Sie? Ein sicherer Weg, eine Antwort auf diese Frage zu finden, ist herauszufinden, was Sie mögen. Was würden Sie mit Ihrem Leben tun, wenn Sie die absolute Freiheit hätten zu wählen?

Mit Gott träumen

Als kleines Mädchen träumte ich davon, mit dem Sheriff durch den Wilden Westen zu reiten, für Gerechtigkeit zu sorgen und Schurken zu fangen. Ich stellte mir genau vor, was ich tragen würde. Einen weißen Lederrock und eine weiße Weste mit Fransen. Dazu passende weiße Cowboystiefel und einen weißen Hut!

Und da ich ehrlich bin, kann ich auch noch zugeben, dass ich zu jenen Leuten gehöre, die ihre Rede für die Oscar-Verleihung vor dem Spiegel einüben. Ich stand mit dreizehn Jahren im Badezimmer vor dem Waschbecken und versuchte, sowohl bescheiden als auch überrascht auszusehen, als ich meine Dankesrede formulierte: „Ich möchte allen Personen danken, die mich hierhin gebracht haben."

Mittlerweile habe ich solche Träume losgelassen. Sie sind gereift und haben sich verändert, doch sie bleiben der Ausdruck desselben tiefen Wunsches. Ich träume nicht mehr davon, ein Filmstar zu werden oder mit dem Sheriff im Wilden Westen für Ordnung zu sorgen. Doch ich sehne mich noch immer danach, das Leben anderer Menschen zu beeinflussen. Ich sehne mich nach Gerechtigkeit.

Vor etwa vierzehn Jahren sprach John in einer kleinen Gruppe über das Thema Wünsche, über diesen Ort tief in unserem Herzen, in dem Gott zu uns spricht. Er bat uns, zu notieren, was wir uns wünschten, und zwar eine lange Liste. Wir sollten sie aufschreiben, aber nicht überarbeiten. Nichts war zu klein oder zu groß, um es niederzuschreiben. Meine Liste wurde zwei Seiten lang und umfasste ganz unterschiedliche Wünsche: meinen Garten zu pflegen, die Hoffnung, mit meinem Mann gemeinsam zu reiten, die Heilung, die ich für einige liebe Menschen erhoffte, und den Wunsch, die Hochzeit einer ledigen Freundin mitzuerleben.

Ich fand diese Liste vor ein paar Jahren wieder, und zu meinem großen Erstaunen stellte ich fest, dass jeder einzelne Wunsch in Erfüllung gegangen war. Meine Wünsche waren tatsächlich wahr geworden!

Ich musste unbedingt eine neue Liste erstellen. Und ich habe es getan.

Gott hat große Träume. Und er fordert uns auf, gemeinsam mit ihm große Träume zu entwickeln. Gott hat in jeden von uns Träume und Wünsche hineingelegt, die nur uns gehören. Wenn wir unseren Geist, unseren Verstand, unser Herz und unsere Vorstellung den Dingen gegenüber öffnen, die wir uns wirklich wünschen, dann geben wir dem Heiligen Geist die Möglichkeit, in unserem Innern Bereiche zu wecken, die in einem derartig tiefen Schlaf lagen, dass sich keine Träume mehr erfüllen konnten.

Gott ist ein Träumer. Er träumt von Ihnen und hat auch ganz bestimmte Träume für Sie.

Wenn wir mit Gott träumen, dann wollen wir uns meist auch gleich fragen: „Wie kann ich das umsetzen?" Doch wenn wir mit Gott träumen, geht es nicht um das *Wie*. Es geht um das *Was*. Wenn alles möglich wäre, was würde ich mir dann für mein Leben wünschen? Und für das Leben derer, die ich liebe? Es ist viel einfacher, für andere zu träumen, für unsere Kinder und Freunde Wünsche zu haben. Wir können recht leicht ausdrücken, wie wir uns ihr Leben wünschen, welche Heilung und Freiheit wir uns für sie erhoffen.

Aber es ist schon wesentlich schwieriger, für unser eigenes Leben zu träumen.

Doch in diesem Buch geht es um *Ihr* Herz. Es geht hier um Ihre Träume und Wünsche, die zu der einzigartigen, wundervollen Frau beitragen, die Sie sind. Es geht nicht so sehr darum, diese Wünsche genau benennen zu können, als vielmehr darum, Gott den Zugang zu den Bereichen unseres Herzens zu geben, in die unsere Träume und Wünsche gepflanzt sind. Dort spricht Gott zu uns. Über ihn. Über uns.

Es ist in Ordnung, zu wollen, und es ist in Ordnung, *mehr* zu wollen. Das hat nichts damit zu tun, dass man unzufrieden ist oder seine gegenwärtige Situation nicht akzeptiert. Es geht vielmehr darum, für das Mehr offen zu sein, das Gott für unser Leben vorgesehen hat. Die Möglichkeiten sind unbegrenzt. Sie sind es tatsächlich! Ja, wirklich! Vielleicht nicht gleich für den nächsten Tag, aber für Ihr *Leben.*

Was würde Gott überfordern? Was kann er nicht bewirken? Was ist für ihn zu schwierig in Bezug auf Ihre Beziehungen, Ihre Erfolge, Ihre Kreativität, die Fülle des Ausdrucks Ihrer Persönlichkeit? Wir möchten Frauen sein, die ihr Leben lang wachsen. Wir wollen nie damit aufhören. Natürlich müssen wir uns auch hin und wieder ausruhen, doch ein lebendiges Herz ist neugierig und wach und begierig nach mehr.

Was möchten Sie?

Die Menschen, die zu träumen wagen, ihre Träume aufschreiben und hin und wieder nachlesen, was sie geschrieben haben, sind diejenigen, deren Lebensträume wahr werden.

Es ist gut zu träumen. Wir können nichts tun, um Gottes Gaben, seiner Liebe oder seinen Träumen Grenzen zu setzen. Erteilen Sie sich selbst die Erlaubnis, große Träume zu haben! Tiefe Träume. Weitreichende Träume.

Denn die Sache mit den Träumen ist die: *Träume werden tatsächlich wahr.*

Im Moment habe ich große, kleine, alltägliche und ausgefallene Träume. Auf meiner Liste stehen Dinge wie: Ich möchte auf unserer Terrasse Tomaten pflanzen und eine tolle Tiramisu machen. Ich würde gern auf ein Pferd steigen können, ohne einen Hocker zu benötigen. Ich möchte ein Buch für Frauen schreiben und ich wünsche mir, dass es für viele Frauen hilfreich ist. Es gibt Menschen, für die ich mir wünsche, dass sie Jesus Christus als ihren Erlöser annehmen, und es gibt Länder, die ich bereisen möchte und in denen ich gerne Gott dienen würde. Und nicht zuletzt gibt es eine Kleidergröße, die ich erreichen möchte.

Ich habe Sehnsüchte und Träume für meinen Mann und meine Söhne und unsere Beziehungen. Ich möchte lernen, richtig gute Fotos zu machen und die Schönheit festzuhalten, die mein Auge wahrnimmt. Ich möchte stark sein. Ich möchte Gottes Herz ganz und gar kennen. Ich wünsche mir, dass sein Leben mich erfüllt und mit Kraft und voller Freude durch mich hindurchfließt. Ich möchte herausfinden, wie tief ich in die unermessliche Tiefe seiner Liebe eintauchen kann – wie viel von seinem Herzen kann ich wirklich kennenlernen?

Es gibt einige Träume, die hier, auf dieser Seite des Himmels, wahr werden. Ich bin zuversichtlich, dass ich eines Tages fähig sein werde, in meinem Garten Tomaten anzupflanzen und zu ernten. Und andere Wünsche werden weiterhin Wünsche bleiben und sich vertiefen, wie zum Beispiel das Herz Gottes zu kennen.

Ich möchte Sie dazu ermutigen, das Träumen zu wagen und Ihre Träume auch aufzuschreiben. Wenn Sie erst einmal damit beginnen, werden Sie feststellen, dass es tatsächlich viele Dinge gibt, die Sie sich wünschen. Und wenn es Ihnen schwerfällt, hier den Anfang zu finden, dann könnten Sie einfach damit beginnen, das aufzuschreiben, was Sie mögen.

Was *mögen* Sie? Sie können alles aufschreiben, vom Kaffee über den Fliederduft bis zu einer Daunendecke vor dem Kamin oder

Karaoke. Dies ist eine Übung, mit der Sie sich selbst bewusst machen können, was Sie genießen.

Es ist gut, mit Gott in die Stille zu gehen und ihn zu bitten, dass er Ihnen zeigt, was Ihre innersten Wünsche sind. Und fragen Sie ihn auch: Was willst *du* für mich? Ich weiß, dass eines der Dinge, die er sich für Sie wünscht, ein lebendigeres Herz ist – ein Herz, das wacher ist, sein eigenes Funktionieren besser wahrnimmt und Gottes Freude über Sie bewusster begreift. Heute. In diesem Augenblick. *Wer Sie sind*, gestaltet das, *was Sie wollen*.

Wach werden und die Träume besitzen, die Gott in unser Herz hineingelegt hat, hat nichts damit zu tun, materielle Dinge zu bekommen oder irgendetwas zu erreichen. Es geht darum, zu erfassen, wer wir sind und wozu er uns geschaffen hat. In ihm. Er ist unser wahr gewordener Traum und die eine wahre Liebe unseres Lebens. Doch wir können ihn nicht von ganzem Herzen lieben, wenn unser Herz schläft. Jesus zu lieben bedeutet, das Aufwachen, Wollen und Wünschen zu wagen.

Ihre Träume und Wünsche aufzuschreiben ist gut und geht nur Sie und Gott etwas an. Sie können Ihre Träume mit jemandem teilen, von dem Sie wissen, dass er gut damit umgehen kann, doch Sie müssen das nicht. Lassen Sie Ihren Wünschen freien Lauf. Und es hat nichts damit zu tun, dass Sie mit Ihrer aktuellen Situation nicht zufrieden wären.

Es gibt einen Grund dafür, warum Sie bestimmte Wünsche haben, darunter sind manche, die Sie mit vielen anderen teilen. Viele Menschen wünschen sich im Wesentlichen dieselben guten Dinge: Gemeinschaft mit anderen, eine Beziehung, ein tieferes geistliches Leben, eine Welt, die erfüllt ist vom friedlichen Leben miteinander. Doch viele Ihrer Träume und Wünsche gehören nur Ihnen allein. Gott hat Ihnen diese Träume gegeben, damit Sie dafür aufmerksam sind, sie erfassen, pflegen, ihnen nachgehen und sie erleben. Lassen Sie es zu, dass Gott Ihre Träume nutzt, um Sie zum vollständigeren Ausdruck Ihrer wundervollen, sich entfaltenden Persönlichkeit zu führen.

Wir sollten immer mehr aus der Fülle unseres Herzens schöpfen und leben, um die Person zu werden, als die Gott uns ursprünglich geschaffen hat. Wir möchten wach und aufmerksam sein. Wir möchten Frauen sein, die *ihr Leben zielgerichtet leben.*

Gott gibt uns Träume, und wir geben sie ihm zurück. Wenn wir diese Träume träumen und aufschreiben, bitten wir nicht darum, dass sie wahr werden. Wir machen uns lediglich die Realität zu eigen, dass diese Träume ein Teil von uns sind. Und weil sie ein Teil von uns sind, nehmen wir sie gern an.

Jesus, komm. Führe mich. Heiliger Geist, erfülle mich. Träume mit mir und in mir. Hilf mir, die Wünsche freizulegen, die du in mein Herz gepflanzt hast, und sie aufzuschreiben. Hilf mir, große Träume zu träumen.

Stellen Sie sich bitte folgende Fragen:

• Was würde ich gern tun? Was würde ich gern erleben, schaffen oder schenken?
• Was möchte ich wirklich gut machen?
• Was wünsche ich mir gemeinsam mit Gott? Was wünscht sich Gott für mich?
• Wofür möchte ich bekannt sein?

Nichts ist unmöglich für Gott. Nichts ist zu schön, um wahr zu sein. Und übrigens: Wenn Sie keinen Traum haben, wie soll dann je ein Traum wahr werden?

Meine Hose

Vor einigen Jahren kam ich von einem Friseurtermin nach Hause und meine Haare sahen wirklich fantastisch aus. Ich habe keine Ahnung, wie mein Friseur das anstellt, aber wenn er mich frisiert, sieht das einfach toll aus. Ich schaffe es nie, mich selbst so zu frisieren. An jenem bestimmten Tag schaute ich in den Spiegel und sah wundervolle Haare, und ich fühlte mich hübsch. Ich *fühlte* mich hübsch. Wir wissen alle, dass das nicht so oft vorkommt!

Ich hatte ein paar Stunden später ein Treffen vor mir, also zog ich mich um. Ich zog eine schönere Jeans an. Ich liebe diese Jeans. Ich weiß nicht warum, aber ich mag sie nun mal. Ich zog auch ein rotes Top über und steckte mir türkisfarbene Ohrringe an. Es war nicht mein übliches Ausgeh-Outfit, aber ich fühlte mich wohl darin.

Ich war gerade fertig, als eine Freundin unerwartet vorbeikam. Als sie mich sah, blieb sie wie angewurzelt stehen und rief: „Du ruhst in deiner Schönheit!"

Ich ruhte in meiner Schönheit. Ich hatte diese Jeans schon vorher getragen, das Top ebenfalls, auch die Ohrringe, doch irgendetwas in meinem Innern hatte sich entspannt. Ich umarmte mich selbst, ich war eine Frau, die glaubte, was Gott sagt: „Du bist so schön."

Meine Freundin ging wieder und John kam nach Hause. Er reagierte genau wie meine Freundin zuvor, und dann … nun ja, dann mussten die Kleider wieder runter, bevor ich sie für mein Treffen erneut anzog. (Das ist in Ordnung. Wir sind *verheiratet*! Es ist eine gute Sache!)

Ich hatte mich nicht mithilfe einer elastischen Foltervorrichtung in die Jeans gezwängt, und ich zwängte auch meine Seele nicht in irgendeine vorgeschriebene Form. Stattdessen ruhte ich in meiner Schönheit, indem ich einfach ich selbst war und umarmte, wer ich bin. Vielleicht war es das erste Mal, aber bitte, Jesus, lass es nicht das letzte Mal sein. Einige von Ihnen denken vielleicht: *Diese Jeans muss toll sein und steht Ihnen wahrscheinlich einfach gut, aber ich sehe eigentlich in keiner Jeans gut aus.*

Nun, vielleicht sollten Sie wissen, dass jene Jeans die Konfektionsgröße 50 hatte! Diese fantastische, wunderschöne, heiß geliebte Jeans hatte die Konfektionsgröße 50. Heute kann ich diese Jeans vollständig bekleidet überziehen und sie fällt zu Boden. Ich habe nicht länger die Konfektionsgröße 50, aber ich bete, dass ich genauso in meiner Schönheit ruhen kann, wie ich es an jenem bedeutsamen Tag tun konnte. In jeder Hinsicht.

Neulich nahm ich an einem Mittagessen für Frauen teil, die im Gemeindedienst aktiv sind. An einem Tisch saßen lauter ältere Damen. Zwei davon waren neunzig, und eine feierte an jenem Tag ihren einundneunzigsten Geburtstag. Sie waren gut frisiert, hübsch angezogen und geschminkt. Sie hatten offenbar viel Spaß. Am liebsten hätte ich mich an ihren Tisch gesetzt. Zu behaupten, dass unsere Schönheit als Frau zwischen zwanzig und dreißig ihren Höhepunkt erreicht hat, ist einfach lächerlich. Ja, der Jugend wohnt eine vibrierende Schönheit inne, aber *diese* Frauen – diese so viel älteren Frauen – waren umwerfend.

Sie hatten Falten und graue Haare. Weder Botox noch Lippenfüllung oder Liposuktion könnten die Anzeichen ihres Alters auslöschen. Aber sie hatten etwas anderes, etwas viel Schöneres als die Jugend. Sie hatten ein Herz, das über Jahrzehnte durch den Glauben geformt worden war. Sie hatten ein Strahlen in den Augen, das von all den Sorgen und Schmerzen und Verlusten, die sie ohne Zweifel erlebt hatten, nicht ausgelöscht worden war. Sie liebten Gott und ihre Herzen waren lebendig. Es gibt nichts Schöneres!

Ich habe gelernt, dass unser Gewicht, unser Alter und unsere Figur absolut nichts damit zu tun haben, wie schön wir sind, wie attraktiv wir uns fühlen und wie sehr wir mit unserer einzigartigen Persönlichkeit im Einklang sind. Denken Sie darüber nach. Lassen Sie die Möglichkeit, dass dies wahr ist, einen Moment lang in Ihrer Seele ruhen, bevor Sie den Gedanken schnell wieder verwerfen. Schönheit hat nichts mit den Haaren, der Kleidung, dem Familienstand, dem Bankkonto oder der Kiloanzeige auf der Personenwaage zu tun. Schönheit ist eine geistige Qualität, die in erster Linie bei Frauen zu finden ist, deren Seelen ruhig sind, weil sie Gott glauben, wenn er sie schön nennt. Sie bemühen sich nicht länger, die unerreichbaren Vorgaben für Schönheit und Akzeptanz zu erreichen, sondern nehmen das Erbe an, das ihnen als Frauen gehört, die im Bilde Gottes geschaffen wurden. Sie umarmen, wozu Gott sie geschaffen hat.

Sie sind umwerfend! Und je tiefer Sie Gott kennen, desto mehr werden Sie ihn lieben, und umso mehr werden sein Leben und seine Schönheit in Ihnen ruhen und aus Ihrem einzigartigen, fantastischen Selbst nach außen strahlen.

Stellen Sie sich vor den Spiegel und sehen Sie lange hinein. Sagen Sie sich selbst, dass Sie eine Wucht sind. Gott sagt es, und er sollte es wissen.

7

Von der Furcht zur Sehnsucht

Wir sollten mutiger sein, als wir glauben sein zu können,
denn Gott ruft uns ständig dazu auf, mehr zu sein, als wir sind.
Madeleine L'Engle

Fürchte dich nicht!
Jesus

Eines Abends während meiner Studentenzeit kam ich allein nach
Hause in meine dunkle Wohnung, schloss die Tür auf, trat ein und
warf die Tür hinter mir zu. Nach wenigen Sekunden spürte ich,
dass etwas nicht stimmte. Ich sah mich um, und dort, im Schatten
hinter der Tür, von der Nacht umhüllt, stand ein Mann. Ich schrie
nicht. Ich rannte nicht. Ich bewegte mich nicht. Meine Beine wurden einfach zu Pudding und ich fiel zu Boden. Es ist doch großartig
zu wissen, wie ich in einer lebensbedrohlichen Situation reagieren
werde. Ich war immer ein wenig enttäuscht über meine Reaktion,
einfach nur wie gelähmt zu sein. Doch Angst kann so etwas auslö-
sen. (Es stellte sich übrigens heraus, dass dieser Mann der Freund
meiner Mitbewohnerin war, der sich einen Scherz mit mir erlaubte.
Er hat sich tausendmal dafür entschuldigt.)

In jenem Moment, als die Angst mich packte, war ich vollkommen hilflos. Kennen Sie diesen furchtbaren Traum, wenn man
schreien müsste, um jemanden oder sich selbst zu retten, aber es
kommt einfach kein Ton heraus? Oder man müsste weglaufen,
aber die Beine sind wie festgefroren und man kann keinen einzigen
Schritt gehen? Wir alle kennen solche Träume. Sie sind furchtbar.

Angst lähmt. Angst in ihrer mildesten, friedlichsten Form ist ein Spielverderber. Sie ist ein Miesmacher, der die Leidenschaft erstickt, die Gott in unser Herz gelegt hat, als er uns schuf. Angst lähmt uns und führt zu Passivität: zu eingefrorenen Ideen, eingefrorenen Seelen und eingefrorenen Körpern, die sich nicht bewegen, nicht träumen, nichts riskieren, nicht lieben und nicht leben können. Angst fesselt uns.

Schönheit kontra Angst

Sie kennen vermutlich den berühmten Abschnitt in der Bibel, den Petrus direkt an uns Frauen gerichtet hat. Dieser Text wird in der Regel dazu benutzt, über wahre innere Schönheit zu sprechen:

Euer Schmuck sei nicht der äußerliche durch Flechten der Haare und Umhängen von Gold oder Anziehen von Kleidern, sondern der verborgene Mensch des Herzens im unvergänglichen Schmuck des sanften und stillen Geistes, der vor Gott sehr köstlich ist. Denn so schmückten sich auch einst die heiligen Frauen, die ihre Hoffnung auf Gott setzten und sich ihren Männern unterordneten; wie Sara dem Abraham gehorchte und ihn Herr nannte, deren Kinder ihr geworden seid, indem ihr Gutes tut und keinerlei Schrecken fürchtet. 1. Petrus 3,3-6; ELB

Beachten Sie, dass es im Kern des Textes nicht um die Schönheit an sich geht, sondern darum, wie man zu wahrer Schönheit gelangen kann, nämlich: „indem man Gutes tut und keinerlei Schrecken fürchtet." Frauen sind besonders empfänglich für alle möglichen Ängste, weil wir diejenigen sind, die sich kümmern, die lieben, weil wir nach Gottes gutem Plan verwundbar sind, und zwar auf herrliche Weise.

Angst wird als *lebensnotwendige Reaktion auf physische und emotionale Gefahr* definiert. Wenn wir unfähig wären, Angst zu empfinden, würden wir uns nicht vor schwerwiegenden Bedrohungen schützen können. Angst kann also eine Funktion haben. Gott lädt uns dazu ein, in der Realität zu leben. Gott will nicht, dass wir ein Fantasieleben leben oder eines, das die Realität verleugnet, wie damals Cleopatra, die in Bezug auf Verleugnungen absolut unübertroffen ist. Gott will, dass wir ein Leben führen, in dem wir ständig mehr Weisheit gewinnen: „Alle Weisheit beginnt damit, dass man Ehrfurcht vor Gott hat" (Sprüche 9,10). Es gibt eine gute, eine heilige Furcht, die uns dahin treibt, den einen, der es verdient, zu ehren und zu verherrlichen. Die Furcht, die uns in Schwierigkeiten bringt, ist jedoch nicht die Furcht Gottes, sondern die Menschenfurcht.

„Wer das Urteil der Menschen fürchtet, gerät in ihre Abhängigkeit" (Sprüche 29,25). Das ist die Furcht, die uns schweigen lässt, wenn wir reden sollten. Es ist die Furcht vor Frauenversammlungen oder davor, gegen den Strom zu schwimmen. Diese Furcht hindert uns daran, das zu sagen, was der Heilige Geist uns eingibt, weil wir uns vor den möglichen Folgen fürchten. Menschenfurcht ist eine Form der Angst, die wir alle nur zu gut kennen. Die Angst davor, dumm dazustehen und dann abgelehnt, ausgestoßen und gemieden zu werden. Jeder Schüler (egal ob an der Grundschule, an der weiterführenden Schule oder der Student an der Uni) kennt diese Furcht. Sie hindert junge Männer daran, zu ihren Überzeugungen zu stehen, und treibt junge Frauen dazu, Entscheidungen zu treffen, die sie später bereuen. Die Menschenfurcht steckt hinter dem Ja, das wir zu jedem Leben verneinenden, unter Gruppendruck erzwungenen großen und kleinen persönlichen Tod sagen.

Die Furcht ist ein Feind

In ihrer schlimmsten, mächtigsten Form verkrüppelt die Angst unsere Seele und verändert das Gefüge unseres Herzens. Sie formt unsere innere Realität um, bis wir keinerlei Ähnlichkeit mehr haben mit dem Traum in uns und mit der Person, die wir *wirklich* sind. Und dann ähnelt unser Leben auch in keiner Weise mehr dem Leben, für das wir geschaffen wurden. Die Angst stiehlt uns unser wahres Ich.

Letztendlich ist die Angst das Herrschaftsgebiet des Teufels und seiner Gefolgsleute. Und das Schlimme ist, dass man sie auch noch *wunderbar vermarkten* kann. Horrorfilme haben sich mittlerweile von den noch recht unschuldigen Filmen nach der Art des ersten Frankensteinfilms zum Kultgenre des absoluten Schreckens entwickelt: Sie sind blutig, mörderisch und spielen mit der Angst. Die Leute lieben diese Filme. Sie lieben den Rausch der Gefühle, der durch sie heraufbeschworen wird.

Die Horror-DVD ist die erste Wahl vieler Menschen... Vielleicht ist einer der offensichtlichsten Gründe für die Beliebtheit dieser Filme der, dass die Leute sie gern zu Halloween ansehen. Während dieser Jahreszeit, wenn alle über Geister, Hexen und unerklärliche Erscheinungen reden, sehen sich die Menschen gern eine Horror-DVD an, um in diese Stimmung einzutauchen.[1]

Ja, man kann in die Halloweenstimmung eintauchen, indem man sich einen Horrorfilm ansieht, doch manchmal kann es passieren, dass dieser furchterregende Geist tatsächlich in den Zuschauer eindringt. Der Feind liebt es, die Angst zu benutzen, und wir sollten um Himmels willen unser Leben nicht dem Geist der Angst öffnen. Haben wir nicht schon genug damit zu tun? Es ist keine gute Sache, Angst zu haben. Doch wir alle haben Bereiche in unserem Innern, wo die Furcht uns im Griff hat.

Furcht wird auch als *quälendes Gefühl* beschrieben, das „durch drohende Gefahr, durch Böses oder durch Schmerzen entsteht, unabhängig davon, ob die Bedrohung real oder imaginär ist. Furcht ist das Empfinden oder der Zustand der Angst."[2]

Andere definieren Furcht wie folgt:

- Der Glaube geht hinaus und rennt davon.
- Alles vergessen und reagieren.

Oder die besonders beliebte Variante:

- Vorspiegelung falscher Tatsachen

Doch manchmal sind die Tatsachen dann doch *real*. Es kann durchaus passieren, dass ein fremder Mann hinter der Tür steht. Verkehrsunfälle passieren. Schreckliche, tragische Dinge geschehen. Und meistens werden wir sie nicht kommen sehen, bis sie uns erreichen. Wir wissen das. Wir können zwei und zwei zusammenzählen – wenn jene Tragödie jener Familie zustieß, wer weiß, was auf uns noch zukommt? Wenn diese schlimme Sache eintreten konnte, dann könnte auch jene noch schlimmere Sache geschehen.

Wir Frauen sind schnell bei der Hand, wenn es darum geht, Angst zu haben und düstere Vermutungen anzustellen. Seien Sie ganz ehrlich – Sie haben immer wiederkehrende Kopfschmerzen. Wie schnell denken Sie: *Das könnte ein Gehirntumor sein. Vielleicht bin ich todkrank?* Ihre beste Freundin hat schon seit Tagen nicht mehr angerufen. Wie leicht denken Sie: *Sie ist mir böse. Ich habe sie verletzt. Wahrscheinlich spricht sie gerade mit jemand anderem. Sie hat mich bereits ersetzt.* Die meisten meiner Freundinnen reagieren so. Und ich auch!

Wie um alles in der Welt können wir dafür sorgen, dass die Angst nicht länger unser Leben beherrscht?

Seien wir ehrlich

Ich bin mir durchaus bewusst, zu wem ich hier spreche. Ich kann mir viele Lebensgeschichten vorstellen von Frauen, die diese Seiten lesen werden, und ich verneige mich vor Ihnen. Sie, die Sie so viel gelitten haben, sind der lebendige Beweis der erstaunlichen, unübertrefflichen Schönheit, Güte, Gnade und Kraft unseres Gottes. Ich will keineswegs respektlos sein. Ich möchte sanft mit Ihrem Herzen umgehen, mit der Geschichte Ihres Lebens. Aber in Bezug auf die Angst möchte ich *sehr entschieden* auftreten.

Um die Angst zu überwinden, müssen wir zunächst einen ehrlichen Blick auf das Leben auf dieser Erde werfen.

Wir befürchten, dass unsere Ehe nicht halten wird. Das kann passieren. Wir befürchten, etwas Wertvolles oder jemanden, der uns sehr viel bedeutet, zu verlieren. Und auch das kann passieren. Wir befürchten, uns zu blamieren, wenn wir das Wort ergreifen oder an exponierter Stelle hinfallen oder von der Toilette kommen und Toilettenpapier hinter uns herschleifen. (Eine Frau, mit der ich vor einigen Jahren zusammenarbeitete, kam einmal von der Toilette und hatte ein Stück ihres Rocks in ihre Strumpfhose gesteckt. Sie ging an ihrem Chef und mehreren Kollegen vorüber, bevor sie es entdeckte. Ach du meine Güte. Das war viel schlimmer, als Toilettenpapier hinter sich herzuschleifen.) Solche Dinge passieren. Kleine Dinge. Große Dinge. Die Wahrheit ist: An keinem Tag unseres Lebens können wir wissen, was auf uns zukommt.

Wenn wir ehrlich sind, dann leben wir in einer Welt, die ständig schlimmer zu werden scheint. Wir sehen uns die Nachrichten an oder gehen draußen spazieren und bekommen den Eindruck, dass die Welt im Eiltempo auf die Hölle zugeht. Die Welt ist manchmal ein gefährlicher, dunkler Ort. Wir leben in einer gefallenen Welt, und wir sind Frauen, die lieben. Und genau deshalb sind wir verwundbar. Wenn man liebt, ist man verwundbar in Bezug auf Verlust, Bloßstellung, Verlassenwerden und darauf, dass die schlimmsten Befürchtungen wahr werden. Wenn man jemanden liebt, dann läuft man Gefahr, ihn zu verlieren. Wir laufen Gefahr, alle möglichen schmerzlichen Dinge zu erleben, die wir am liebsten vermeiden würden:

- Verlassenwerden
- Verrat
- Krankheit

- Tod
- Sorgen
- Trauer
- Depressionen
- Trennung
- Ablehnung

Und das ist noch nicht die ganze Liste. Wir befürchten, im Leben zu scheitern, *am* Leben zu scheitern. Scheitern in Beziehungen. Wie für viele Frauen besteht meine größte Angst darin, dass meinem Mann oder meinen Söhnen etwas Schlimmes zustoßen könnte. Was ist Ihre größte Angst?

Die schwierige Wahrheit bezüglich unserer tiefsten Ängste ist die, dass wir in keiner Weise kontrollieren können, was passiert. Das Leben entzieht sich unserer Kontrolle. Wir können die Menschen nicht kontrollieren und schon gar nicht ihre Entscheidungen. Es gibt nur eine Person, für die wir entscheiden können, ob das Leben über die Furcht siegt. Diese Person sind wir selbst.

Die Angst ist nicht unsere Freundin

Ich weiß, dass die Angst ein positiver Antrieb sein kann – zum Beispiel die Angst, keine Freunde um sich zu haben, weil man erkennt, dass man völlig egozentrisch lebt. Diese Angst kann uns dazu motivieren, nicht ständig das Wort an uns zu reißen, sondern stattdessen den anderen Fragen über ihr Leben zu stellen und ihren Antworten zuzuhören. Das ist eine gute Sache. Oder aber die Furcht, persönlich auf der Stelle zu treten, die einen dazu bringt, einen Therapeuten aufzusuchen. Genau wie die Furcht, beruflich in einer Sackgasse zu stecken, sodass man sich nach einem Mentor umschaut oder eine Fortbildung besucht. Die Angst kann uns positiv antreiben, so wie ein Adrenalinstoß uns dazu antreibt, um unsere Sicherheit zu rennen.

Doch Angst ist genauso wenig wie Scham ein nachhaltiges Element, das zu positiven Veränderungen führt. Wenn wir die Angst nicht bewältigen, wird sie versuchen, mit uns Frieden zu schließen. „Es ist *normal*, dieses oder jenes zu fürchten. *Es ist in Ordnung.*" Oder sie wird ihre Gestalt ändern, doch in der Regel wird sie sich ausbreiten. Wenn die Angst erst einmal einen bestimmten Bereich Ihres Lebens in den Fängen hält, wird sie alles daransetzen, weitere Bereiche in ihren Griff zu bekommen.

Sie wissen, was wir Frauen tun, wenn wir Angst haben: Wir versuchen, die Dinge zu kontrollieren.

Wir tun das in einer Beziehung, indem wir uns selbst schützen. Doch wenn wir uns selbst schützen, indem wir uns zurückziehen, dann haben wir bereits alles verloren. Wir sind bereits allein. Der Selbstschutz ist nicht unser Verbündeter. Beth Moore sagte auf einer Konferenz, an der ich 2008 teilnahm: „Wir können uns selbst so schützen, dass wir geradewegs aus unserer Bestimmung herausfallen." Wir können uns selbst so schützen, dass wir geradewegs aus unserem Werden herausfallen, geradewegs heraus aus dem Willen Gottes. Gott ist ein Gott der Liebe, und wir sind dazu aufgerufen, ebenfalls zu lieben. Fürchten Sie sich nicht! Lieben Sie!

Ich bin Mutter. Mein Leben und mein Herz laufen einander ständig davon, und ich habe keine Kontrolle darüber. Ich habe risikofreudige, leidenschaftliche Söhne, die das Abenteuer lieben, lieber von Felsen ins Meer springen als Briefmarken sammeln, ein Motorrad einem Minivan vorziehen und Klettern im Gebirge dem Studieren alter Münzen den Vorrang geben. Ich bin mir der Welt, in der wir leben, sehr deutlich bewusst, sowohl was die physischen als auch was die spirituellen Wahrheiten betrifft. Mit Angst bin ich wohlvertraut. Zu viele Male habe ich versucht, meine Ängste zu besänftigen, indem ich meinen Mann, meine Söhne und meine Welt zu kontrollieren suchte. Doch fast immer wird dadurch nur alles noch schlimmer.

Neulich rief mich eine Freundin an, die mich bat, ihr einen Rat bezüglich ihrer Beziehung zu ihrem Teeniesohn zu geben. Er hatte ihr vor Kurzem gesagt: „Nun lass mich endlich in Ruhe!" Ihr Mann hatte ihr später gesagt: „Du lässt ihm nicht genug Freiraum." Sie kontrollierte ihn. Sie drängte ihn zum Reden und brachte immer wieder dieselben Themen aufs Tapet: Drogen, Alkohol, Sicherheit und Gottesfurcht – immer und immer wieder das gleiche Lied. Sie lud ihn nicht etwa dazu ein, miteinander zu sprechen, sondern forderte von ihm, dass er ihr zuhörte. Sie ahnen schon warum – aus Furcht. Sie wollte ihn schützen und dafür sorgen, dass er in ihrer Nähe blieb. Doch sie erreichte genau das Gegenteil. Sie musste einsehen, dass ihre von der Furcht motivierten Verhaltensweisen ihren Sohn von ihr forttrieben.

Regeln und einen Rahmen festzusetzen, ist eine gute Sache. Gespräche sind gut. Unterweisung ist gut. Wir sollten unsere Kinder beobachten und ihnen Anweisungen bezüglich Sicherheit und über die Entscheidungen, die wir im Leben treffen, geben. Aber wenn sie reifer werden, sollten wir ihnen zunehmend Freiheit gewähren. Wir lassen die Leine immer länger, bis wir sie ganz loslassen. Wenn uns das nicht gelingt, dann ist Angst das Problem. Doch das noch tiefer liegende Problem ist *Vertrauen*.

Können wir unser Leben, unsere Zukunft und das Leben derer, die wir lieben, Gott anvertrauen? Können wir einem Gott vertrauen, den wir nicht kontrollieren können? Können wir diesem Gott vertrauen, dessen Sicht auf das Leben und den Tod und das Leid und die Freude so völlig anders ist als unsere Sicht?

Ja. Ja, wir können das.

Weil wir ihn kennen. Und wir wissen, dass er gut ist.

Nur Liebe allein

Wir haben Ängste, die unter der Oberfläche lauern und die uns nicht bewusst sind. Gott möchte uns von solchen Ängsten *befreien*. Wie ist das möglich? Nun, er hat einen Weg bereitet. Es ist der Weg seiner Liebe. Seine vollkommene Liebe vertreibt alle Ängste.

Und wir haben erkannt und geglaubt die Liebe, die Gott zu uns hat. Gott ist die Liebe; und wer in der Liebe bleibt, der bleibt in Gott und Gott in ihm. (...) Furcht ist nicht in der Liebe, sondern die vollkommene Liebe treibt die Furcht aus... Wer sich aber fürchtet, der ist nicht vollkommen in der Liebe.

1. Johannes 4, 16 und 18; LÜ

Wir müssen das Leben wählen. Das Risiko. Die Liebe. Der einzig sichere Ort für unser Herz ist dort, wo wir tief in die herrliche, ewige, verrückte, überwältigende Liebe eintauchen, die Gott uns schenkt. Seine Liebe ist das einzige Sicherheitsnetz, das halten wird. Ganz ehrlich: Haben Sie eine Wahl? Wie funktioniert dieses Leben in ängstlicher Kontrolle für Sie? Oder besser: Wie funktioniert es für diejenigen, die mit Ihrer ängstlichen Kontrolle leben müssen? Kommen Sie, lassen Sie sich durch die Liebe Gottes befreien.

Ich mache hier keineswegs unnütze religiöse Versprechungen. Als Christen haben wir eine Reihe von Garantien in diesem Leben, aber vielleicht nicht so viele, wie wir gerne hätten. Wenn man Christ wird, bekommt man keine Garantie für ein schmerzfreies Leben. Es bedeutet nicht, dass man keine Tragödien, keine Verluste oder Sorgen erleben wird. Aber es bedeutet, dass wir in den Problemen und durch die Probleme hindurch *geborgen* sind. Noch viel mehr als geborgen. Obwohl wir nicht die Kontrolle und all die Sicherheit haben, die wir uns wünschen, können wir als Gottes geliebte Kinder manche Dinge ganz sicher wissen.

Wir wissen genau, dass wir alle sterben werden. (Sie könnten jetzt einwerfen, dass Jesus wiederkommen könnte, bevor Sie sterben, doch auf diese oder jene Weise werden wir alle diese Erde verlassen.) Die durchschnittliche Lebenserwartung für Frauen in den westlichen Ländern beträgt achtundsiebzig Jahre. Für Männer ein bisschen weniger. Wir alle werden früher oder später die Welt, wie wir sie kennen, verlassen. Das ist ganz sicher. Doch wir brauchen uns nicht zu fürchten, weil wir wissen, was danach kommt. Das ewige Leben ist eine Realität. Der Himmel ist eine Realität. Einige

Menschen, die wir lieben, sind bereits vor uns dorthin gelangt, und in unserem Schmerz, sie hier und jetzt verloren zu haben, finden wir Trost in dem Wissen, dass wir sie nicht für ewig verloren haben. Wir sind für eine Weile voneinander getrennt, aber ein wundervolles Wiedersehen steht bevor. Gott hat es versprochen.

Wir wissen, dass wir gerettet sind durch den, der uns liebt. Wir wissen, dass uns nichts, *gar nichts* von der Liebe Gottes, die in Jesus Christus ist, scheiden kann. Und wir wissen, dass alle Dinge für diejenigen, die Gott lieben, zum Guten mitwirken, denen, die nach seinem Willen berufen sind. Alle Dinge. Auch die nächste Hiobsbotschaft. Gott hat es versprochen.

Jesus hat versprochen, uns nie zu verlassen, aufzugeben oder sein Angesicht von uns abzuwenden, egal, was unsere Gefühle oder die Umstände uns einreden wollen. Und er hat versprochen, dass er uns alles gibt, was wir brauchen. *Alles.*

Paulus schreibt in Philipper 4,19 (ELB): „Mein Gott aber wird alles, wessen ihr bedürft, erfüllen nach seinem Reichtum in Herrlichkeit in Christus Jesus." Unsere Bedürfnisse werden nicht gemäß des Elends der Welt oder der Armut unseres eigenen Glaubens in einem bestimmten Moment gestillt, sondern gemäß des Reichtums in Jesus Christus. Niemand ist reicher als er!

Nun, ich gebe zu, dass das, was ich wirklich zu brauchen glaube, nicht immer mit dem übereinstimmt, was Gott für nötig hält. Doch wir alle können bezeugen, wie Gott uns begegnete, als wir ihn tatsächlich am meisten brauchten. Von gefüllten Einkaufstüten vor meiner Haustür über ein anonymes Geldgeschenk von 20 Dollar, mit dessen Hilfe ich mein Auto volltanken konnte, bis zum Erhalt des Schulgeldes für mein nächstes Semester am College an genau dem Tag, an dem es fällig wurde, kann ich viele erstaunliche Geschichten erzählen.

Unser Gott ist der Gott der Rettung in letzter Minute. Doch seine Sicht ist nicht unsere Sicht. So wurde Jeremia bereits im Mutterleib von Gott als Prophet ausgewählt, und Gott sagte ihm, er solle sich nicht fürchten: „Sie alle werden dich bekämpfen – doch ohne Erfolg, denn ich stehe dir bei und beschütze dich. Das verspreche ich dir" (Jeremia 1,19).

Dieses Versprechen wurde laut des biblischen Berichts über Jeremia mehrmals erfüllt, auch wenn Jeremia von seinen eigenen Brüdern angegriffen, von einem Priester und einem falschen Propheten geschlagen und in den Stock gelegt, vom König ins Gefängnis gesperrt, mit dem Tod bedroht, von jüdischen Würdenträgern in eine Zisterne gestoßen und von einem falschen Propheten sabotiert wurde.

Hmmm. Wann genau hat Gott ihn gerettet? Nachdem er geschlagen worden war. Nachdem er ins Gefängnis gesperrt worden war. Nachdem er bedroht und in eine Zisterne geworfen worden war. Ja, Gottes Sicht unterscheidet sich auf dramatische Weise von unserer Sicht. Jeremia musste viel Mühsal durchmachen. So wie jeder Heilige vor und nach ihm, auch wenn nicht alle so extreme Leiden ertragen mussten. Und ungeachtet dessen, was uns begegnet, sagt Gott jedem von uns: „Fürchte dich nicht." Er sagt: „Meine Gnade genügt."

Neulich sagte eine Freundin folgende weise Worte: „Liebe verdrängt Furcht. Um so furchtlos zu werden, dass wir das Leben, das Gott für uns vorgesehen hat, voll auskosten zu können, müssen wir so tief in die Liebe eingetaucht sein, dass kein Raum mehr für Furcht übrig bleibt."

Wir wollen Frauen sein, die mutig weitergehen. Das Reich Gottes ist nicht zu bremsen, und die Pforten der Hölle werden es nicht überwältigen. Möchten Sie nicht auch Teil des Reiches Gottes sein? Möchten Sie nicht dazu beitragen, dass Gottes Reich vorankommt? Und möchten Sie nicht tiefer in das Herz Gottes vordringen – zu mehr Heilung, mehr Befreiung, mehr Gemeinschaft, mehr Leben? Die Furcht lässt uns zurückweichen. Die Liebe bewirkt, dass wir weitergehen.

Fürchte dich nicht

Ich liebe die Geschichte von Jairus und Jesus in Markus Kapitel 5. Jesus hatte gerade den See überquert, und Jairus – der Vorsteher der Synagoge – war herabgekommen, um ihn zu treffen. Eigentlich ging er nicht nur hinab, um ihn zu treffen, sondern um ihm zu Füßen zu fallen. Er bat Jesus, nein, er flehte ihn an: „Meine Tochter liegt im Sterben. Komm und leg ihr die Hände auf, damit sie wieder gesund wird!" (Vers 23). Und Jesus, ganz er selbst, sagte zu.

Jesus war auf dem Weg zum Haus des Jairus, aber er war nicht allein. Eine Menschenmenge ging mit ihm. Er wurde gedrängelt und gestoßen, als er plötzlich stehen blieb und die vermeintlich lächerliche Frage stellte: „Wer hat mich berührt?"

Eine Frau kam nach vorn. Auch sie fiel ihm zu Füßen und sagte ihm „die ganze Wahrheit" (V. 33). Sie litt seit zwölf Jahren an einem Blutfluss. Es wurde immer schlimmer. Sie hatte viele Ärzte aufgesucht, alle möglichen Behandlungen probiert und ihr ganzes Geld dafür ausgegeben. Sie wusste, wenn sie es schaffen würde, sich einen Weg durch die Menge zu bahnen und das Kleid von Jesus zu berühren, dann würde sie geheilt werden.

Für diese Frau war es nicht erlaubt, sich dort in der Menge aufzuhalten. Sie war unrein wegen ihrer Blutungen. Es verstieß auch gegen das Gesetz, dass sie, eine Frau, Jesus, einen Mann, berührte. Doch allen Gesetzen und Schwierigkeiten zum Trotz schaffte sie es, zu Jesus vorzudringen, und sie wurde geheilt.

Jesus fand sie toll. „Jesus sprach zu ihr: Meine Tochter, dein Glaube hat dir geholfen. Gehe in Frieden. Du bist geheilt" (V. 34). Er nannte sie Tochter und erkannte sie damit als zu ihm gehörig an.

Tochter, Jesus erkennt auch Sie als sein Kind an. Sein Gesicht ist Ihnen freundlich zugewandt. Sie können mit Ihrer ganzen Geschichte zu ihm kommen, mit allem, was Sie als Frau ausmacht und mit allem, was Sie nicht sind. Sie können ihm Ihre Siege, Ihre Niederlagen und Ihre Ängste bringen. Er wird Ihnen nichts Gutes vorenthalten. Er wird sein Angesicht nicht von Ihnen abwenden.

Nachdem die Frau geheilt war und glücklich davonzog, kam ein Diener des Jairus herbeigelaufen und sagte ihm, seine Tochter sei gestorben. „Es hat keinen Zweck mehr, den Meister zu holen." Jesus wandte sich zu Jairus um und sagte die gleichen Worte, die er auch uns heute sagt: „Fürchte dich nicht, glaube nur!" (Vers 36; LÜ).

Angesichts des Unmöglichen sprach Jesus Jairus (und uns) Hoffnung zu. Als die Worte erklangen, die Jairus am meisten gefürchtet hatte, sagte Jesus zu ihm: „Hab keine Angst. Du siehst jetzt noch nicht, wie es weitergeht, aber mit mir ist nichts unmöglich. Ich bin gut. Du kannst mir vertrauen."

Jairus ließ Jesus nicht stehen. Er eilte gemeinsam mit ihm nach Hause und lud Jesus ein, an das Bett seiner verstorbenen Tochter zu treten. Irgendwo tief in seinem Innern glomm immer noch ein Hoffnungsfunken, den auch das Eintreffen seiner schlimmsten Befürchtung nicht auslöschen konnte.

Wir wissen, was dann geschah. Jesus sagte zu dem kleinen Mädchen: „Steh auf." Und das tat sie. Wer könnte dem Ruf Jesu widerstehen?

Wünsche werden wach

Vor einigen Jahren ging ich morgens spazieren und hielt dabei meine Andacht, als ich plötzlich die Zementblöcke der Angst, die ich um meine Söhne herum aufgestapelt und seit Jahren mit mir herumgeschleppt hatte, von mir abfallen spürte. Ich hatte jahrelang dafür gebetet und dann fiel die Angst einfach von mir ab. Es war einer jener Augenblicke, in denen der Schleier zwischen Himmel und Erde ganz dünn ist. In solchen Momenten bin ich mir der Güte Gottes bewusst, der Sicherheit des Himmels, der Kraft und Autorität in Jesus, und in jenem besonderen Moment sah ich ganz deutlich die Wahrheit, dass ich absolut nichts zu fürchten habe, weder im Blick auf meine Söhne noch im Blick auf meinen Mann oder mich selbst. Nichts.

Es war ein wundervolles Gefühl.

Sobald die Last der Angst von mir abgefallen war, gingen meine Gedanken in eine Richtung, die mich überraschte. Ich spürte die Freiheit zu *wollen*. Der Wunsch, Fallschirm zu springen, kam wieder in mir hoch. Das müsste toll sein. (Wo war dieser Wunsch vergraben worden?) Und noch viel mehr Wünsche kamen in mir hoch: Fahrrad zu fahren und Berge zu besteigen und Dinnerpartys zu geben und Jesus ganz tief zu kennen und Frauenkonferenzen zu leiten und *mein Leben zu leben*. Völlig zu leben. Mit Hingabe.

Ich möchte jetzt ein wundervolles Geheimnis mit Ihnen teilen.

Was meinen Sie, was passiert, wenn Gott kommt und uns von Ängsten, die wir schon lange hegen oder die uns schon lange in ihren Fängen halten, befreit? Was geschieht, wenn wir unsere Furcht Gott zu Füßen legen und uns seiner Liebe gegenüber öffnen, damit sie unsere Furcht besiegt? Was finden wir jenseits der Furcht? Ist es Glaube? Ja, aber in Form von Wünschen. Wünsche kommen in uns hoch oder vielleicht kommen sie *erneut* hoch.

Wir werden Wünsche entdecken, deren Existenz uns gar nicht bekannt war. Wir erfahren die Freiheit, unser Leben zu umarmen und es zu leben. Ich meine: es wirklich zu leben. Und zwar unerschrocken. Wünsche kommen auf, die uns selbst und andere betreffen. Wünsche werden wach in Bezug auf das, was wir tun, erfahren und *werden* möchten. Wenn wir nicht länger von unserer Furcht gefangen sind, wie hoch können wir uns dann aufschwingen? Wie tief können wir tauchen? Wie viel Freude können wir erleben? Ja, es wird auch Kummer geben – das gehört dazu – doch das Leben hat das letzte Wort. *Leben*. Das Leben hat immer das letzte Wort. Jedes Mal. Für immer.

Ich will den Herrn von ganzem Herzen loben,
alles in mir soll seinen heiligen Namen preisen!
Ich will den Herrn loben und nie vergessen, wie viel Gutes er mir
    getan hat.
Ja, er vergibt mir meine ganze Schuld und heilt mich von allen
    Krankheiten!

Er bewahrt mich vor dem sicheren Tod und schenkt mir das
Leben neu.
Seine Liebe und Güte umgeben mich allezeit.
Mein Leben lang gibt er mir Gutes im Überfluss,
darum fühle ich mich jung und stark wie ein Adler.

Psalm 103,1-5

Geben Sie Ihre Furcht an Jesus ab

Die Furcht ist nicht unsere Verbündete. Sie ist nicht unsere Bestimmung. Wie Franklin Roosevelt einmal sagte: „Das Einzige, das wir zu fürchten haben, ist die Furcht selbst." Die Dinge, die uns Angst machen, hindern uns daran, näher zu Jesus zu gelangen, seine Liebe zu erfahren und durch seine Liebe vollendet zu werden. Wir sollten uns von Gott zeigen lassen, welche Ängste in uns schlummern, von denen wir gar nichts wissen, und dann sollten wir die weiße Flagge hochhalten und uns ergeben. Wir sollen uns nicht der Furcht ergeben, sondern Gott. Wir wollen uns seiner Liebe hingeben und seiner vollkommenen Liebe erlauben, die Angst auszutreiben und zu empfangen, was er sich für uns wünscht.

Sie wissen sicherlich recht gut, was Sie Gott bisher noch nicht anvertrauen konnten. Doch ich möchte Sie dazu ermutigen, Ihre Furcht abzulegen, und zwar zu Jesu Füßen. Sagen Sie ihm: „Diese Angst kann ich nicht tragen. Ich gebe sie dir, weil ich glaube, dass du gut bist und mein Vertrauen verdienst." Wenn wir aktiv im Glauben unsere Ängste an Jesus abgeben, dann erhalten wir im Gegenzug seine Liebe. Ja, das ist ein ungleicher Handel, aber es ist ein himmlischer Austausch.

Das vergangene Jahr war für John und mich ein sehr schwieriges Jahr. Wir erlebten eine Menge geistlicher Angriffe, und es wurde so schlimm, dass ich Sorge hatte, John könnte sterben. Ich hatte *Angst*. Eines Nachts kam John zu mir ins Wohnzimmer und sagte: „Wir müssen dem Feind diese Waffe aus der Hand reißen. Er benutzt die Waffe der Angst gegen uns." Wir sprachen gemeinsam über den Text in Offenbarung 12, in dem es heißt: „Sie haben ihn (den Bösen) besiegt durch das Blut des Lammes und weil sie sich zu Gott bekannt haben. Sie haben ihr Leben für Gott eingesetzt und den Tod nicht gefürchtet" (Vers 11).

John und ich knieten gemeinsam nieder und bekannten Jesus unsere Ängste. Wir gaben ihm die vollkommene Kontrolle über unser Leben, auch über den Zeitpunkt unseres Todes. Wir sagten uns von der Angst los und schlossen Frieden mit der Tatsache, dass unser Leben in Gottes Hand ist. Es war ein Wendepunkt für uns, denn wir wurden von dem brutalen Griff der Furcht befreit.

Wenn wir abgeben, was wir schützen wollen oder zu verlieren fürchten oder um jeden Preis haben möchten, ist das nicht dasselbe wie der Verlust dieser Dinge. Es bedeutet, sie *abzugeben*. Es bedeutet, unsere Hand, die sich darum geballt hatte, zu öffnen und Gott den Zugang zu diesen Dingen und zu uns selbst zu gewähren. Es bedeutet, Gott unser Ja zu geben. Ja zu seinem Plan. Ja zu seinem Weg. Es bedeutet zu glauben, dass „wie der Himmel höher ist als die Erde", seine Gedanken im Blick auf die Dinge, die uns Angst machen, höher sind. Unser Gott ist der Gott des Lebens, der Güte. Er ist der Gott der Auferstehung. Wir geben unsere Ängste ab. Wir nehmen Jesus auf. Er ist der einzige Weg, der uns zu einem Leben ohne Furcht führt. Er ist der Weg.

Nehmen Sie sich einen Moment Zeit und denken Sie darüber nach, wovor Sie Angst haben. Bitten Sie Gott, Ihnen diese Angst zu zeigen.

Jesus, bitte zeige mir, wovor ich mich fürchte. In welchen Bereichen vertraue ich dir nicht völlig? Hilf mir, es zu sehen, es mir vorzustellen, die Gesichter derer zu sehen, um die ich Angst habe. Herr, ich möchte dir vertrauen. Bitte hilf mir, dir meine Ängste anzuvertrauen. Komm zu mir, Jesus. Bitte hilf mir. Ich brauche dich. In deinem Namen, Amen.

Wir brauchen uns in keiner Weise zu schämen. Die Bereiche unseres Lebens, in denen noch Furcht wohnt, sind die Bereiche, in denen wir Gottes Liebe noch nicht völlig empfangen haben. Nur durch seine Gnade und Liebe können wir unsere Furcht loslassen. Lassen Sie die Furcht los und empfangen Sie seine Träume, seine Liebe. Es ist ein Tausch: Angst gegen Wünsche. Tod gegen Leben.

In der Liebe ist keine Furcht. Und ich kann Ihnen versichern: Gott möchte nicht, dass Sie Ihr Leben in Furcht verbringen. Er möchte, dass Sie *leben*.

Fürchte dich nicht! Glaube nur!

8

Die Gemeinschaft mit Frauen

Das Zweitbeste nach dem Erstbesten, nämlich weise zu sein,
besteht darin, von Menschen umgeben zu sein, die weise sind.
C. S. Lewis

Ich ging unter dem weiten, offenen Himmel Colorados spazieren.
Es war mitten im Sommer und die Wärme umgab mich wie ein
alter Freund. Der Himmel war wolkenlos und dunkelblau. Über
mir schwangen sich zwei Bussarde höher in die Lüfte und riefen
einander voller Freude Laute zu. Ich hielt an, um sie zu beobachten,
und ich spürte die Sehnsucht, selbst zu fliegen. *Eines Tages*, dachte
ich.

Die Rotschwanzbussarde waren in ihrer eigenen Welt: ein offener
Himmel, keine Beutetiere in Sicht, keine Adler oder Krähen, die sie
ärgerten, einfach ein endloser Raum, der sie dazu einlud, das zu tun,
was sie am besten können.

Und plötzlich flogen sie ineinander! Was? Beide waren wahrscheinlich erschrocken. Sie taumelten einige Meter in Richtung
Erde, bevor sie ihr Gleichgewicht wiederfanden. Dann nahmen sie
ihr Spiel wieder auf. Oder ihre Übung.

Ich dachte: *Nun, das passiert.* Wenn man sich in der Nähe anderer in die Höhe schwingt oder Übungen miteinander macht oder
taumelt, dann wird man von Zeit zu Zeit zusammenstoßen. Dann
muss man sich entscheiden. Entweder man nimmt den Flug wieder
auf, vielleicht durch den Schmerz ein wenig weiser geworden, oder
man nimmt seine Flügel, geht nach Hause und zieht sich auf den
nächstgelegenen sicheren Ast zurück.

Als Nachfolger von Jesus Christus sind wir nicht dazu berufen, ein Leben zu leben, in dem Sicherheit und Bequemlichkeit die obersten Ziele sind. Sie wussten das bereits. Aber mir fällt es immer noch schwer, das zu akzeptieren.

Das oberste Ziel ist Liebe. Immer. Doch um geliebt zu werden und zu lieben, können wir nicht untätig herumsitzen. Wir müssen uns auf die Menschen einlassen, die Gott in unser Leben hineingestellt hat. Keine Frau ist dazu berufen, ihr Leben allein zu leben. Wir brauchen andere Frauen, die uns begleiten, unterstützen, ermutigen, vor Herausforderungen stellen. Die uns auf den Tanzboden oder in die Luft zurückholen, um das zu tun, was wir tun sollen und die Person zu werden, die wir werden sollen.

Natürlich können auch Männer Frauen prägen und im Leben voranbringen, und Frauen Männer. Doch wir Frauen brauchen einfach andere Frauen in unserem Leben. Frauen können uns Dinge geben, die Männer nicht geben können. Und niemand weiß besser, wie es ist, eine Frau zu sein, als andere Frauen.

Freundschaft ist schwierig

Ich muss von vornherein klarstellen, dass ich zwar zutiefst davon überzeugt bin, dass wir Frauen in unserem Leben brauchen, doch solche Beziehungen können oft schmerzlich sein. Wie jede andere Beziehung kann unsere Freundschaft mit anderen Frauen schwierig sein. Wir brauchen Frauen in unserem Leben, aber manchmal geht es mir wie Ihnen: Ich fühle mich eingeschüchtert durch ihre Kraft, ihre Schönheit, ihre *Art*. Manchmal ziehe ich mich von ihnen zurück – von ihrer überwältigenden Präsenz oder von ihren überwältigenden Bedürfnissen. Manchmal erdrücke ich mich selbst. Schließlich bin ich eine Frau. Und eine Frau ist eine erstaunliche Kreatur mit der Fähigkeit, die Welt um sie herum über die Maßen zu beeinflussen.

Eine Frau kann stark und zugleich zärtlich sein. Kraftvoll und zugleich weich. Grimmig mit dem Potenzial, freundlich zu sein. Weise, aber manchmal verrückt. Romantisch, zynisch, barmherzig, verwundet, schön, töricht, fürsorglich, mutig, merkwürdig, verwundbar und geheimnisvoll sogar für sich selbst. Frauen wurden durch die Jahrhunderte hindurch zu Boden geschlagen, sind aber ständig wieder aufgestanden, von Generation zu Generation. Deshalb waren sie sowohl gefürchtet als auch furchterregend. Und wenn man mehrere von ihnen zusammennimmt, um auf ein gemeinsames Ziel hinzuarbeiten, dann wird Kraft freigesetzt. Nationen werden geformt. Gerechtigkeit wird verbreitet. Das Reich Gottes geht *voran*.

Frauen sind toll. Und doch – wenn man sich in ihre Nähe begibt, ist es manchmal so, als würde man sich einem Kaktus nähern, von einem Stachelschwein berührt oder müsste ein Stinktier zähmen. Wir werden gestochen und bespritzt. Und wir selbst können auch ganz gut stechen und spritzen. Und dennoch brauchen wir Frauen in unserem Leben. Manchmal sind wir versucht, uns auf einen Kreis höflicher, oberflächlicher Beziehungen zu beschränken, aber das ist nicht klug. Wir brauchen Frauen, mit denen wir ehrlich über die Realitäten des Lebens sprechen können, sowohl über die inneren als auch die äußeren Realitäten. Wir brauchen Freundinnen, die uns Wahrheit bieten. Wir brauchen Beziehungen zu Frauen in all ihren Formen, aber vor allem brauchen wir ein paar echte Freundinnen.

Ich habe eine sehr gute Freundin, die in ihrer Treue zu mir viele ihrer Karten und E-Mails mit „Deine Freundin für immer" unterschreibt. Sie schreibt das, obwohl sie genau weiß, dass ich nicht sicher bin, ob so etwas auf dieser Seite der Ewigkeit existiert. Mein Herz ist vorsichtig geworden, und meine Freundin arbeitet gegen meine Vorsicht in Sachen Liebe und unbeugsamer Erklärungen treuer Freundschaft an. Angesichts ihrer Liebe wird mein vorsichtiges Herz weich. Angesichts ihres beständigen Angebots der Beziehung heilt mein Herz. Freundinnen können uns manchmal verletzen, ja sogar tief verletzen. Aber sie können uns auch segnen. Ebenso tief.

Eine gute Freundin liebt uns, wenn wir vergnügt sind und auch wenn es uns schlecht geht. Eine gute Freundin liebt uns, wenn wir nett sind und auch wenn wir offenbar unter PMS leiden. Sie mag vielleicht nicht, was wir tun, auch nicht den Drachen, den wir gerade herauskehren, aber sie liebt *uns*. Sie kennt unser wahres Ich, und wenn sie sieht, wie wir uns selbst betrügen, dann kommt sie auf uns zu und macht uns darauf aufmerksam. Sie sieht, wozu wir bestimmt sind, und motiviert uns dazu, uns nach der höheren Version unseres Selbst auszustrecken.

Freundschaft ist eine hohe, heilige Sache und keine Einbahnstraße. Aber Freundschaften mit Frauen sind auch schwierig und damit nichts für schwache Nerven.

Ich habe im Laufe der Jahre ein paar Dinge über Freundschaften mit Frauen gelernt. Da, wo ich Fehler gemacht habe, waren es gigantische Fehler. Ich würde Ihnen das gern ersparen, soweit das möglich ist. Deshalb teile ich mit Ihnen, was ich gelernt habe.

Halten Sie Ihre Freundinnen lose, aber halten Sie sie

Freundschaft ist riskant und aufwendig. Sie soll uns eine Zuflucht vor dem Alleinsein bieten, eine Atempause von der Selbstkritik und der Kritik einer nie zufriedenen Welt. Freundschaft ist eine Beziehung, die beide genießen. In einer Freundschaft muss unser Herz nicht ganz so hart arbeiten, um gehört und verstanden und akzeptiert zu werden. Freundschaft soll uns einen Vorgeschmack davon geben, wie es sein wird, wenn unsere Seele vollkommen gekannt wird und vollständig ruht.

Aber es kann nur ein Vorgeschmack sein. Ich habe herausgefunden, dass Menschen, die ich liebe und die mich lieben, meine unersättliche Seele nicht dauerhaft stillen können. Und doch habe ich mir das immer so sehr gewünscht. „Füllt mich!", rief ich. „Stillt meine Bedürfnisse!" John hat versucht, meine Bedürfnisse zu stillen. Freundinnen haben es versucht. Und was sie mir gaben, war wundervoll. Doch nie genug. Ich habe offenbar lecke Stellen. Wirklich, es ist wie bei einem Rohrbruch, und im Bewusstsein meiner

Verwundbarkeit und Verletzung bemühte ich mich, meine undichten Stellen zu verstecken und von anderen abdichten zu lassen. Aber das hat nicht funktioniert. Stattdessen habe ich Gottes wundervolle, befreiende Wahrheit am eigenen Leib erfahren, dass Jesus der Einzige ist, der meine Bedürfnisse stillen kann. Und er ist auch der Einzige, der dazu bestimmt ist.

Wenn wir Jesus immer tiefer als unseren allerbesten Freund kennenlernen, dann wird unser Herz dazu befreit, das erstaunliche Geschenk der Freundschaft anzubieten und im Gegenzug zu empfangen. Freundschaft, die Gemeinschaft mit anderen Menschen, ist ein Geschenk, das wir alle genießen und anbieten sollten. Wir brauchen einander. Doch um aufeinander zuzugehen und frei zu empfangen, was andere mit uns teilen wollen, brauchen wir Jesus.

Wer von uns hat noch nie Verrat vonseiten einer vertrauten Freundin erlebt? Wer von uns ist noch nie zurückgewichen, nachdem wir verletzt wurden? Wer von uns hat noch nie eine Freundin verletzt? Wir alle haben es erfahren und getan.

Wir alle.

Wir brauchen Jesus. Wir brauchen Gnade. Wir brauchen Heilung. Wir sind nicht dazu bestimmt, dieses Leben alleine zu leben, und wir werden nicht sehr weit kommen, wenn wir es versuchen. Wir können nicht darauf pochen, nie wieder verletzt zu werden. Wir können auf nichts wirklich bestehen, außer auf einer Sache: Wir können uns weiterhin an Jesus schmiegen, um jeden Preis.

Er ist da. Er wartet auf uns. Er hat uns nie verraten, und er wird es nie tun. Er ist die Quelle unserer wahren Identität. Er ist der eine, zu dem wir zuerst aufblicken müssen, um mit Wahrheit, Annahme und Liebe erfüllt zu werden. Dann können wir unser Herz, egal, ob es gerade vor Freude birst oder vom Leben gebrochen ist, unseren Freundinnen bringen, ohne zu beanspruchen, dass sie es füllen. Wir können uns selbst anbieten, offen dafür, gute Geschenke zu empfangen, aber darauf bedacht, nahe bei Gott zu bleiben und jede Erfahrung und jedes Wort mit ihm zu betrachten.

Freundschaften verändern sich. Die Menschen verändern sich. Sie verändern sich. Das soll auch so sein. Vielleicht gehen Sie als gute Freundinnen noch immer in die gleiche Richtung, aber Ihre Wege kreuzen sich nicht mehr. Gemeinden trennen sich. Hauskreise haben ein Ende. Kinder wechseln die Schule. Fitnessstudios schließen. Leute ziehen um. Arbeitsplätze ändern sich. Die natürlichen, einfachen Wege, über die wir als Freunde Kontakt halten, verlagern sich, und es erfordert von *beiden* Seiten enorm viel Mühe, um eine Freundschaft unter veränderten Vorzeichen fortzuführen. Vielleicht soll die Freundschaft fortbestehen. Vielleicht nicht. Um manche Freundinnen sollten wir kämpfen, andere vielleicht loslassen.

Ich besuchte vor einigen Jahren eine Konferenz, die von dem Autor und Prediger Graham Cooke geleitet wurde und auf der er darüber sprach, wie sich unsere Freundschaften verändern und wie *normal* das ist. Er sagte damals, dass die meisten Freundschaften drei bis fünf Jahre halten würden. Wirklich? Und er fügte hinzu, sie seien dazu *bestimmt*, drei oder fünf Jahre lang zu halten. Nicht jede Freundin in unserem Leben ist dazu bestimmt, unser gesamtes noch verbleibendes Leben mit uns zu verbringen. Natürlich lieben wir sie noch immer. Und obwohl sich jede Veränderung wie ein Verlust anfühlt, ist es gut, Menschen auf ihrem Weg zu segnen, sie lose zu halten und dann ziehen zu lassen.

Das Paradoxe ist, dass ich gerade diese Konferenz mit einer engen Freundin besuchte, die mir sehr viel bedeutete und die ich nicht mit lockerer Hand, sondern mit geschlossener Faust festhielt. Wir waren schon seit vielen Jahren befreundet, und ich ging davon aus, dass wir bis an unser Lebensende Freundinnen sein würden. Leider nahm ich die verräterischen Anzeichen nicht wahr, dass sich diese Freundin schon eine Weile von mir zurückgezogen hatte und ich mich weigerte, das zu erkennen. Ich wollte, was *ich* wollte. Ich fand sie einfach toll. Und ich nahm an, dass sie dasselbe von mir dachte!

Irgendwo auf dem Weg war mein Wunsch nach Beziehung zu einem Anspruch geworden, und Ansprüche sind die Totenglocke für eine Freundschaft – für jede Beziehung. Ich musste meine

Faust öffnen und meine Freundin in Liebe ziehen lassen. Ich musste außerdem Jesus in die Bereiche meines Herzens einladen, die sich geweigert hatten zu sehen, dass es Zeit war, sie loszulassen.

Beharren, Ansprüche stellen, sich weigern, glauben Sie mir, diese Verben führen nicht zu dem Leben, das Jesus für uns bereithält.

Nicht jede Frau oder jeder Mann in unserem Leben wird unser Leben lang an unserer Seite sein. Nicht jede Frau, mit der wir gern befreundet wären, ist dazu bestimmt, unsere Freundin zu sein. (Tut mir leid. Atmen Sie einmal tief durch.) Es kann sehr schmerzhaft sein, eine Freundin loszulassen, oder schlimmer, selbst losgelassen zu werden. Viele Menschen unterschätzen die Herzensnähe, die zwischen Freundinnen entstehen kann. Ich erinnere mich noch gut daran, wie ich in den Armen einer sehr guten Freundin schluchzte, als ich mit meiner Familie fortzog. Ich hatte das Gefühl, mein Herz würde in Stücke gerissen. Wir bedeuteten einander sehr viel. Wie viel schlimmer muss es sein, wenn eine Freundschaft aufgrund von Kränkungen, Missverständnissen, Wut oder Verrat zu Ende geht. Wie qualvoll ist es, wenn Gott uns dazu auffordert, von einer lieben Freundin Abstand zu nehmen, wenn Liebe und Eintracht die Beziehung verlassen haben.

Wir sind dazu bestimmt, zu wachsen und uns zu verändern und unser Leben lang zu *werden*. Wir brauchen Menschen in unserem Umfeld, die die Person feiern, die zu *werden* wir im Begriff stehen. Unsere echten Freundinnen sind Menschen, die uns anfeuern und Mut machen, uns nach der nächsthöheren Version unseres Selbst auszustrecken, zu der Gott uns beruft. Freundinnen genießen wechselseitig ihre Erfolge und Segnungen und bewahren sich vor Eifersucht und Neid.

Und Eifersucht und Neid sind ebenfalls Totenglocken für eine Freundschaft. Gott will nicht, dass wir auf etwas eifersüchtig sind, was eine Freundin bekommt oder erreicht. Wir sind dazu aufgerufen, uns mit ihr zu freuen. Wir wollen immer und ausschließlich das Beste für unsere Freundin. Um eine Freundin durch Prüfungen hindurchzubegleiten, brauchen wir Zartheit, Gnade und Weisheit.

Doch eigentlich ist es viel schwieriger, eine Freundin durch eine Periode des Erfolges und der Segnungen zu begleiten. „So tolle Ferien haben wir noch nie gehabt." – „Ich wünschte, wir hätten so eine Reise machen können." – „Ich liebe ihr neues Sofa. Ich wünschte, ich hätte auch so eines." Vorsicht!

Menschen durch Prüfungen und Erfolge hindurchzubegleiten erfordert eine Menge von uns und ist so manches Mal eine Herausforderung. In solchen Situationen sollten wir uns bewusst machen, dass Gott beständig damit zugange ist, unsere Herzen zu prüfen, zu formen und zu reinigen. Und nur indem wir mit Gott in Beziehung bleiben, können wir auch die Beziehung zu einer anderen Person aufrechterhalten. Er ist der einzige Weg, um Eifersucht, die immer mal wieder ihr hässliches Gesicht hochreckt, oder Kränkungen, die unsere verwundbaren Herzen zwicken, zu überwinden.

Um die Wahrheit zu sagen: Ein beträchtlicher Teil unseres Reifens vollzieht sich innerhalb unserer Beziehungen. Freundschaften sind nicht immer so schön warm und schützend wie ein Treibhaus. So wie Bäume durch Stürme stark werden und Dürreperioden sie dazu zwingen, ihre Wurzeln tiefer auszustrecken, so tragen unsere Beziehungen dazu bei, dass wir in unserer Persönlichkeit und Beziehung zu Gott wachsen. Wenn unsere zerbrechliche Menschlichkeit auf eine Weise offenbar wird, die wir und unsere Mitmenschen nicht mögen, dann können wir sie Gott vor die Füße legen. Wir können um Vergebung bitten und darum, dass Gott uns mit seinem Leben füllt und seine Liebe uns erfüllen möge. Und so werden wir zu dem einfachen Gebet geführt: „Christus in mir, liebe durch mich."

Seien Sie vorsichtig mit Ihren Erwartungen

Manchmal staune ich darüber, wie sehr Jesus die Menschen liebt. An manchen Tagen – okay, an den meisten Tagen – sind die Leute ziemlich merkwürdig. Wir alle leben auf der „Insel der missratenen Spielzeuge" (*siehe das Weihnachtsmärchen „Rudolph, das Rentier";*

Anm. d. Übers.), und die meisten von uns merken nicht einmal, dass eines unserer Räder die Form eines Quadrats hat. Wir stoßen aneinander und treten einander auf die Füße. Doch wie sollen wir damit umgehen?

Freundschaften können schwierig sein und so manches Mal müssen wir um sie kämpfen. Doch sie sind es wert, dass wir uns um sie bemühen.

Viele Jahre lang glaubte ich, eine beste, wirklich *beste* Freundin müsste eine Frau sein, die mich immer versteht und genau die gleichen Dinge mag, die ich mag. Sie würde Lust haben, mit mir ins Kino zu gehen, immer wenn mir danach ist, und sie würde gern das gleiche Theaterstück sehen wie ich. Sie müsste eine leidenschaftliche Liebe zu Jesus empfinden und würde mein Herz immer wieder zu ihm zurückführen. Ich würde das Gleiche für sie tun, und sie würde denken, dass ich toll und klug bin und dass meine Stimmungsschwankungen in Ordnung sind. Sie würde immer für mich erreichbar und mir gegenüber immer ermutigend und einfühlsam sein. Sie würde die gleichen Politiker wählen wie ich. Sie würde stets meine Scherze verstehen und das gleiche Restaurant lieben wie ich und sie würde mir nie irgendwelche Fehler meinerseits ankreiden. Du meine Güte! Das klingt schon richtig peinlich, oder?

Im Fernsehen ist das alles so einfach. Da hat Oprah Winfrey ihre Freundin Gayle King. In der Serie *Friends* hat Rachel Monica und schon bei den *Feuersteins* waren Wilma und Betty beste Freundinnen. Sind sie einander nicht alles? Jetzt beginne ich zu jammern.

Wenn ich ehrlich bin, mache ich mich gerade lächerlich. Denn ich bin eine Frau, die mit Freundschaften reich gesegnet ist. Ich habe so viele wundervolle Freundinnen – Freundinnen, die die besten sind! Ich bin eine reiche Frau. Und ich lerne immer mehr, dass jede dieser unterschiedlich talentierten Frauen etwas Einzigartiges zu bieten hat, das die anderen nicht haben. Die Dinge, die sie voneinander und von mir unterscheiden, bereichern mein Leben! Keine Frau kann alles für mich sein. Gott stillt mein Bedürfnis nach Freundschaft, aber nicht durch eine einzige Person. Manche Frauen sind mit einer besten Freundin gesegnet, doch die meisten sind es nicht. Die meisten von uns haben einige gute Freundinnen, die uns bestimmte Dinge geben und denen wir bestimmte Dinge geben. Unser Herz wird durch die wundervollen Begabungen und Interessen einiger weniger Freundinnen auf vielfältige Weise genährt. Ich glaube, kein Mensch kann wirklich die Last tragen, die eine einzige Freundin für jemand anderen zu sein.

Gott versteht uns immer. Er ist jederzeit verfügbar. Das trifft auf Menschen nicht zu. Sie haben ihr eigenes Leben, ihr Programm und eine Unmenge von Leuten, die etwas von ihnen wollen, und dadurch stehen sie nicht beständig zu unserer Verfügung, aber das ist normal. Jesus nennt uns „Freund(in)" und ich möchte ihn als meinen König und meinen Gott und meinen Freund kennen, der sich an mir freut, mich vollkommen annimmt und bedingungslos liebt. Denn genau so ist er.

Manchmal werden Freunde auch als „Jesus in Menschengestalt" bezeichnet. Damit ist gemeint, dass sie menschlich sind wie wir und uns gleichzeitig auf wichtige geistliche Wahrheiten hinweisen, die wir leider durch das Getriebe des Alltags oftmals vergessen. Wenn wir uns selbst überlassen sind, vergessen wir schnell, was wichtig ist. Einzelhaft ist eine Form der Bestrafung, der Folter. Einsamkeit ist Kummer, Trennung ist Trauer, und Distanz ist schmerzlich. Gemeinschaft und Freundschaft sind menschliche Bedürfnisse, die bei dem Prozess, wir selbst zu werden, ebenso wichtig sind wie Luft für unsere Lungen und Nahrung für unseren Körper.

Gehen Sie vorsichtig mit der Wahrheit um

Es ist wichtig für unsere Freunde, dass sie glauben, wir seien vorbehaltlos offen zu ihnen, und es ist wichtig für die Freundschaft, es nicht zu sein.
Mignon McLaughlin

An dieser Stelle möchte ich gerne einige Worte über die Ehrlichkeit einfügen. Die Bibel fordert uns dazu auf, die Wahrheit *in Liebe* zu sagen. Das bedeutet, die Wahrheit nicht mit Wut oder Groll oder mit der Absicht, den anderen zu verletzen, auszusprechen. Wir müssen sorgfältig überprüfen, welche Motive unserem Wunsch, die Wahrheit zu sagen, zugrunde liegen. Wir sollten uns fragen, *warum* wir etwas sagen wollen. Wir sollten sicher sein, die Wahrheit mit dem Wunsch, zu lieben und zu segnen, auszusprechen. Eine gute Freundin sagte mir einmal, wenn wir die Wahrheit nicht in Liebe sagen, dann ist es *nicht länger die Wahrheit*.

Die Bibel fordert uns nicht dazu auf, *alles*, was wahr ist, zu sagen. In unserer Kultur der Offenheit fühlen wir uns vielleicht veranlasst, alles mit unserem Ehemann oder mit unseren engen Freundinnen zu teilen, auch die negativen Dinge. Wir wollen doch ehrlich sein, nicht wahr? Wir wollen doch keine Geheimnisse voreinander haben, stimmt's? Falsch. Wenn wir mit einem geliebten Menschen oder einer Freundin absolut jeden Gedanken und jedes Gefühl teilen, dann werden wir verheerenden Schaden anrichten. Keine Freundschaft, keine Ehe verfügt über die Fähigkeit, die Last jeder Schattierung unseres inneren Lebens zu tragen. Nur Jesus kann das. Er kennt uns. Wir können ihn nicht schocken. Wir sind nicht zu viel für ihn. Wenn wir mit einer Freundin oder unserem Mann in dem Bestreben, absolut nichts zwischen uns stehen zu lassen, die Wahrheit teilen, dann kann das die Person und die Beziehung überfordern. Du liebe Güte. Natürlich teilen wir nicht alles mit unseren Freundinnen. Wir sind taktvoll. Wir sind ehrlich, aber nur in Liebe.

Ich habe das einmal völlig vermasselt. Ich erzählte einer guten Freundin von negativen Gefühlen, die ich ihr gegenüber empfand. Ich war eifersüchtig auf ihre enge Beziehung zu einer anderen Frau, mit der ich ebenfalls gerne befreundet gewesen wäre. Ich fühlte mich ausgesperrt. Als mir die Dummheit dieser Gefühle angesichts der Wahrheit, dass ich diese Frau liebte, bewusst wurde, bekannte ich ihr meine negativen Gefühle. Ich sagte ihr, wie dumm diese Gefühle seien und dass ich sie zutiefst bereute.

So weit, so gut. Bekennen ist gut für die Seele, aber man sollte zuvor überlegen, wem gegenüber man ein Bekenntnis ablegt. Und für welche Seele ist es gut? Sicherlich nicht für die Person, über die man verletzende Gedanken hegte. Bitte schütteln Sie den Kopf und sagen Sie: „Ich kann kaum glauben, dass Stacy so dumm war, das zu tun." Ich kann es auch kaum glauben. Aber ich war so dumm. Ich bat um Vergebung. Doch Sie wissen genauso gut wie ich, dass Worte, die einmal ausgesprochen wurden, nicht mehr rückgängig gemacht werden können. Wunden können heilen. Schaden kann repariert werden. Vergebung kann geschenkt werden. Doch Worte können nicht gelöscht werden.

Keine Beziehung, weder eine Freundschaft noch eine Ehe, kann die Last vollkommener Offenheit ertragen. Beziehungen sind nicht dazu geschaffen, der Müllplatz jedes negativen Gedankens, jeder negativen Annahme oder jedes negativen Gefühls zu sein. Ich will Ihnen noch ein paar weitere schlimme, aber wahre Beispiele geben.

Als wir noch in Südkalifornien lebten, ging ich in unserem Viertel spazieren und schob meine beiden Söhne im Kinderwagen vor mir her. Der Kleine war gerade ein paar Wochen und sein großer Bruder beinahe zwei Jahre alt. Unser täglicher Spaziergang war jedes Mal der große Ausflug des Tages, der nur von dem Höhepunkt, zum Supermarkt zu fahren, übertroffen werden konnte. Doch an den meisten Tagen war John mit dem Auto unterwegs und so war unser Spaziergang das besondere Ereignis.

An jenem Tag hörte ich eine Frau von der anderen Straßenseite, wo sich eine Schule befand, zu mir herüberrufen. Sie winkte, um meine Aufmerksamkeit zu erlangen, und kam dann mit einem Teenager über die Straße gelaufen. Sie stellte sich und den unglücklichen Jungen, den sie hinter sich her schleifte, vor. Sie sagte mir, sie sei gekommen, damit ihr Sohn sich für die Beleidigungen entschuldigen könne, die er mir am Tag zuvor nachgerufen hatte, als ich mit dem Kinderwagen vorbeigegangen sei. Sie drehte sich zu dem peinlich berührten Jungen um und sagte ihm, wie gemein es sei, mich eine fette Kuh zu nennen und mir eine Reihe weiterer unschöner Namen zuzurufen. Er murmelte eine Entschuldigung, ich nahm sie an, und die Frau – froh, dass sie die Gunst der Stunde genutzt hatte – ging mit ihrem Sohn wieder über die Straße.

Die Wahrheit ist: Ich hatte die Worte des Jungen am Tag zuvor gar nicht gehört. Der Lärm der vorbeifahrenden Autos hatte seine Stimme verschluckt und ich hatte seine gehässigen Worte zum Glück nicht hören können. Jetzt war es anders. Jetzt empfand ich Scham und ich ging nie wieder diese Straße entlang. Sehen Sie, *ich brauchte es nicht zu wissen.*

Okay. Noch eine Geschichte. Eine Frau hatte eine enge Freundin, die in ihrem Beruf zunehmend erfolgreich war. Die Frau ermutigte ihre Freundin, merkte jedoch, dass sie immer mehr von Neid erfüllt war, denn sie hatte keinen so großartigen Erfolg. Um „nichts zwischen sich und ihrer Freundin stehen zu lassen", erzählte sie ihr von ihrem Neid – sie bekannte ihn und wälzte damit die Last auf ihre Freundin ab.

Warum tat sie das? Wer fühlte sich nach diesem Bekenntnis besser? Und wer fühlte sich schlechter?

Liebe Freundin, die anderen müssen nicht alles wissen. Wenn wir mit negativen Gefühlen kämpfen, können wir sie Jesus bringen, vielleicht auch einem Therapeuten, einem Pastor, unserem Ehepartner oder einer anderen, vertrauenswürdigen Freundin. Und wenn wir irgendwann die negativen, blockierenden Gefühle überwunden haben, brauchen wir sie nicht wieder hervorzuholen und auf das Herz der Person zu legen, mit der wir schließlich ins Reine gekommen sind. Wir können einer anderen Person im Namen der „Ehrlichkeit" großen Schaden zufügen.

Als Frauen, die in die Fülle dessen, wozu wir geschaffen wurden, hineinwachsen, sprechen wir nur die Wahrheit aus, die Gott uns zu sagen auffordert, und zwar in Liebe und nur, wenn Gott uns das deutlich gemacht hat.

Kränkungen vergeben

Es passiert so leicht und so häufig, dass man sich missversteht. Wenn man darüber nachdenkt, ist es beinahe ein Wunder, dass Beziehungen trotzdem halten. Der einzige Weg ist die Liebe. Paulus schrieb im 1. Korintherbrief Kapitel 13 Vers 5: „Liebe … ist nicht nachtragend." In liebevollen Beziehungen ist es wichtig, die Listen in unserem Kopf, auf der die Kränkungen unserer Freunde stehen, fortzuwerfen und sie zu ignorieren, wenn sie wieder an die Oberfläche zu kommen versuchen. Viel zu oft halten wir an solchen Listen fest, grübeln darüber nach und nähren sie wie ein verwundetes Tier. Wir sagen, wir hätten vergeben – und wir glauben vielleicht sogar, dass das stimmt –, doch wenn die Liste sich wieder präsentiert, betrachten wir sie mit einer Art krankhafter Befriedigung. „Weißt du noch, was sie getan hat? Erinnerst du dich noch an ihre Worte?" Wir haben den Köder der Kränkung geschluckt und befinden uns in der Falle.

Der Begriff, der in der Bibel für *Kränkung* benutzt wird, bedeutet eigentlich „Köder", die Art von Köder, der in einer Falle ausgelegt wurde, um ein Tier in seinen Tod zu locken.

Kränkungen müssen rasch vergeben werden, sonst werden sie an der Beziehung nagen und sie vergiften. Das Gift sickert heraus und beeinträchtigt auch unsere eigene Seele.

Menschen verletzen uns. Auch wir verletzen und kränken andere. Wir alle tun es mit und ohne Absicht, manchmal sind unsere Gedanken noch mit einer Verletzung beschäftigt, manchmal stecken gar keine Gedanken dahinter. Jesus nahm all unsere Kränkungen auf seinen zerschlagenen Körper, als er für uns starb, und er trug auch all die Kränkungen der anderen. Alles, was er erlitt – die Schläge, die Geißelung, den Spott und schließlich die Kreuzigung –, war mehr als genug, um dafür zu bezahlen. Unsere Kränkungen und die der anderen.

Jemand verletzte mich einmal so schlimm, woraufhin ich richtig aus der Bahn geworfen war und viele böse Gedanken in mir hochkamen, und ich muss bekennen, dass ich mir wünschte, diese Person würde mindestens genauso leiden wie ich. Doch dann sah ich vor meinem inneren Auge das Bild des gefolterten, blutenden Jesus, und der Heilige Geist fragte mich: „Ist das genug Leiden?" Ich schämte mich und gestand, dass es wirklich genug war. Manchmal meinen wir in unserer menschlichen Art, Gerechtigkeit wäre erst dann hergestellt, wenn die Person, die uns verletzt hat, dafür bezahlt. Doch Jesus hat die Rechnung beglichen. Er hat alles bezahlt.

Mit Gottes Hilfe müssen wir uns dazu entscheiden, unserem Gegenüber zu vergeben und die Verletzungen loszulassen. Lassen Sie los! Entfliehen Sie dieser Falle!

Lieber Herr, ich vergebe allen, die mich verletzt haben, und ich segne sie im Namen Jesu. Ich bete, dass du mehr von dir in ihrem Leben offenbarst. Und, Herr, ich vergebe mir selbst die Kränkungen, die ich anderen zugefügt habe. Bitte erfülle mich mit deinem Geist und lebe und liebe durch mich, sodass ich eine Frau nach deinem Herzen werde und andere lieben kann. Im Namen Jesu. Amen.

Unheilige Verbindungen erkennen und durchtrennen

„Blessed be the tie that Binds" ist ein altes Kirchenlied, in dem die Schönheit christlicher Gemeinschaft und Verbundenheit besungen wird. Im Folgenden eine freie Übersetzung des Liedes:

Gesegnet seien die Bande, die unsere Herzen in christlicher Liebe miteinander verbinden; die Gemeinschaft verwandter Sinne ist wie die Gemeinschaft des Himmels.

Vor dem Thron unseres himmlischen Vaters lassen wir innige Gebete hören; unsere Ängste, unsere Hoffnungen, unsere Ziele, unser Trost und unsere Sorgen sind eins.

Wir teilen unsere Leiden und tragen einer des anderen Lasten; und oft vergießen wir füreinander mitfühlende Tränen.[1]

Während der Jesus-Bewegung in den 60er- und 70er-Jahren sangen wir eine aktualisierte Version dieses Liedes, es trägt den Titel: „Wir sind eins in den Banden der Liebe." Durch den Geist Gottes gibt es liebevolle und wunderschöne Verbindungen innerhalb der großen Gemeinde Christi und sie werden durch den Heiligen Geist bewirkt. Diese Gemeinschaft zu erleben ist eine der Freuden des Christseins. „Setzt alles daran, dass die Einheit, wie sie der Geist Gottes schenkt, bestehen bleibt durch den Frieden, der euch verbindet", lesen wir in Epheser 4,3.

Doch leider gibt es auch unheilige Verbindungen. Die Bibel warnt uns davor. Zum Beispiel: „Zieht nicht an einem Strang mit Leuten, die nicht an Christus glauben. Was haben denn Gottes Gerechtigkeit und die Gesetzlosigkeit dieser Welt miteinander zu tun? Wie passen Licht und Finsternis zusammen?" (2. Korinther 6,14). Daraus schließe ich, dass ein Gläubiger und ein Ungläubiger nicht heiraten sollten. Doch die Bibel sagt auch, wenn die beiden bereits verheiratet sind, und einer von beiden zum Glauben kommt, ist das *kein* Grund zur Scheidung.

Ein weiteres Beispiel für eine unheilige Verbindung sind sexuelle Beziehungen außerhalb der Ehe: „Wisst ihr denn nicht, dass auch euer Körper zum Leib Jesu Christi gehört? Wollt ihr wirklich den Leib Christi mit dem einer Hure vereinigen? Niemals! Denn wer sich mit einer Hure einlässt, der wird ein Leib mit ihr. So heißt es schon in der Heiligen Schrift von Mann und Frau: Die zwei werden eins sein mit Leib und Seele" (1. Korinther 6,15-16).

Es gibt einige Missverständnisse und Diskussionen darüber, ob die Bibel von „Seelenverbindungen" spricht. Wir wollen versuchen, das zu klären. Wie auch immer man es zu beschreiben versucht, die Bibel lehrt ganz deutlich, dass es heilige und unheilige Verbindungen zwischen Menschen gibt. Adam und Eva hatten eine heilige Verbindung; sie wurden eins. (Und das geht weit über „das Fleisch" hinaus, wie jedes Ehepaar bezeugen kann, besonders solche, die schon viele Jahre verheiratet sind. Die Verbindung besteht nicht nur auf körperlicher, sondern auch auf seelischer Ebene.) Jonathan und David hatten eine ganz besondere Verbindung: „Nach diesem Gespräch traf David Jonathan, den Sohn des Königs. Vom ersten Augenblick an liebte Jonathan David sehr, ja er liebte ihn mehr als sein eigenes Leben" (1. Samuel 18,1). In einer anderen Übersetzung heißt es: „… da verband sich das Herz Jonathans mit dem Herzen Davids" (LÜ). Es gibt also ganz klar zwischen Menschen Verbindungen auf seelischer Ebene.

Wenn Paulus davor warnt, nicht mit Ungläubigen an einem Strang zu ziehen, dann beschreibt er damit eine unheilige Verbindung. Wenn er Gläubige davor warnt, sexuelle Beziehungen außerhalb der Ehe zu haben, dann warnt er davor, sich mit dieser Person zu verbinden – ganz klar eine Art unheiliger Verbindung. Doch unheilige Verbindungen existieren auch außerhalb sexueller Beziehungen. Es gibt Beziehungen, in denen eine Frau (oder ein Mann) zu viel Einfluss auf eine andere Person ausübt. Die Freundin und ihre Mutter, über die ich in Kapitel 5 schrieb, sind ein gutes Beispiel für eine unheilige Verbindung; die Mutter kontrollierte die Tochter, und meine liebe Freundin fühlte sich machtlos, diese Verbindung zu durchtrennen.

Wenn eine Mutter über ihre erwachsenen Kinder Kontrolle ausübt, dann handelt es sich hier um eine unzulässige Dominanz. Es ist eine seelische Verbindung, die Gott nicht gefällt. Wenn eine Freundin eine andere durch Launen und Drohungen (ob unausgesprochen oder ausgesprochen) kontrolliert, dann liegt eine ebensolche seelische Verbindung vor. Angesichts unserer Verwundbarkeit als Frauen und unserer tiefen Beziehungsfähigkeit müssen wir uns aber unbedingt der Macht dieser Verbindungen bewusst sein.

Wenn sich jemand um uns Sorgen macht, sich über uns ärgert oder uns verurteilt und diese Emotionen dazu führen, dass sich diese Person zwanghaft mit uns beschäftigt, dann handelt es sich um eine unheilige Verbindung. Das ist ganz klar kein Band der Liebe, das durch den Heiligen Geist entstanden ist. Nein, das ist ein ungesundes Band. Solcherlei ungesunde Verbindungen verursachen allen möglichen Schaden. Sie bilden eine Art spirituellen

Verbindungsgang, auf dem die negativen Gefühle oder die anklagende Gesinnung, die bei ihnen Einlass fanden, zu uns herüberkommen und uns beeinträchtigen. Eine seelische Verbindung ist also keine Einbahnstraße.

Meine Mutter und ich hatten eine sehr starke seelische Verbindung. Sie war mehr als ein Verbindungsgang, sie war eher wie eine 6-spurige Autobahn. Wenn ich mit meiner Mutter telefonierte, fühlte ich mich anschließend oft überlastet, schwach und sogar wütend. Ganz langsam wurde mir bewusst, dass meine Gefühle (die vor dem Telefonat nicht da waren) exakt dem entsprachen, was meine Mutter fühlte. Sie war oft überlastet, schwach und wütend und nur zu froh, das alles mit mir zu teilen! Aber ihre Gefühle waren nicht meine eigenen. Ich merkte, dass ich diese seelische Verbindung mit meiner Mutter durchtrennen musste.

Vor vielen Jahren standen John und ich mit viel Engagement einem guten Freund in einer schwierigen Lebenssituation bei. Seine Welt war im Begriff zusammenzubrechen. Wir verbrachten Stunde um Stunde mit ihm, wir berieten ihn und beteten für ihn und seine Familie. Doch nach einigen Wochen verspürten wir in unserer eigenen Familie eine Schwere und ein Gefühl der Verzweiflung. Das war neu für uns, stark und schrecklich. Damals begannen wir zu lernen, was es mit seelischen Verbindungen auf sich hat. Wir hatten für unseren Freund um seinetwillen einen geistlichen Kampf ausgetragen – aber aus unserer eigenen Kraft. Wir hatten eine seelische Verbindung hergestellt, und die Kämpfe und Lasten, die dem Ganzen zugrunde lagen, drangen in unsere Familie vor.

Mit manchen Menschen ist es so, als ob sie das Leben aus uns heraussaugen. Und genau das tun sie. Wenn wir das im Zusammenhang mit einer engen Beziehung empfinden, ist eine ungöttliche Verbindung entstanden, die wir durchbrechen müssen.

In Galater 6 Vers 14 lesen wir: „Ich aber kenne nur einen Grund zum Rühmen: das Kreuz unseres Herrn Jesus Christus. Weil er starb, starb auch diese Welt für mich, und ich bin tot für ihre Ansprüche und Forderungen." Dieser Vers macht deutlich, dass das

Kreuz jegliche Beziehung verändert, auch familiäre Bande. „Wer seinen Vater oder seine Mutter, seinen Sohn oder seine Tochter mehr liebt als mich, der ist es nicht wert, mein Jünger zu sein. Und wer nicht bereit ist, sein Kreuz auf sich zu nehmen und mir nachzufolgen, der kann nicht zu mir gehören" (Matthäus 10,37-38). Alle Verbindungen sind nun der Herrschaft Jesu unterstellt und aus diesem Grund können wir auf gesunde Weise sagen: „Ich bin der Welt gestorben, und die Welt ist für mich gestorben. Ich bin meiner Mutter, meiner Schwester, meiner Freundin und meinem Feind gestorben, und sie sind mir gestorben."

Das einzige Band, das wir um jeden Preis bewahren sollen, ist damit das Band der Liebe durch den Heiligen Geist. Alle anderen sollten durchtrennt werden. Sie werden erstaunt sein, wie frei Sie sein werden und wie gut Sie sich fühlen!

Es ist wichtig zu beachten, dass das Durchtrennen einer seelischen Verbindung mit einer Person nicht dasselbe ist wie das *Ablehnen* dieser Person. Es geht nicht darum, die Person abzuweisen, sondern aus *Liebe* zu handeln. Wir wollen nicht, dass der andere sich zwanghaft an uns bindet, und wir wollen nicht zwanghaft an den anderen gebunden sein. Wir wollen nicht, dass der andere uns kontrolliert, und wir wollen auch nicht den anderen kontrollieren. Wir wollen nicht den Kampf des anderen führen, und der andere will nicht unseren Kampf austragen.

Dieses einfache Gebet kann uns bei unseren Trennungsbemühungen helfen:

Im Namen Jesu Christi und im Angesicht seines Kreuzes durchtrenne ich alle seelischen Verbindungen (nennen Sie sie konkret). Diese Verbindung hat keinen Einfluss mehr auf mich. Ich stelle das Kreuz Christi und seine Liebe zwischen uns. Ich lasse nicht zu, dass der Kampf von (nennen Sie den Namen der Person) sich auf mich überträgt. Ich befehle meinen Geist neu dem Geist Jesu Christi an. Ich vertraue… (nennen Sie den Namen) dir an, Jesus. Ich befehle sie dir an. Segne sie, Gott! Im Namen Jesu, Amen.

Das Geschenk wertschätzen

Der einzige Weg, einen Freund zu haben, besteht darin, selbst einer zu sein.
Ralph Waldo Emerson

Das tiefste Verlangen in jedem menschlichen Herzen ist der Wunsch, geliebt zu werden. Trotz unserer Mängel und Fehler geliebt zu werden, ist ein Vorgeschmack auf den Himmel. Im Himmel „aber werde ich erkennen, wie ich erkannt bin" (1. Korinther 13,12; LÜ). Wir werden vollkommen in das Bild Jesu verwandelt sein, ihn sehen, wie er wirklich ist, und wir werden schließlich vollkommen wir selbst sein. Gott kennt uns in- und auswendig und im Himmel werden wir ihn ebenfalls vollkommen kennenlernen. Auch unsere Freunde werden wir kennen und völlig von ihnen gekannt sein. Sie werden uns nicht nur kennen, sondern sich sogar über uns freuen, uns umarmen, verstehen, feiern, lieben. Was für eine Aussicht!

Und welch ein wundervolles Geschenk ist es, wenn man uns auf dieser Seite des Paradieses schon kennt und gerne mit uns zusammen ist! Das bedeutet Freundschaft.

Ich habe um Freundinnen gebetet. Ich habe sie ausgesucht und bin ihnen gefolgt. Manchmal habe ich mich nach ihnen gesehnt. Doch die besten Freundschaften kamen als Überraschung, als unerwartete Antwort auf Gebete, die ich schon vergessen hatte. Eine Freundin ist ein Geschenk, das direkt von Gottes Herzen zu unserem Herzen gelangt, und niemand gibt vollkommenere Geschenke als unser Gott.

Diese Schätze kommen auf unterschiedliche Weise zu uns. Einmal fand ich eine Freundin, während unsere Kinder im Park spielten und ich ihr half, im Sand zu graben, um das Lieblingsspielzeug ihres Sohnes wiederzufinden. Eine andere saß eines Morgens neben mir im Gottesdienst und hielt genau wie ich ihr Baby auf dem Schoß, statt es in die Betreuung zu geben. Eine andere fand ich, als man sie mir auf einer Party vorstellte und sie mich anschließend schüchtern zu einer Tasse Kaffee einlud. Und eine andere Freundin lernte ich durch einen Hilferuf kennen.

Meine Freundin Jill lebte nicht mehr in unserer Stadt und sandte an alle Bekannten, die noch dort wohnten, eine E-Mail, in der sie um Hilfe für eine liebe Freundin bat. Diese Frau war wie eine geistliche Mutter für sie. Man hatte sie aus ihrer Wohnung gewiesen. Sie war krank, behindert, arm und hilflos und benötigte dringend, dass sich jemand ihrer annahm.

Ich wusste, dass die Dringlichkeit nicht vorgetäuscht war, und ich hatte die Möglichkeit zu reagieren. Indem ich damals einer fremden Person in ihrer Bedürftigkeit zu Hilfe kam, schenkte Gott mir etwas unerwartet Kostbares.

Denn das sind Freundinnen tatsächlich, kostbare Schmuckstücke, die wir schätzen und pflegen sollten. Freundinnen teilen miteinander Kleidung, Rezepte, Mut, Ideen, Glauben und Hoffnung. Wie wundervoll ist es, geliebt und gesehen und ermutigt zu werden. Ich fühle mich überreich gesegnet, weil ich von Frauen umgeben bin, die ganz unterschiedlich alt sind, verschiedene Hintergründe und Interessen haben und die Jesus ebenso sehr lieben wie ich.

Wie glücklich war ich neulich, als ich auf dem Anrufbeantworter die Stimme einer lieben Freundin hörte, die nicht sprach, sondern sang: *„I just called to say I love you …"* („Ich habe nur kurz angerufen, um dir zu sagen, dass ich dich liebe …"). Der Klang ihrer fröhlichen und drolligen Stimme war wie Balsam für meine Seele. Ein Hoch auf das Telefon!

Und ich habe noch eine andere Geschichte, in der das Telefon eine wichtige Rolle spielt. Sie kennen das, Sie sind im Alltagsstress, müssen viele verschiedene Besorgungen machen und möchten Ihren Unmut darüber mit jemandem teilen. Aus diesem Grund rief ich meine Freundin Rosetta an, auch um ein wenig zu jammern. Aber sie ließ das nicht zu, nicht einmal ein kleines bisschen. Stattdessen sagte sie mir mit liebevoller Überzeugung: „Wie toll, dass du rausgehen kannst! Wie großartig, dass du so ein ausgefülltes Leben hast! Wie schön, dass du laufen kannst." Rosettas Leben bestand nicht darin, von einer Besorgung zur anderen zu rennen. Sie rannte gar nicht. Sie konnte noch nicht einmal laufen. Sie lebte im Rollstuhl und kam nicht sehr oft vor die Tür. Doch ihr Geist war so lebendig und hatte eine solche Ausstrahlungskraft, dass ich das manchmal vergaß, wie ich zu meiner Beschämung sagen muss.

Ihre Worte, die Worte einer Freundin, die mich kennt und liebt, öffneten mir die Augen und veränderten meine Sicht der Situation. Freundinnen tun das füreinander.

Rosetta verbrachte viele Tage damit, in ihrer kleinen Wohnung am Fenster zu sitzen, hinauszuschauen und die Aktivitäten anderer Menschen zu betrachten, die nicht behindert waren wie sie. Ihr kleiner Ausblick auf die Welt war ein Fenster der Gnade, und sie lud mich ein, mein Leben durch dieses Fenster zu betrachten. In ihrer Gegenwart bekamen die Dinge wieder den Platz, der ihnen zustand. Sie lehrte mich, dass die Liebe mit einem dankbaren Herzen sieht. Die einfachen Augenblicke, die ich allzu oft als selbstverständlich hinnehme, sind die Perlen, die sich miteinander verbinden und ein wundervolles Leben bilden, doch nur dann, wenn sie durch Dankbarkeit aneinandergereiht, durch Gnade verbunden und mit einer offenen Hand geteilt werden.

Letzten Freitag hatten Rosetta und ich eine gemütliche Unterhaltung miteinander. Wir saßen beide auf unserem jeweiligen Stuhl und sprachen über tief greifende Dinge: Hoffnung, Leiden, die geheimnisvollen Wege Gottes. Als wir uns verabschiedeten, rief sie mir „Auf Wiedersehen" zu. Ich wusste nicht, dass es das letzte Mal sein sollte. Am Sonntagmorgen konnte Rosetta wieder laufen. Sie ist frei und gesund und glücklich, den einen, der ihr Herz gewonnen hatte, von Angesicht zu Angesicht zu sehen. Ich vermisse sie bereits. Ich werde sie weiterhin vermissen. Doch nur für eine Weile. Und während ich sie vermisse, bete ich dafür, dass ich mein Leben weiter durch ein Fenster der Gnade sehen kann und lade andere in liebevoller Freundschaft ein, diese Sicht zu teilen.

9

Durch Leid geformte Schönheit

Es ist gut, dass uns von Zeit zu Zeit alle Stützen weggezogen werden. Dadurch bekommen wir ein Gefühl dafür, was sich unter unseren Füßen befindet: Fels oder Sand.
Madeleine L'Engle

Mein lieber Freund ist zu krank, um seine Chemotherapie fortzusetzen. Es sind fünf oder sechs Behandlungen für ihn vorgesehen, doch sein Körper muss sich erst noch von der vierten Behandlung erholen, bevor er sich auf die nächste einlassen kann. Also wartet er, genau wissend, was auf ihn zukommt. Er wartet darauf, dass seine Kraft zurückkehrt, damit sie erneut angegriffen werden kann. Wer einmal die Geißel der Chemotherapie mitgemacht hat, weiß, wie viel Schmerz, Müdigkeit und Übelkeit damit verbunden sind. Für diejenigen, die sie mitmachen, ist es fast unerträglich, und für diejenigen, die sie lieben, wohl fast noch schlimmer. Ich fragte meinen Freund, ob das Wissen um die Folgen der Therapie das Ganze schlimmer oder leichter mache. Seine Antwort kam ohne Zögern: Das Wissen darum mache das Ganze viel, viel schlimmer.

Wer könnte durch das Leben gehen mit dem Wissen über alles, was kommen wird? Ich jedenfalls könnte es nicht.

Wenn wir uns umschauen, sehen wir überall Menschen, die leiden. Selbst wenn wir in den Spiegel sehen. Wir erwachen jeden Morgen für einen neuen Tag voller Möglichkeiten, doch wir haben keine Ahnung, was uns begegnen wird. Freude? Kummer?

Emily Dickenson sagte einmal: „In jedes Leben muss ein wenig Regen fallen." Sie hat leider die Wolkenbrüche, Wirbelstürme und

Sturmfluten vergessen, und nicht wenige Menschen erleben eine endlose Folge schwerer Gewitter, die unsere Fähigkeit zu atmen hinwegzuschwemmen drohen. Und dennoch sagt Gott, dass uns alle Dinge zum Guten dienen. Ernsthaft? Wie kann aus Leid Gutes entstehen?

Der Fluss

Im Jahr 2011 trat der *Yampa River* in Colorado über seine Ufer. Ein Schneerekord hatte zu einem Anstieg des Wasserstandes des *Lake Powell* um neun Meter und des *Lake Shasta* um mehr als fünf Meter geführt. In *Steamboat Springs*, Colorado, überschwemmte der *Yampa* Parks und Parkplätze und erreichte auch Gärten und Häuser. Man versuchte ihm mit Sandsäcken Einhalt zu gebieten, doch der Fluss brauste weiter, eine braune wogende Wassermasse.

Irgendwann würde der Strom wieder abklingen. Doch das war noch nicht absehbar. Noch hatte die Schneeschmelze nicht aufgehört.

Ich liebe die Wildheit und Macht des Wassers. Ich liebe seine Schönheit, die Freiheit und die unaufhaltsame Kraft, die ihm innewohnt. Und zum Glück befindet sich mein Haus nicht entlang des *Yampa Rivers*. Ich musste meinen kleinen Besitz also nicht mit Sandsäcken schützen. Aber ich betete um Schutz für diejenigen, die davon betroffen waren.

Der Fluss macht, was er will. Die Schneemasse jenes Winters hatte zu Überschwemmungen in allen westlichen Staaten geführt, doch ein Nebenprodukt war das Wachsen einer Unmenge von wilden Blumen im anschließenden Frühjahr. Sie waren traumhaft schön. Violetter Rittersporn und gelber Klee bedeckten die Hügel. Eine Unzahl von Blumen – rot, violett, blau, weiß, gelb – bemalte die Welt mit atemberaubender Schönheit.

Der Preis dafür wurde mit Sandsäcken bezahlt.

Ja, in jedem Leben muss ein wenig Regen fallen. Der Frühling kommt erst nach dem Winter. Tulpen blühen erst, nachdem sie den

Frost überstanden haben. Schönheit entsteht aus Asche. Doch zu welchem Preis?

Der Grand Canyon wurde über unzählige Jahre hinweg vom Wasser zu einem der atemberaubendsten Naturschauspiele der Welt geformt. Auch mein Gesicht wird geprägt. Meine Seele wird geformt. Es sind Kräfte am Werk, die mich – mein Leben, meine Sicht und meinen Glauben – formen, indem sie mich schleifen und verändern. Der Prozess ist manchmal schmerzlich und manchmal bleibt er unbemerkt. Und die Auswirkungen? Oh, wenn wir die Gnade annehmen könnten, die wundervollen Auswirkungen der Arbeit unseres unermüdlichen, leidenschaftlichen und liebenden Gottes zu sehen, der unser Leben, unseren Körper, unser Gesicht und unsere Seele formt.

Der Regen dient einem Zweck. Auch Überflutungen dienen einem Zweck. Und sogar das Leiden dient einem Zweck.

In schwierigen Umständen Frieden finden

Wie begreifen Sie Ihr Leben? Warum hat es sich so anders gestaltet, als Sie es sich vorgestellt hatten? Wie gehen Sie mit der Willkür des Lebens um? Das Telefon klingelt, und Sie haben keine Ahnung, was auf Sie zukommt. Es könnten großartige Neuigkeiten sein. Es könnte eine alte Freundin sein, die sich wieder meldet. Vielleicht haben Sie ein Auto gewonnen! Es könnte aber auch etwas völlig anderes sein.

Neulich ging ich mit einer Freundin zur Mammografie. Sie hatte vorgeschlagen, dass wir gemeinsam hingehen, um es wirklich zu *tun*, und anschließend gemeinsam essen zu gehen, um zu feiern, dass wir es hinter uns gebracht hatten. Und so machten wir es. Eine Woche später sah ich sie wieder und fragte: „Hast du den Bericht von der Untersuchung bekommen?" Sie hatte keinen Bericht bekommen. Man hatte sie angerufen. Sie musste erneut eine Mammografie machen lassen, anschließend eine Biopsie. Und der Kampf um ihr Leben begann. Ich kam wie immer aus der Untersuchung heraus, und sie erfuhr, dass sie Brustkrebs im fortgeschrittenen Stadium hatte. Es war, als ob man unsere Namen in einen Hut gesteckt hätte, und dieses Mal wurde ihr Name gezogen.

In Johannes 16 Vers 33 sagt Jesus: „In der Welt habt ihr Bedrängnis" (ELB). Ist er nicht der Meister der Untertreibung?

Das Christentum birgt kein Versprechen, das Leben ohne Schmerzen zu genießen oder eine Abkürzung zu nehmen. Aber es birgt das Versprechen, dass Schmerzen, Kummer und Sünde – sowohl unsere als auch die der anderen – uns nicht verschlingen, zerstören oder das letzte Wort haben werden. Jesus hat den Sieg errungen. Und in ihm sind auch wir Sieger.

Ich möchte nichts mit einem Gott zu tun haben, der sich nur gelegentlich um mich kümmert. Ich brauche einen Gott, der immer und überall bei uns ist, in den tiefsten Tiefen genauso wie in den höchsten Höhen. Wenn die Dinge falsch laufen, wenn keine guten Dinge passieren, wenn unsere Gebete verloren erscheinen, dann ist Gottes Gegenwart am stärksten. Wir brauchen seine bergenden Schwingen nicht, wenn alles reibungslos funktioniert. Wir sind Gott am nächsten, wenn es dunkel ist und wir blind dahintaumeln.
                                                    Madeleine L'Engle

Niemand hat ein schmerzfreies Leben. Ich weiß, dass das Leben mancher Frauen aus einer gewissen Entfernung ziemlich perfekt aussieht, aber eben nur aus einer gewissen Entfernung. Wenn man ihnen näher kommt, erfährt man die Wahrheit. Ein Leben ohne Leid ist ein Fantasieleben, und wir leben nicht in einer Fantasiewelt. Nein, unser Leben gleicht eher einem Märchen mit bösen Hexen und Drachen. In Märchen werden liebe Großmütter von bösen Wölfen verschlungen und kleine Mädchen laufen allein und furchtsam durch den Wald.

Jeder wird schwierige Zeiten erleben. Unser Zuhause befindet sich weit weg von Eden. Wir leben in einer gefallenen Welt mit gebrochenen Menschen, und wir selbst sind noch nicht völlig so, wie wir sein sollten. Das Leben ist an den meisten Tagen schwierig, aber manchmal ist es unermesslich schmerzvoll.

Petrus schreibt: „Meine lieben Freunde! Wundert euch nicht über die heftigen Anfeindungen, die ihr jetzt erfahrt. Sie sollen euren Glauben prüfen und festigen und sind nichts Außergewöhnliches." Aber wir wundern uns, nicht wahr? Wir fragen uns, was wir falsch gemacht haben. Oder haben wir uns in Gott getäuscht? Was wir von Gott glauben, wird durch Schmerz schnell hinterfragt. Wie ist er *tatsächlich*? Ist er gemein? Ist er hart? Ist er uns böse? Kümmert er sich nicht um uns? Sieht er nicht, was passiert? Sind wir vielleicht durch die Risse im Universum gefallen? Das Erste, was schmerzvolle Prüfungen mit uns zu machen versuchen, ist, uns von Gott zu trennen. Doch von Gott getrennt zu sein ist das Allerschlimmste, was uns passieren kann, viel schlimmer als die schrecklichste Prüfung.

Wenn das Leid kommt, sollten wir nicht sofort mit Schlussfolgerungen bei der Hand sein. Aber es ist eine gute Idee, Gott zu fragen: „Was ist los? Was passiert hier eigentlich?" In diesem Frühjahr hat eine schlimme Grippe unsere Stadt heimgesucht. Wir waren alle ziemlich krank, doch eine Freundin traf es besonders schlimm. Während ihrer Krankheit sprachen wir miteinander und sie bekannte: „Ich wünschte, ich könnte lernen, was Gott mir beibringen will, damit ich diese Grippe überwinden kann." Was dachte sie von Gott? Sie ging davon aus, dass jede Krankheit von ihm kommt. Und das ist einfach nicht wahr. Wir leben in einer gefallenen Welt. Die Grippe geht um und Krankheit ist keine Strafe Gottes. Er wartet nicht darauf, dass meine Freundin eine tiefere Wahrheit über sich selbst begreift oder für irgendeine verborgene Sünde Buße tut, um sie zu heilen. Er hält sie nicht hin, damit sie schließlich irgendwann die Kurve kriegt und er sie segnen kann. Er ist kein gemeiner Gott, sondern ein Gott der Liebe, voller Gnade und Barmherzigkeit. Es ist seine Freundlichkeit, die uns zur Buße bewegt, nicht seine Grausamkeit. Gott benutzt schmerzvolle Prüfungen, auch die Grippe, um uns zu formen, aber er bewirkt nicht jede dieser Prüfungen.

Einige meiner Leserinnen werden hier ein wenig mehr Erklärung brauchen, denn man hat ihnen beigebracht, dass Gott der Ursprung aller Dinge ist. Sie mussten also mühsam schlucken und akzeptieren, dass Gott bewirkt hat, dass sie sexuell missbraucht wurden, dass ihre Mutter früh starb, dass ihr Sohn oder ihre Tochter den Glauben aufgegeben hat. Liebe Freundinnen, das ist eine ganz schreckliche Sicht von Gott und eine absolute *Irrlehre*. Hören Sie gut zu:

> *Niemand, der in Versuchung gerät, kann behaupten: Diese Versuchung kommt von Gott. Denn Gott kann nicht vom Bösen verführt werden, und er verführt auch niemanden zum Bösen. Es sind vielmehr unsere eigenen selbstsüchtigen Wünsche, die uns immer wieder zum Bösen verlocken. Geben wir ihnen nach, dann haben wir das Böse empfangen und bringen die Sünde zur Welt. Sie aber führt unweigerlich zum Tod.* Jakobus 1,13-15

Jakobus sagt ganz klar, dass Gott niemanden zum Bösen verführt und auch nicht bewirkt, dass jemand sündigt. Doch wir werden täglich versucht; wir sündigen täglich. Also passieren täglich Dinge, die Gott *nicht* bewirkt. Gott bewirkt niemals, dass jemand sündigt, und trotzdem sündigen die Menschen täglich, *und diese Sünden haben furchtbare Folgen*. Nicht Gott bewirkt diese Dinge. Verstehen Sie, was für ein entscheidender Unterschied das ist?

In seiner souveränen Macht schuf Gott eine Welt, in der die Entscheidungen der Menschen berücksichtigt werden. Wir sind keine Marionetten. Wenn jemand sündigt, dann ist nicht Gott der Ursprung dieser Sünde. Jener sexuelle Missbrauch wurde nicht von Gott arrangiert. Gott hat nicht bewirkt, dass Ihr Bruder geschändet wurde, und genauso wenig hat er dafür gesorgt, dass die Terroristen jenen Bahnhof angriffen.

Es ist ungemein wichtig, dass wir mit unserer *Interpretation* von Ereignissen vorsichtig sind. Wir müssen Gott um Hilfe bitten, damit wir den Sinn des Ganzen verstehen. Doch um Himmels willen machen Sie nicht Gott für die Sünde der Welt verantwortlich. Seit dem Sündenfall Adams und Evas ist diese Welt zutiefst zerbrochen. Die Sünde trat in die Welt und die Natur selbst wurde zerstört. Krankheiten traten auf. Vielleicht haben Sie gerade eine schlimme Grippe, weil jemand an der Kasse im Supermarkt auf Ihre Bankkarte geniest hat, oder Ihr Kind hat die Grippe aus der Schule mitgebracht. Gott hat die Viren nicht zu Ihnen geschickt, damit Sie sich anstecken.

Doch Gott kann das Leid dieser Welt benutzen, um uns zu formen, und er tut es. Vielleicht haben Sie die Grippe, weil Sie Ihr Leben mit halsbrecherischer Geschwindigkeit gelebt haben und nicht bereit waren, sich auszuruhen und Ihrem Körper Erholung zu gönnen. Vielleicht. Wir müssen Jesus bitten, uns seine Interpretation zu erklären. Unsere *Interpretation* der Dinge wird dann alles, was daraus folgt, beeinflussen. Es wird unsere Gefühle, unsere Perspektive und unsere Entscheidungen beeinflussen. Aber was passiert, wenn Sie die Dinge falsch interpretiert haben?

Das Wichtigste zuerst

John und ich lernten vor langer Zeit, dass wir in leidvollen Situationen uns entweder um das Begreifen bemühen oder Jesus vertrauen können. Und wenn wir unbedingt begreifen wollen, was uns gerade widerfährt, verlieren wir in der Regel beides. Aus diesem Grunde möchte ich Ihnen raten, dass Sie zunächst einmal tief durchatmen, wenn Ihnen Leid zustößt, und anschließend Jesus in dieses Leid einladen, indem Sie beten: *Jesus, nimm mein Herz.* Wenn Ihnen schwierige Dinge zustoßen, fragen Sie Gott unbedingt, was los ist – bitten Sie ihn, Ihnen die Sache zu erklären. Doch egal ob er Ihnen die Zusammenhänge dieser Situation erklärt oder nicht, laden Sie Jesus ein. Lassen Sie ihn in Ihren Schmerz hinein. Und auch die anderen Dinge, die durch unser Leid an die Oberfläche treten – schmerzvolle Erinnerungen, Unglaube, Selbstverachtung –, dürfen wir Jesus anvertrauen, indem wir beten: *Lieber Herr, bitte begegne mir hier. Ich brauche dich.*

Erlauben Sie Ihrem Leid die Tür zu sein, durch die Sie gehen, um noch näher bei Jesus zu sein. Unser Leiden kann das bewirken, wenn wir es zulassen. Und auch wenn wir niemals freiwillig diese Tür wählen würden, werden wir es nie bereuen, sie benutzt zu haben.

Können Sie sich noch an den Autoaufkleber „Jesus ist die Antwort" erinnern? Früher machte ich mich darüber lustig. „Auf welche Frage?", dachte ich immer. Vielleicht auf: „Wie lange muss man Ofenkartoffeln backen?" – „Jesus." „Wo sollte ich mein Auto versichern?" – „Jesus." Doch je älter ich wurde, desto klarer konnte ich sehen, dass der Aufkleber recht hat. Jesus *ist* die Antwort. Er ist die Antwort auf jede schwerwiegende Frage meines Herzens und jedes grundlegende Bedürfnis meiner Seele. Und wenn ich verzweifelt bin, kommen all diese Fragen und Bedürfnisse mit ganzer Macht nach oben.

„Denn wenn sie in Bedrängnis waren, litt auch er" (Jesaja 63,9). Wenn es uns schlecht geht, ist Gott auch bekümmert. Jesus versteht Kummer, die Erfahrung des Verrats, Verlassenheit, Einsamkeit, Sorgen und Schmerzen. Er ist mit dem Leid vertraut. Es ist ihm nicht gleichgültig. Er sorgt für uns.

Und in Hebräer 13 Vers 5 verspricht uns Gott: „Ich lasse dich nicht im Stich, nie wende ich mich von dir ab." Der griechische Originaltext ist schwierig zu übersetzen, denn auf das Wort „nie" wird ein ganz besonderer Nachdruck gelegt – es ist eine dreifache Verneinung. Gott will, dass wir wissen, dass er uns nie, nie, nie verlassen wird. Nie. Niemals. Er hat versprochen, uns nie zu verlassen oder aufzugeben, egal, was wir getan haben oder welches Leid wir durchmachen. Daran können wir uns festhalten.

Lassen Sie es mich noch einmal sagen: Lassen Sie das Leid die Tür sein, durch die Sie gehen, um noch näher bei Jesus zu sein. Lassen Sie es zu, dass das Leid eine heiligende Rolle spielt.

Denn Gott bewirkt nicht alle Schwierigkeiten unseres Lebens, doch er benutzt sie. Er lässt alles „zu unserem Guten mitwirken".

Er benutzt Schmerz, um unsere falschen Gedanken über unser Herz und über sein Herz zu korrigieren. Er benutzt Schmerz, um eine Stelle in uns zu berühren, die zuvor verwundet wurde, sodass unsere Wunde offengelegt wird und Gott sie heilen kann. Er benutzt Leid, um die Treue, Freundlichkeit und unendliche Liebe Jesu zu uns zu offenbaren.

Sehen Sie, es geht hier um viel mehr als das, was man mit bloßem Auge erkennen kann. Um das menschliche Herz wird ein Kampf ausgefochten. Wollen wir angesichts unserer zerrütteten Welt Gott lieben und auf seine Güte vertrauen? Werden wir an unserem Glauben festhalten, dass Gott unsere Anbetung verdient, auch angesichts unserer völlig zerbrochenen Welt?

Der Geist des Herrn ruht auf mir, weil er mich berufen hat.
Er hat mich gesandt, den Armen die frohe Botschaft zu bringen
und die Verzweifelten zu trösten.
Ich rufe Freiheit aus für die Gefangenen, ihre Fesseln werden nun
gelöst und die Kerkertüren geöffnet.
Ich rufe ihnen zu: „Jetzt erlässt Gott eure Schuld!"
Doch nun ist auch die Zeit gekommen, dass der Herr mit seinen
Feinden abrechnet. Er hat mich gesandt, alle Trauernden zu
trösten.
Vorbei ist die Leidenszeit der Einwohner Jerusalems! Sie streuen
sich nicht mehr voller Verzweiflung Asche auf den Kopf, son-
dern schmücken sich mit einem Turban.
Statt der Trauergewänder gebe ich ihnen duftendes Öl, das sie
erfreut.
Ihre Mutlosigkeit will ich in Jubel verwandeln, der sie schmückt
wie ein Festkleid.
Wer sie dann sieht, vergleicht sie mit Bäumen, die der Herr
gepflanzt hat.
Man wird sie „Garten des Herrn" nennen, an dem er seine Größe
und Macht zeigt.   *Jesaja 61,1-3*

Dieser Text ist der womöglich schönste Abschnitt der ganzen Bibel. Wenn Sie bereits Bücher von mir oder John gelesen haben, dann wissen Sie, dass dies unsere Lieblingsverse sind. Denn Jesus hat erklärt, dass er gekommen ist, um genau *das* zu tun. Er sagte, er ist gekommen, um zerbrochene Herzen zu heilen und Gefangene zu befreien. Er kam, um uns zu stärken, durch ihn selbst. Er kam, um Trauernde zu trösten, um ihre Trauergewänder durch duftendes Öl zu ersetzen und ihre Mutlosigkeit durch Jubel. Er sagte, dass am Abend Kummer da sein kann, doch die Freude kommt am Morgen. Sie kommt mit dem Morgenstern. Sie kommt mit Jesus. Jesus ist die Antwort. Immer.

Wie finden Sie Frieden mitten in schwierigen, schmerzlichen Situationen? Suchen Sie nicht krampfhaft danach, sondern lassen Sie sich vom Frieden finden. Er ist gerade dort, wo Sie sich befinden, mitten in Ihrem Leben.

Es ist wichtig, dass wir mitten in unserer Freude, unserer Geschäftigkeit, unseren Sorgen und unserem Leid unseren Blick auf Jesus richten. Laden Sie Jesus in alles ein. Bitten Sie ihn, Ihnen einmal mehr zu zeigen, dass er tatsächlich der ist, der er zu sein sagt. Er sagt von sich, dass er unsere Kraft ist, unser Schild, unser Fels, unsere Zuflucht, unser Zufluchtsort, unser Erlöser, unser großer Tröster, unser treuer Begleiter und unser Freund, der immer bei uns ist. Jesus sagt, er sei der allmächtige Gott, der Prinz des Friedens. Wir können ihm vertrauen.

Jesus ist der Einzige, der die tiefsten Bedürfnisse unseres Herzens stillen kann, und er möchte, dass wir wissen, wie tief, wie leidenschaftlich seine Liebe zu uns ist – so tief, dass er Himmel und Erde in Bewegung gesetzt hat, um unsere Bedürfnisse zu stillen. Er ist der Einzige, der uns nie enttäuschen und uns niemals verlassen wird; der Einzige, der uns zutiefst tröstet und uns in jedem Augenblick unseres Lebens vollkommen liebt. Laden Sie ihn ein.

Schönheit wird kommen

Meine Mutter konnte sehr pedantisch sein. Zum Beispiel durften wir nicht über den Teppich im Wohnzimmer gehen, damit wir keine Fußabdrücke hinterließen. Sie konnte auch barsch zu mir sein. Manchmal war sie sehr kontrollierend und fordernd. Sie machte in vielerlei Hinsicht Fehler. Sie machte natürlich nicht *nur* Fehler, aber sie hatte ihre rauen Kanten. Und meine Mutter liebte Jesus. Als der Krebs begann, ihren Körper zu verwüsten, als sie einundsiebzig Jahre alt war, setzte eine erstaunliche Veränderung bei ihr ein. Meine Mutter wurde weicher; sie wurde freundlicher als zuvor – oder jedenfalls war sie häufiger freundlich. Sie hörte auf, alles kontrollieren zu wollen. Es war ihr nicht mehr wichtig. Sie hörte auf, fordernd zu sein und Kritik zu üben. Sie sagte öfter als je zuvor „Ich liebe dich". Die Schönheit, die schon immer da gewesen war, trat nun auf erstaunliche Weise in den Vordergrund. Unsere vier letzten gemeinsamen Monate waren in Bezug auf Liebe und Beziehung die besten Momente, die wir je miteinander erlebt haben.

Meine Mutter litt in den letzten Monaten ihres Lebens sehr. Auch in den Jahren zuvor hatte sie viel gelitten. Doch in jenen letzten Lebensmonaten stützte sie sich so sehr auf Gott, dass sie seine Liebe in ganz intensiver Weise erfuhr und ihr Herz mit Frieden, Ruhe und Freude erfüllt wurde. Sie konnte nicht mehr schlucken und musste über eine Sonde ernährt werden. Selbst einen kleinen Schluck Wasser konnte sie nicht auf normalem Weg zu sich nehmen. Sie hoffte, wenn sie diese Erde verlassen und den Himmel betreten würde, dass Jesus dort mit einem großen Glas eiskalten Wassers auf sie warten würde.

Meine Mutter führte ihr Leben lang Tagebuch. Es waren kleine Eintragungen über das tägliche Leben. Einige Monate nach ihrem Tod las ich die Eintragungen ihres letzten Lebensjahres, als eine Notiz mit ihrer schönen Handschrift aus dem Büchlein herausfiel. Darauf stand:

Ich möchte den wundervollen Priestern und Gemeindegliedern von St. Edwards und San Felipe de Jesus für ihre Gebete während meiner Krankheit danken. Meine Diagnose kam unerwartet, und die Krankheit war die fantastischste, lohnendste und großartigste Zeit, die Gott mir je geschenkt hat. Ich danke Gott, dem Vater, dem Sohn und dem Heiligen Geist aus tiefstem Herzen.

Mary Jane Morris

Meine Mutter war dankbar in ihrem Leiden – sie dankte nicht *für* das Leiden, sondern für das, was es in ihrem Leben bewirkte. Durch das Leiden wurde sie offen für Beziehungen; sie konnte sehen, wie viel wichtiger Liebe ist als saubere Teppiche und eine makellose Küche; sie wurde fähig, Liebe zu geben und zu empfangen. Und obwohl ihr Kampf gegen den Krebs mit dem Tod endete, nannte sie das, was sie durch diesen Kampf gelernt hatte, „die fantastischste, lohnendste und großartigste Zeit, die Gott mir je geschenkt hat".

Und jetzt trinkt sie lebendiges Wasser!

Der Bruder eines guten Freundes, Lance, ging erst kürzlich heim zu Gott. Er war dreißig Jahre alt und hatte die letzten achtzehn Monate seines Lebens mutig gegen einen bösartigen Hirntumor gekämpft. Einige Tage vor seinem Tod schrieb seine trauernde Mutter Folgendes: „Vater Richard hat mir geholfen, diese Wahrheit zu verstehen: Wenn wir nicht zulassen, dass der Schmerz uns verwandelt, dann werden wir den Schmerz weitergeben ... Denken wir darüber nach ... Mögen all unser Kummer und unsere Verluste in Barmherzigkeit verwandelt werden." Die Schmerzen und der Kummer unseres Lebens werden von unserem liebenden Gott dazu benutzt, uns zu verwandeln. Geben wir seinem machtvollen, heiligenden Wirken Raum.

Ich bin von Menschen umgeben, die ihr Leben Jesus immer mehr anvertrauen. Sie verstehen vielleicht nicht, warum bestimmte Dinge passiert sind, doch sie halten an dem Vertrauen fest, dass Gott gut ist – egal, was geschieht. Auch unser Freund Scott hat gelernt, Gott in allem zu vertrauen. Am achtundzwanzigsten Jahrestag seines

Falls von einer Leiter, der zu einer Lähmung von der Hüfte abwärts geführt hatte, sandte er uns eine Karte, auf der einfach nur stand: „Ich bedaure nichts." Als wir das lasen, traten John und mir Tränen in die Augen.

Gott hat meiner Mutter nicht den Krebs geschickt, genauso wenig wie er Scotts Unfall bewirkt hat. Er war nicht die Ursache dafür. Aber er hat diese Dinge benutzt. Er benutzt solches Leid, um uns zu zeigen, wer er wirklich ist – im Angesicht von Tragödien und Schmerz. Er benutzt es auch, um uns zu zeigen, wer wir wirklich sind. Jesus möchte, dass wir wissen, wer wir sind. Er möchte, dass wir uns so sehen, wie unser himmlischer Vater uns sieht.

Wenn ich über all das nachdenke, merke ich, dass ich eine Frau werden möchte, die Gott in der Freude genauso verzweifelt braucht wie im Leid. Im Moment ist das noch nicht so. Nichts bringt mein Herz so wirksam dahin, mich vollkommen in Gottes Arme zu werfen, wie Zeiten des Kummers. Es kann die Trauer darüber sein, wie sehr ich gegenüber meinem Mann und meinen Söhnen versagt habe. Es kann die Trauer sein über meinen Egoismus, der eine Freundin verletzt hat. Es kann der Schmerz angesichts des Leides sein, das ein geliebter Mensch gerade erlebt. Nichts treibt mich so sehr in Gottes Arme wie der Schmerz. Vielleicht wird das auch einmal mit der Freude so sein.

Danke

Ich behaupte nicht, dass Leid immer positive Auswirkungen hat. Ich habe Frauen gesehen, die durch Leid hart, zornig und eifersüchtig geworden sind. Sie beneideten andere, die nicht auf ihre Weise litten. Sie gingen sogar so weit, den anderen das gleiche Leid zu wünschen, „damit sie wissen, wie das ist". Das ist eine furchtbare Tragödie.

Wie aber können wir dahin kommen, dass unser Leid seine positive Wirkung entfalten kann, anstatt uns neidisch, hart und zornig zu machen?

Zunächst einmal müssen wir ehrlich Bilanz ziehen und überlegen, was wir mit unserem Leid *getan* haben. Was haben wir zugelassen? Sind wir ängstlich geworden? Kontrollierend? Haben wir Bitterkeit gegen Gott und andere in unserem Herzen entstehen lassen? Wenn dem so ist, sollten wir diese Dinge ganz schnell Jesus anvertrauen, denn sie sind wie ein Krebsgeschwür für unsere Seele und zerstören, was Gott wunderbar machen möchte. Wir müssen unseren Zorn, unseren Neid, unser Streben nach Kontrolle und unsere Bitterkeit loslassen. Wir müssen Jesus bitten, unser Herz und unsere Seele von diesen Dingen zu befreien, und gemäß Jesaja 61 beten:

Jesus, heile mein zerbrochenes Herz, befreie mich von aller Dunkelheit. Tröste mich in meinem Leid. Reinige mich von allem Bösen, das in mir Raum gefunden hat. Tröste mich. Gib mir ein Festgewand statt eines Trauergewandes. Lass mich hier, mitten im Leid, schön werden. Gib mir anstatt der Traurigkeit und Sorge dein Freudenöl. Gib mir einen Geist des Jubels statt der Verzweiflung. Rette mich!

Ich glaube, wir können den Heilungsprozess beschleunigen, und den Schlüssel dazu finden wir in dem letzten Satz: Jubel statt Verzweiflung. Nichts – wirklich nichts – macht die schädlichen Auswirkungen des Leides so wirksam zunichte wie unsere Entscheidung, Jesus mitten in unserem Leid zu lieben und ihn zu loben.

Ich sprach neulich mit einer Freundin, deren beide Hände wegen des Karpaltunnelsyndroms eingegipst waren und die darüber hinaus auch noch an einer schweren Fibromyalgie litt, die jede Bewegung schmerzhaft sein ließ. Außerdem war ihre autistische Tochter von der Schule heimgeschickt worden, weil sie wieder einmal ein anderes Kind bedroht hatte. Meine Freundin liebt Gott und glaubt an sein Wort, also glaubt sie, dass sie Gott für diese Dinge danken muss, auch wenn sie sie nicht begreift. Wirklich? Danke für die Krankheit und die tiefe Traurigkeit?

Nein.

Die Bibel lehrt uns nicht, Gott *für* alle gemeinen, bösen, harten, schmerzlichen, qualvollen Dinge, die in unserem Leben geschehen, zu danken. Das ist nicht gemeint. Es würde ja bedeuten, dass wir das Böse gut nennen. Und die Bibel sagt ganz deutlich, dass wir das niemals tun sollten. Nein, liebe Schwester, die Bibel sagt Folgendes: „Freut euch, was auch immer geschieht! Lasst euch durch nichts vom Gebet abbringen! Dankt Gott in jeder Lage! Das ist es, was er von euch will und was er euch durch Jesus Christus möglich gemacht hat" (1. Thessalonicher 5,16-18; NGÜ). Dankt Gott *in* jeder Lage, nicht *für* jede Lage.

Wenn wir Jesus in unserem Schmerz lieben, erlauben wir ihm, in unseren Schmerz *hineinzukommen*.

Unsere Dankbarkeit öffnet geistliche Fenster, die Gott in unser Innerstes hineinlassen, sodass er unser Leben, unsere Gedanken, unser Verständnis und unsere Sicht mit seiner Gegenwart füllen kann. Sie öffnet Türen für die Segnungen, die Gott über unser Leben ausgießen möchte. Und wir werden zu immer mehr Dankbarkeit geführt, Dankbarkeit für unsere Lebensgeschichte, sowohl für die fröhlichen als auch für die leidvollen Zeiten. Für die goldenen Augenblicke, die wir für immer in liebevoller Erinnerung halten, als auch für die schrecklichen Momente, die wir scheinbar nicht vergessen können. Wir sind auf dem Weg dahin, Gott über all diese Dinge hinaus zu verherrlichen. Ja, über *alles* hinaus.

In ihrem Buch *Du bist bei mir* schreibt Sarah Young:

Dankbarkeit ist jedoch keine magische Formel. Sie ist die Sprache der Liebe, die dich in die Lage versetzt, vertraut mit mir zu kommunizieren. Wenn du eine dankbare Grundeinstellung hast, bedeutet das nicht, dass du die Realität mit ihren unzähligen Problemen leugnest. Vielmehr bin ich selbst der Grund deiner Freude – und das inmitten der Anfechtungen und Herausforderungen. Ich bin deine Zuflucht und Stärke, ein bewährter Helfer in Zeiten der Not.[1]

Als Jesus von den Toten auferstand und seinen Jüngern erschien, war Thomas nicht dabei. Also kam Jesus noch einmal zu ihnen, als auch Thomas anwesend war. Wissen Sie noch, wie Jesus bewies, dass es wirklich er war, dass er auferstanden und noch derselbe Jesus war, den sie gekannt und geliebt hatten? Er forderte Thomas auf: „Lege deine Hand auf meine Wunden." Jesus trug noch immer seine Narben, und er hat sie heute noch. Sie sind seine Herrlichkeit. Sie sind das, wofür wir ihn am meisten anbeten. Und wenn wir einmal die Herrlichkeit erreichen, werden auch wir noch unsere Narben tragen. Doch sie werden wunderschön sein, so wie seine.

Die Geschichte meines Lebens und die Kämpfe, mit denen ich gelebt habe – und noch immer lebe –, haben dazu beigetragen, mich zu der Frau zu formen, die ich heute bin und zu der Frau, die ich zu werden im Begriff stehe. Meine Wunden, meine Kämpfe, meine Versäumnisse, meine Freuden, meine ganz privaten, langen Kämpfe haben meine Seele zu etwas Wunderschönem gestaltet, zu etwas Ewigem, und für Sie gilt genau dasselbe.

Nun, wir können uns gegen diesen Prozess wehren oder aber wir beugen uns ihm. Meine liebe Mutter hatte ihre rauen Kanten; Sie haben Ihre und ich habe meine. Wir können selbst wählen, ob das Leid uns weicher oder härter macht. Wir können entscheiden, ob wir durch Leid barmherziger werden oder aber neidisch. Wir können wählen, ob wir Jesus mitten im Leid lieben oder ihm wegen des Leides grollen. Allein unsere Entscheidung führt dazu, dass wir schöner werden.

Die Schmerzen, die wir erleben, unsere Sorgen und Kämpfe, dienen einem Zweck. Gott *lässt* alle Dinge zu unserem Guten mitwirken. Er ist dabei, ein atemberaubendes Kunstwerk zu gestalten. Die Schönheit, die durch die Kraft des Leidens in uns geformt wird, ist so beschaffen, dass sie uns mit ewiger Dankbarkeit erfüllt.

10

In die Freiheit taumeln

Zur Freiheit hat uns Christus befreit! So steht nun fest und
lasst euch nicht wieder das Joch der Knechtschaft auflegen!
Galater 5,1 (LÜ)

Vergangenen Samstag gingen John und ich zusammen in den Zoo.
Ich liebe es, Löwen, Schneeleoparden, Giraffen, Elefanten, Goril-
las, Piranhas und im Dunkeln leuchtende Ruderfrösche zu sehen.
Es gab dort auch eine verblüffende Abteilung mit orientalischen
Vögeln, die kunstvoller geschmückt waren als Geishas. Nie zuvor
habe ich etwas Ähnliches gesehen. Es gab Flamingos, kalifornische
Kondore und zwei Weißkopfadler, die in einem sehr hohen Gehege
gehalten wurden. Und dann war da eine Schildkröte, die auf dem
Grund von Flüssen lebt und die hässlicher war als alles, was ich je
gesehen hatte. Verrückt. Wundervoll.

Später am gleichen Tag gingen wir zum Wandern in die Berge.
Es war ein wundervoller, sonniger Tag, an dem ein frischer Wind
wehte. Als wir wieder unten angelangt waren, hielten wir beim Ruf
eines Falken an und schauten nach oben, wo sich drei von ihnen
in die Höhe schwangen, dann wieder rasend schnell hinabtauch-
ten, um dann wieder aufzusteigen, immer höher und höher. Sie jag-
ten einander, schwebten dann gleichmäßig durch die Luft – es war
Luftgymnastik, die an Engel denken ließ.

Sie waren atemberaubend. Sie waren *frei*.

Ich war traurig, als ich an die Wildvögel denken musste, die ich
noch kurz zuvor in Gefangenschaft gesehen hatte. Ich bin keineswegs gegen Zoos, doch diese Vögel wurden nicht dazu geschaffen,

in Käfigen zu leben. Dort können sie ihr Leben nicht voll auskosten. Natürlich war es im Zoo wundervoll, Weißkopfadler so aus der Nähe zu sehen. Wie riesig sie sind! Aber ich habe auch schon Weißkopfadler gesehen, wie sie am Ufer des *Snake River* Fisch fraßen, wie sie vom Wipfel einer stattlichen Kiefer auf ihr Gebiet herabschauten und wie sie direkt über ihren Nestern mit Goldadlern kämpften.

Freiheit ist besser als Gefangenschaft.

Warum also sollte irgendjemand die Gefangenschaft wählen? Warum leben wir so lange in den Bindungen, in die wir verstrickt sind? Im Buch Jesaja gibt es einen Text, den wir während unserer Frauenkongresse auf die Leinwand projizieren:

Schüttle den Staub ab, steh auf, Jerusalem, du Gefangene!
Mach dich los von den Fesseln deines Halses, du gefangene
  Tochter Zion! Jesaja 52,2; LÜ

Mach dich los von den Fesseln? Ist es nicht Jesus, der uns befreit? Ja, tatsächlich tut er das. Er hat es bereits auf eine Weise getan, die uns den Atem raubt. Doch wir haben unseren Teil dazu beizutragen.

Aber warum wählt irgendjemand die Gefangenschaft? Nun, Gefangene werden mit Nahrung versorgt, und zwar regelmäßig. Sie sind sicher in ihren Käfigen, ihren Zellen, ihren Gefängnissen. In dem Kinofilm „Die Verurteilten" musste der Häftling und Bandenanführer, Red, eine mehrere Jahrzehnte dauernde Haftstrafe absitzen. In einer der Szenen bekennt er: „Diese Wände sind komisch. Zuerst hasst man sie, dann gewöhnt man sich daran. Und wenn genug Zeit vergeht, ist man von ihnen sogar abhängig geworden."

Gefängnisse können sicher und bequem sein und zur Gewohnheit werden. Und wenn wir resignieren, ist das sicher; zu träumen hingegen, ist gefährlich. Es ist einfacher, jemand anderen über unser Leben bestimmen zu lassen, als aufzustehen und ihm die Kontrolle zu verweigern; anschließend wird die Beziehung nicht mehr dieselbe. Auch kann es sich leichter anfühlen, mit Scham zu leben, als um seine

Würde zu kämpfen. Das Bekannte ist stets bequemer und weniger riskant als das Unbekannte. Nach einer gewissen Zeit vergessen die Tiere im Zoo, dass sie für den freien Himmel oder die wilde Savanne geschaffen wurden. Es ist schrecklich, in eine solche Gefangenschaft zu geraten, und kein einziger Mensch wurde dafür geschaffen.

Übrigens kann es eine Menge „Zoowärter" in unserem Leben geben. Wir können uns selbst durch jahrelange schlechte Gewohnheiten, durch negative Denkmuster oder von uns gewählte Götzen in Abhängigkeit begeben. Andere Menschen können uns durch ihre Erwartungen und Forderungen fesseln. Viele Menschen haben eine genaue Vorstellung davon, wie wir sein und wie wir leben sollten. Auch Kulturen können uns unfrei machen, genauso wie Religionen. Und hinter alldem steckt der Feind unserer Seelen, dem nichts mehr gefällt, als uns in Gefangenschaft zu halten. Deshalb müssen wir die Freiheit bewusst wählen und um sie kämpfen, so wie die Bibel uns auffordert.

Lassen Sie mich Ihnen folgende Frage stellen, liebe Schwester: Wovon würden Sie am allerliebsten frei werden? Von Ihrem Kummer, Ihrem Bedauern? Von Bitterkeit, Abhängigkeit, Scham, Angst, Sorgen und Zweifeln? _von meines Bremse zu loben!_ Und _wozu_ würden Sie gern befreit werden? Ihr Leben zu leben? Ihren Träumen zu folgen? Mit Hingabe zu lieben? Gott anzubeten? Jesus zu _erfahren_ – ihm zu folgen, ihn zu kennen, ihm zu _glauben_?

All das gehört zu unserem Entwicklungsprozess. Während wir dabei sind, die Frau zu werden, die Gott im Sinn gehabt hat, werden wir auch immer mehr Freiheit gewinnen. Und während wir immer mehr Freiheit erlangen, werden wir die Frau, die wir sein sollen. Das ist tatsächlich möglich, auch für Sie.

Aber warum musste der gefangenen Tochter Zion gesagt werden, dass sie sich von den Fesseln um ihren Hals befreien solle? Weil wir die Gefangenschaft der Freiheit vorziehen und weil wir uns vor dem Preis fürchten.

Als Sabatina James, eine achtzehnjährige Pakistanerin, die Hochzeit, die ihre Eltern für sie arrangiert hatten, ablehnte, wurde ihr

Leben zur Hölle. Nachdem sie sich geweigert hatte, innerhalb der engen Grenzen zu leben, die die Kultur ihrer Familie vorgab, begann ihre Mutter sie grausam zu beschimpfen und zu schlagen, wenn sie allein waren oder sogar bei Familientreffen. Als die Gewalt immer mehr zunahm und ihre Eltern ihr sogar mit dem Tod drohten, floh sie. (Die Vereinten Nationen schätzen, dass pro Jahr rund fünftausend Mädchen weltweit von ihren Eltern getötet werden, weil sie durch ihr Verhalten „Schande auf die Familie" gebracht haben.) Sabatina lebt heute in Deutschland und sagt: „Ich gehe nur selten allein aus dem Haus. Ich frage mich immer, ob hinter einer Ecke jemand auf mich lauert. Ich habe meine Freiheit stets geliebt – aber ich habe einen hohen Preis dafür gezahlt."

Ja, die Freiheit kann kostspielig sein. Wir wissen das. Doch liebe Schwester, Gefangenschaft ist immer noch kostspieliger. Es kann gut passieren, dass Sie einen viel zu hohen Preis dafür bezahlen, in Abhängigkeiten zu leben. Sie sind wirklich dazu geschaffen, frei zu sein. Freiheit ist *gut*.

Wir sollen frei sein

Dort heißt es, dass Abraham zwei Söhne hatte: einen von der Sklavin Hagar und einen von seiner Frau Sara, die als Freie geboren war. Der Sohn der Sklavin wurde geboren, weil Abraham endlich einen Sohn haben wollte, der Sohn der Freien dagegen, weil Gott ihn versprochen hatte.
Galater 4,22-23

Okay, ich gebe zu, dass ich die Geschichte von Hagar und Sara nie besonders mochte. (Sie finden sie im Alten Testament, zwischen dem Turmbau zu Babel und der Zerstörung von Sodom und Gomorra.) Hagar hat mir immer leidgetan. Sie war Saras Sklavin, sie hatte keine Wahl, sie musste gehorchen. Sara, die unfruchtbar und darüber verbittert war, war diejenige, die den Plan ausheckte, dass ihr Mann Abraham mit Hagar schlafen sollte, damit sie ihm einen Sohn gebären könnte. Das ist eine wirklich unschöne Geschichte.

Doch im Neuen Testament werden wir dazu gedrängt, die Geschichte sinnbildlich zu begreifen, als eine Art Gleichnis, eine geistliche Allegorie:

> *Am Beispiel dieser beiden Frauen will uns Gott zeigen, wie verschieden seine beiden Bündnisse mit den Menschen sind. Den einen Bund, für den Hagar steht, schloss Gott auf dem Berg Sinai mit dem Volk Israel, als er ihm das Gesetz gab. Dieses Gesetz aber versklavt uns. Hagar weist auf den Berg Sinai in Arabien hin. Er entspricht dem Jerusalem unserer Zeit, denen, die am Gesetz festhalten und deshalb nie frei werden. Die andere Frau aber, von der wir abstammen, ist frei. Sie weist auf das neue Jerusalem im Himmel hin.* Galater 4,24-26

Hagar ist die Leibeigene und ihre Person gilt auch in der Bibel als Sinnbild für die Leibeigenschaft. Demzufolge repräsentiert ihr Sohn Ismael die *Frucht* der Leibeigenschaft. Indem sie mit Hagar und Ismael eine Beziehung aufrechterhielten und sie weiterhin bei ihnen wohnen ließen, hinderten Abraham und Sara ihren Sohn Isaak daran, sein von Gott gegebenes Erbe als Sohn voll auszukosten. Dies zeigt sich in dem Bericht über das Fest, das für Isaak von seinem Vater veranstaltet wurde, als dieser entwöhnt war (1. Mose 21). Hagar und Ismael waren dabei und natürlich waren sie eifersüchtig. Ismael verspottete Isaak, so wie die Frucht unserer Abhängigkeiten uns verspottet – egal, ob es die Personenwaage, das Bankkonto oder unsere Versäumnisse sind, die uns nachts den Schlaf rauben.

Im ersten Buch Mose wird berichtet, dass Hagar Sara *verachtete*. Das Wort, das dort im Urtext gebraucht wird, bedeutet sogar „verfluchen". Außerdem hassten und verspotteten sie und ihr Sohn auch Isaak, ja, sie verfluchten ihn. Sie wollten das Erbe Abrahams für sich selbst. Sie wollten es nicht dem überlassen, für den Gott es bestimmt hatte.

Liebe Brüder und Schwestern, ihr verdankt euer Leben wie Isaak der Zusage Gottes. Allerdings verfolgte schon damals der Sohn der Sklavin – der geboren wurde, weil Menschen es so wollten – den Sohn der Freien, der geboren wurde, weil Gott es wollte. Genauso ist es auch noch heute. Aber was sagt die Heilige Schrift dazu? „Jag die Sklavin und ihren Sohn fort! Denn nicht er, sondern der Sohn der Freien soll dein Erbe sein!" Galater 4,28-30

Sara behandelte die beiden hart. „Jag diese Sklavin und ihren Sohn fort!", forderte sie ihren Mann auf (1. Mose 21,10). Doch Abraham fühlte sich damit gar nicht wohl. Er ging in sein Zelt und fragte Gott, was er tun sollte. Gott sagte ihm: „Sträube dich nicht dagegen, den Jungen und die Sklavin wegzuschicken! Tu alles, was Sara von dir fordert" (Vers 12). Er tat es, und Hagar und Ismael mussten gehen. (Übrigens kümmerte sich Gott sehr fürsorglich um Hagar und Ismael. Er behandelte sie freundlich.) Wenn wir als Christen diese Geschichte betrachten, so erfahren wir von der Notwendigkeit, alle Bindungen aus unserem Leben zu entfernen und auch die Frucht der Knechtschaft abzulegen. Und sobald wir das getan haben, gilt es aufmerksam dafür zu sorgen, dass wir uns nicht erneut in Knechtschaft begeben.

Durch Christus sind wir frei geworden, damit wir als Befreite leben. Jetzt kommt es darauf an, dass ihr euch nicht wieder vom Gesetz versklaven lasst. Galater 5,1

Gott hat jedem von uns ein Erbe in Christus gegeben. Jesus kam, um uns Leben im Überfluss zu schenken. Wenn wir in Beziehungen leben oder an Einrichtungen oder Verhaltensmuster oder Abhängigkeiten gebunden sind, die nicht Gottes höchstem Plan für uns entsprechen, dann hindern sie uns daran, das zu empfangen, was Gott für uns bereithält. Deshalb ist es so wichtig, dass wir Abhängigkeiten in unserem Leben ernsthaft bekämpfen. Wir dürfen keine Entschuldigungen dafür finden, sondern müssen jeder

Bindung eine Absage erteilen, ebenso jeder spottenden und anklagenden Haltung. Wir sagen fest und entschieden Nein zu jeglicher Anklage, dass wir (wählen Sie selbst, welche Anklage sich gegen Sie richtet) lieblos, disqualifiziert, festgefahren, gemein, nachtragend, kleingläubig, hässlich, mangelhaft sind. Und wir sagen Ja zu Gott und zu dem, was er über unser Leben sagt. Wir sagen Ja zu seinen Verheißungen.

Wie Isaak besitzen auch wir ein von Gott gegebenes Erbe. Wir haben eine Bestimmung. Wir sind seine Tochter. Wir sind auch seine Braut. Wir sind Miterbinnen Jesu. Unser Erbe in Christus sind Freiheit, Leben, Freude und unendlich viele guten Gaben. Unser Erbe sind Sieg und ein Herz, das sich nicht krampfhaft abmüht und voller Angst ist, sondern ein Herz, das zur Ruhe gekommen ist. Unser Erbe sind Heiligkeit, Glück und Frieden. Dazu gehört der Friede der Seele, der nicht davon abhängt, was in unserem Leben geschieht. Während wir uns auf die Freiheit zubewegen, bewegen wir uns auf die Person zu, die zu werden wir im Begriff stehen.

Es beginnt mit einer Herzensentscheidung.

Innere Freiheit wählen

Vor vielen Jahren waren John und ich Mitglieder einer wundervollen Gemeinde in Südkalifornien. Zu dieser Gemeinde gehörte auch ein junger Mann, der eine erstaunliche Wesensart hatte und eine noch erstaunlichere Geschichte. Er hieß Daniel und kam aus Uganda, wo er unter dem brutalen Regime von Idi Amin gelebt hatte. Er war im Gefängnis gewesen, war geschlagen und gefoltert worden – die Narben sind noch heute sichtbar. Ja, er ist ins Gefängnis geworfen worden, weil er Christ war.

Viele Tage lang wurde er geschlagen. In einer besonders schlimmen Phase seiner Gefangenschaft hing man ihn an den Füßen auf und schlug ihn tagelang. Der Job seines Wärters – sein *Job* – bestand darin, Daniel zu schlagen. Nach mehreren Tagen systematischer

Folter sagte Daniel zu dem Mann, der sich gerade anschickte zu gehen: „Ich wünsche Ihnen einen schönen Abend."

Ernsthaft. Er sagte das. Daniel segnete diesen Mann. Durch die Gnade Gottes, die in seinem Herzen wohnt, war er in der Lage, seinem Peiniger zu vergeben. Und dieser Geist der Vergebung hob ihn über die Versklavung hinaus, die seine Unterdrücker auf ihn ausüben wollten – die Versklavung seines Herzens, seines Sinnes und Geistes.

„Ich wünsche Ihnen einen schönen Abend." Um alles in der Welt. Welcher der beiden Männer war wirklich frei?

Der Wärter war vollkommen verdattert und fragte: „Wie können Sie das zu mir sagen? Wie ist das möglich?" Daniel erklärte es ihm. Er erzählte ihm von Jesus, von dem Preis, den Jesus gezahlt hatte, um sein Herz zu gewinnen, und von der Freiheit, die er in Christus kannte. Er erzählte ihm, dass man Vergebung, Annahme und vollkommene Liebe erfahren kann. Einige Tage später half der Wärter Daniel, zu fliehen. Er nahm ihn mit nach Hause, gab ihm zu essen und ließ ihn seiner ganzen Familie das Evangelium verkünden.

Ich wünsche Ihnen einen schönen Abend?!?!?!

Wir können so frei sein. Alles beginnt an diesem Punkt: Mit einer inneren Entscheidung, Christus unser Herz so vollständig anzuvertrauen, dass keine Bindung mehr Raum darin hat. Wir wählen Liebe und Vergebung; wir entscheiden uns dafür, keine Angst zu haben; wir wählen das Leben.

Die meisten von uns mühen sich wahrscheinlich noch mit der Vermutung ab, dass die Freiheit sich zunächst in unseren Umständen realisiert, und anschließend können wir Liebe, Freude, Frieden, Geduld und die übrigen wundervollen Elemente der Frucht des Geistes erfahren. Doch so ist es nicht. Gott beginnt in der Regel damit, unsere innere Haltung zu verwandeln. Danach kann er unsere Lebensumstände verändern.

Wussten Sie, dass Sie von der Sünde befreit wurden? Wussten Sie, dass Sie nun ein gutes Herz haben? Es ist wahr. Es ist durch das Kommen Jesu für Sie geschehen:

Damit steht fest: Unser früheres Leben endete mit Christus am Kreuz. Unser von der Sünde beherrschtes Wesen ist vernichtet, und wir müssen nicht länger der Sünde dienen. (…) Mit seinem Tod hat Christus ein für alle Mal beglichen, was die Sünde fordern konnte. Jetzt aber lebt er, und er lebt für Gott. Das gilt genauso für euch, und daran müsst ihr festhalten: Ihr seid tot für die Sünde und lebt nun für Gott, der euch durch Jesus Christus das neue Leben gegeben hat. (…)
Wer nun mit Jesus Christus verbunden ist, wird von Gott nicht mehr verurteilt. Denn für ihn gilt nicht länger das Gesetz der Sünde und des Todes. Es ist durch ein neues Gesetz aufgehoben, nämlich durch das Gesetz des Geistes Gottes, der durch Jesus Christus das Leben bringt. Römer 6,6 und 10-11; Römer 8,1-2

Ich will euch ein anderes Herz und einen neuen Geist geben. Ich nehme das versteinerte Herz aus eurer Brust und gebe euch ein lebendiges Herz. Mit meinem Geist erfülle ich euch, damit ihr nach meinen Weisungen lebt, meine Gebote achtet und sie befolgt.

Hesekiel 36,26-27

… nachdem er ihre Herzen gereinigt hatte durch den Glauben.
Apostelgeschichte 15,9; LÜ.

Wir haben die allergrößte Freiheit geschenkt bekommen: Freiheit des Herzens, Freiheit von der Sünde, eine Freiheit, die uns dazu befähigt, zu leben und zu lieben, wie Jesus es getan hat. Ich möchte Ihnen zeigen, wie dies in einem Bereich funktioniert, mit dem viele, viele Frauen kämpfen.

Richtet nicht, damit ihr nicht gerichtet werdet

In Kapitel 3 habe ich erwähnt, wie gemein Frauen manchmal sein können. Mädchen können gehässig und boshaft sein. Wir verletzen einander mit unseren Worten und sogar mit Blicken. Ich glaube, alles geht darauf zurück, dass wir verwundbar sind. Doch Gott gab uns diese Verwundbarkeit, als er uns als Frau erschuf, und ich bin überzeugt, dass es damit zu tun hat, dass wir in Sachen Beziehungen besonders begabt sind. Doch wenn Angst und Unsicherheit unsere Verwundbarkeit in ihren Fängen halten, dann greifen wir zum Selbstschutz. Wir suchen nach Wegen, uns besser zu fühlen, und oft wählen wir den Weg, andere herabzusetzen. Wenn wir innerlich unsicher sind oder an unseren Lebensentscheidungen zweifeln, dann können Menschen, die andere Entscheidungen getroffen haben, bedrohlich wirken. Wir verurteilen sie.

„Sie stillt ihr Baby auf Abruf. Sie stillt ihr Baby nach einem Plan. Sie stillt überhaupt nicht. Ihre Kinder gehen zur öffentlichen Schule. Ihre Kinder werden zu Hause unterrichtet. Sie geht wieder arbeiten. Sie arbeitet nicht. Ihre Familie ist so beschäftigt, dass sie nie zusammen zu Abend essen. Sie essen nur Bionahrung. Sie essen nur Fertiggerichte. Wenn sie öfter Sport machen würde, hätte sie nicht fünf Kilo zu viel. Sie redet zu viel und lacht zu laut. Sie macht nie den Mund auf. Diese Leute machen es *falsch*!"

Verurteilungen sind gefährlich. Sie sind wie Flüche, denn sie setzen den Hass des Feindes an denen frei, die wir verurteilen. Wenn ein Christ mit einer urteilenden und rachsüchtigen Haltung betet, dann ist das kein Gebet, sondern eine Art Fluch. Und solche Gebete können ihnen schaden. Aber sie schaden auch uns, denn Verurteilungen gehen ganz leicht nach hinten los und öffnen die Tür für Verurteilungen, die letztlich uns treffen.

In Matthäus 7, 1-2 sagt Jesus: „Urteilt nicht über andere, damit Gott euch nicht verurteilt. Denn so wie ihr jetzt andere verurteilt, werdet auch ihr verurteilt werden. Und mit dem Maßstab, den ihr an andere legt, wird man euch selber messen."

Wenn wir andere mit rechtschaffener Empörung verurteilen – wenn wir es genießen und uns dadurch gerechtfertigt fühlen –, dann öffnen wir Verurteilungen über uns selbst die Tür. Wenn ich „verurteilen" sage, dann meine ich nicht die weise Unterscheidung zwischen Gut und Böse. Ich rede davon, andere zu verfluchen.

Wir haben gute Freunde, die in ihrer Großfamilie die einzigen Christen sind. Es ist ein sehr enges Familiensystem (manche mögen es zu eng nennen), und die Regel lautet, dass alle Mitglieder der Familie an sämtlichen Feiertagen präsent sind. (Dies ist ein gutes Beispiel für eine Familie, die sich wie ein Zoowärter benimmt und seine Mitglieder gefangen hält.) Als unseren Freunden irgendwann die Gemeinschaft mit anderen Christen sehr wichtig wurde, beschlossen sie, nicht mehr jeder familiären Verpflichtung nachzukommen. Das führte zu harten Verurteilungen vonseiten ihrer Familie, die sie sogar als regelrechte geistliche Unterdrückung empfinden, was sie auch ist.

Das Problem in dieser Situation ist, dass unsere Freunde auch ihrerseits ihre Familie verurteilen. In ihren Herzen und Worten verurteilen sie ihre Familie fortlaufend dafür, dass sie sie verurteilt! (Eine ziemlich verdrehte Angelegenheit!) Und sie werden nicht von dieser Beziehungsbindung und insbesondere dieser ungeistlichen Haltung frei werden, bevor sie nicht über ihre verurteilende Haltung Buße getan haben.

Ich frage mich, wie viele Beziehungen zwischen Frauen in der gleichen Dynamik gefangen sind!

Wir können von Verurteilungen frei werden oder zumindest freier – frei davon, andere zu verurteilen, und frei von den Auswirkungen der Verurteilungen durch die anderen.

Gott fordert uns auf, diejenigen zu segnen, die uns verfluchen. In seiner überwältigenden Liebe lehrt er uns, segnende Gebete für andere zu sprechen – Menschen zu segnen, die uns verletzt, verurteilt, verleumdet, abgelehnt oder schlichtweg missverstanden haben oder die jemanden, den wir lieben, in dieser Weise behandelt haben. Beten Sie um Segen für diese Menschen. In Wahrheit wollen

Sie genau das. Beten Sie, dass diese Menschen Jesus besser kennen. Denn wenn sie gesegnet und glücklich und nahe bei Jesus sind, dann werden sie Ihnen und den Menschen, die Sie lieben, keinen Hass mehr entgegenbringen. Und gleichzeitig werden Sie Segen ernten.

Das geistliche Prinzip lautet: Du erntest, was du säst. Segnen Sie. Segnen Sie. Segnen Sie. „Beschenke diese Menschen mit deiner Gunst, Herr, mit deiner Liebe, mit deiner Gegenwart!"

Es ist uns wichtig, von der verurteilenden Haltung frei zu werden, und mit Jesus können wir das erreichen. Wir können frei werden von:

- Bindungen
- Sünde
- Menschenfurcht
- Scham
- Bedauern
- Wut
- Enttäuschung
- Abhängigkeit
- Angst
- Sie können diese Liste noch mit dem fortführen, was Ihnen in den Sinn kommt.

Wir sind nicht länger Gefangene der Sünde. Wir sind nicht länger Sklaven des Feindes, der Welt und unseres Fleisches. Wir wurden erlöst. Wir wurden nicht nur befreit *von*, sondern auch befreit *für*. Wir sind frei, um in Jesu Bild verwandelt zu werden. Wir sind frei, um angesichts von Hass zu lieben. Frei, um der vollständigste Ausdruck unseres einzigartigen Selbst zu werden. Frei, um den anderen die Schönheit zu zeigen, die Gott in uns gepflanzt hat, als er ursprünglich von uns träumte. Wir sind frei, um:

- glücklich zu sein
- herrlich zu sein
- erfolgreich zu sein
- zu lieben
- zu leben
- zu vergeben
- durch keinerlei Fesseln mehr gefangen zu sein

Und all das aufgrund dessen, was Jesus für uns getan hat! Wir wurden freigekauft, gerettet und dazu befreit, die Person zu sein, die wir wirklich sind, und das zu tun, wozu Gott uns bestimmt hat.

Sie kennen sicherlich diese prägnanten Worte: „Tanze, als ob niemand dir zuschaute. Liebe, als ob du nie verletzt worden wärst. Singe, als ob niemand dich hörte. Lebe, als ob der Himmel auf Erden wäre." Ich habe diese Worte nie gemocht. Wie kann jemand frei sein, so zu lieben, als sei er nie verletzt worden? Wie können wir das tun, wenn wir verletzt wurden, und zwar ernsthaft verletzt?

Wie können wir frei sein, um zu tanzen, als ob niemand uns zuschaute? Es sei denn, man ist allein zu Hause und zieht die Vorhänge vor. Ja, wie können wir in Freiheit leben? Wir leben in Freiheit, wenn wir die grenzenlose Liebe Gottes zu uns kennen, daran glauben, sie empfangen und umarmen – wenn wir von seiner Güte, Treue, Ehre, seinem Opfer und seinem Herzen, das sich nach uns sehnt, ergriffen sind. Dann können wir für ihn tanzen. Weil wir so vollkommen geliebt sind. Wir sind sicher und geborgen in Gottes Liebe. In jedem Augenblick unseres Lebens.

Und das führt uns zu einer anderen, überraschenden Freiheit: Wir haben die Freiheit, Fehler zu machen. Lassen Sie mich das wiederholen: Wir haben die Freiheit, Fehler zu machen. Durch Jesus können wir frei sein vom Gefängnis der Erwartungen, Ansprüche und Verurteilungen der anderen – auch unserer eigenen.

Es geht nicht darum, perfekt zu sein, liebe Schwester. Wir sind geliebt, angenommen und uns wurde vergeben; wir leben unter der Gnade, nicht unter dem Urteil. Das befreit uns von unserem

Perfektionismus, der ein furchtbares Gefängnis ist. Es befreit uns sogar dazu, Fehler zu machen.

Meine Gefühle schwanken. Meine körperliche Kraft und mein geistliches Leben bestehen aus Variablen. An einem Tag bin ich stark in Christus und glaube alles, was Gott sagt, und an einem anderen Tag bin ich überhaupt nicht stark. Das ist okay. Ich werde nie davon frei werden, Gott zu brauchen, und Sie auch nicht. Er allein ist vollkommen, mutig und vollendet. Und in ihm sind wir es auch. Aber nur *in ihm*.

> *Der Herr ist der Geist; wo aber der Geist des Herrn ist, da ist Freiheit. Nun aber schauen wir alle mit aufgedecktem Angesicht die Herrlichkeit des Herrn wie in einem Spiegel, und wir werden verklärt in sein Bild von einer Herrlichkeit zur andern von dem Herrn, der der Geist ist.* 2. Korinther 3,17-18; LÜ

Freiheit von geistlichen Bindungen

Neulich an einem Abend lag ich auf dem Boden und hörte Lobpreislieder. Doch ich war nicht dabei, Gott zu loben. Ich dachte nach. Der Tag war schwierig gewesen. Ich war von einer Reise und von zu vielen Gesprächen erschöpft und dachte, die Antwort auf meinen körperlichen und emotionalen Zustand wären Pizza und Schokoladeneis. Ich hatte den ganzen Tag mit alten Verhaltensmustern verbracht, die sich noch nie als hilfreich erwiesen hatten. Als ich so auf dem Boden lag und Musik hörte, fragte ich Gott: „Liebst du mich in diesem Augenblick? Hier und jetzt? Wie kannst du mich in diesem Zustand lieben?"

Doch ich wusste, dass er es tat. Jesus starb für alle meine Sünden am Kreuz, auch für die, die ich immer und immer wieder begehe. An jenem Tag fand ein Kampf um meine Freiheit statt. Und er wütete dort, wo er fast immer wütet: in Bezug auf das, was ich glauben will.

Es wäre nicht richtig, wenn ich über unsere Freiheit in Christus sprechen würde, ohne zumindest ansatzweise die Wahrheit des geistlichen Kampfes zu erwähnen. In seinem Buch *Der ungezähmte Christ* schrieb mein Mann John: „Sie werden Ihr Leben nicht verstehen und nicht klar sehen, was Ihnen zugestoßen ist und wie Sie von jetzt an leben sollen, wenn Sie nicht begreifen, dass ein Kampf stattfindet. Ein Kampf um Ihr Herz." Jesus hat unsere Freiheit in einem geistlichen Kampf mit Satan errungen. Doch unser Feind wehrt sich noch immer dagegen, diesen Kampf aufzugeben. Er weiß, dass er Jesus, den Sieger, nicht bezwingen kann. Doch er kann immer noch sein Herz verwunden, indem er unser Herz verwundet. Jesus hat unsere Freiheit errungen. Aber wir müssen sie empfangen, in Anspruch nehmen und daran festhalten. Das ist der gute Kampf des Glaubens: Zu glauben, dass Gott der ist, der er zu sein sagt, und zu glauben, dass wir sind, was er sagt – und zwar angesichts von uns umgebenden Anzeichen, die beständig das Gegenteil behaupten.

Um in Freiheit zu leben und die Frau zu werden, die wir werden sollen, müssen wir Gottes Liebe auch in unseren allerschwächsten Augenblicken empfangen.

Der geistliche Kampf ist darauf ausgerichtet, uns von der Liebe Gottes zu trennen. Sein Ziel besteht darin, uns daran zu hindern, in der Freiheit zu leben, die Jesus für uns errungen hat. Satan flüstert uns zu, wenn wir gefehlt oder gesündigt haben oder uns schrecklich fühlen, dass wir ein absolutes Nichts seien. Er ist ein Lügner. Und zu unserem Kampf um die Freiheit gehört es, ihn als solchen zu entlarven, selbst wenn seine Lügen überaus wahr klingen. Der Kampf wird in unseren Gedanken geführt und gewonnen: in unseren Gedanken und in unserem *Herzen*.

Nun, was denken Sie gerade? (Ja, gerade in diesem Moment.) Descartes prägte den berühmten Ausspruch: „Ich denke, also bin ich." Ich würde vor jedem Verb eine Lücke einfügen: Ich denke, dass ich___bin, also bin ich___. Ich denke, dass ich freundlich bin, also bin ich freundlich. Ich denke, dass ich auserwählt bin, also bin ich auserwählt. Ich denke, dass ich liebevoller werde, also werde ich liebevoller. Ich denke, dass ich für immer in der Sünde verhaftet bin, also bin ich für immer in der Sünde verhaftet. Was wir über uns selbst, über andere und über unsere Umstände denken, gibt darüber Aufschluss, wie wir die Dinge wahrnehmen, und das wiederum gibt Aufschluss darüber, wie wir sie erleben. Unsere Gedanken werden in unserem Leben ausgelebt.

Wir zerstören damit Gedanken und alles Hohe, das sich erhebt gegen die Erkenntnis Gottes, und nehmen gefangen alles Denken in den Gehorsam gegen Christus. 2. Korinther 10,5; LÜ

Was denken Sie über Gott? Was denken Sie über sich selbst? Wer sind Sie? Worum geht es Ihrer Meinung nach im Leben? Was ist Ihrer Ansicht nach wahr? Denn das, was Sie denken, durchdringt Ihre Realität und hat direkte Auswirkungen darauf, wie Sie Ihr Leben leben. Worauf wir uns konzentrieren, bestimmt unser Handeln. Was wir betrachten und schätzen, formt uns. Was wir für wahr halten, wirkt sich konkret auf unser tägliches Leben aus. Was denken Sie?

Siehe, dir gefällt Wahrheit, die im Verborgenen liegt, und im Geheimen tust du mir Weisheit kund. Psalm 51,8; LÜ

Dein Wort ist die Wahrheit. Johannes 17,17; LÜ

Wenn aber jener, der Geist der Wahrheit, kommen wird, wird er euch in alle Wahrheit leiten. Johannes 16,13; LÜ

Um eine Lüge zu erkennen, müssen wir die Wahrheit kennen. Falschgeldexperten verbringen ihre Zeit nicht damit, Falschgeld zu studieren, sondern echtes Geld. Mit dem geistlichen Kampf ist es genauso: Wir dürfen uns nicht auf die Lügen oder auf den Teufel konzentrieren. Es ist wichtig, dass wir uns auf Jesus konzentrieren und uns von der Wahrheit über Gott und das, was er über uns sagt, durchdringen lassen. Dann, und nur dann, werden wir in der Lage sein, eine Lüge rasch zu erkennen. Zwar gibt es einige Bindungen in unserem Leben, bei denen die Wahrheit nicht ausreicht, um uns vollständig zu befreien, doch ohne die Wahrheit werden wir keinerlei Freiheit erleben.

Erinnern Sie sich, wie Jesus in der Wüste war und vom Teufel versucht wurde? Jesus diskutierte nicht mit dem Feind. Er ließ sich nicht auf einen Dialog mit ihm ein; er wehrte ihn einfach mit der Wahrheit ab. „Ihr werdet die Wahrheit erkennen, und die Wahrheit wird euch befreien!" (Johannes 8,32).

Also: geistlicher Kampf, erste Lektion: Wir haben einen Feind. Wir werden gehasst. Das Böse existiert. Der Teufel existiert. Petrus schreibt: „Bleibt besonnen und wachsam! Denn der Teufel, euer Todfeind, läuft wie ein brüllender Löwe um euch herum. Er wartet nur auf ein Opfer, das er verschlingen kann" (1. Petrus 5,8). Verschlingen, nicht versuchen. Verschlingen wie zerreißen, zerfleischen, töten, zerstören. Und Jakobus mahnt uns: „Unterstellt euch Gott, und widersetzt euch dem Teufel. Dann muss er von euch fliehen" (Jakobus 4,7).

Wenn wir uns nicht Gott ganz und gar anvertrauen, wird der Teufel nicht fliehen. Wenn wir dem Teufel nicht widerstehen, wird er nicht fliehen. Es gibt keinen Grund, ängstlich oder verkrampft zu sein. Doch wir müssen uns Gott anvertrauen und dem Teufel widerstehen. Wir setzen die Freiheit, die Jesus für uns gewonnen hat, durch, wenn wir an sie glauben und mit der Wahrheit übereinstimmen. Das ist ein ganz großer, entscheidender Teil der Aufforderung: „Schüttle den Staub ab, steh auf, Jerusalem, du Gefangene! Mach dich los von den Fesseln deines Halses, du gefangene Tochter Zion!" (Jesaja 52,2; LÜ). Es ist Zeit, aufzustehen!

Wir können es uns nicht länger leisten, unseren Gedanken freien Lauf zu lassen. Was wir denken, ist enorm *wichtig*. Wir müssen es uns zur Gewohnheit machen, unser Herz und unsere Gedanken regelmäßig zu überprüfen. Was glauben wir? Welche Vereinbarungen treffen wir? Warum? Wenn uns bewusst wird, dass unsere Gedanken nicht mit dem Wort Gottes übereinstimmen, dann sollten wir Buße tun und unsere Gedanken ganz neu auf Gott ausrichten. Wenn uns bewusst wird, dass wir dabei sind, mit dem Feind einen Handel einzugehen, etwa nach dem Motto: „Das Leben ist hart und danach stirbt man" oder „Ich werde mich ohnehin nie ändern", dann müssen wir diesen Handel rückgängig machen. Wir können das mit lauter Stimme tun. Zum Beispiel so:

Ich sage mich von dieser Lüge los. Ich breche jegliche Vereinbarung, die ich mit dem Feind getroffen habe. Ich sage mich von der Vereinbarung los, dass ich überwältigt bin, nie frei werde, XY hasse, dass ich dumm, hässlich, fett und deprimiert bin (nennen Sie selbst beim Namen, was Sie betrifft, und lassen Sie es los). Ich sage mich im Namen von Jesus Christus, meinem Herrn, davon los.

Und sprechen Sie diese Worte ungeachtet dessen, was Sie fühlen.

Was ist wahr?

Denn der Geist Gottes, der in euch wirkt, ist stärker als der Geist der Lüge, von dem die Welt beherrscht wird. 1. Johannes 4,4

Er hat uns aus der Gewalt der Finsternis befreit, und nun leben wir in der neuen Welt seines geliebten Sohnes Jesus Christus. Durch ihn sind wir erlöst, unsere Sünden sind vergeben.
Kolosser 1,13-14

Auf diese Weise wurden die finsteren dämonischen Mächte entmachtet und in ihrer Ohnmacht bloßgestellt, als Christus über sie am Kreuz triumphierte. Kolosser 2,15

Ich habe von Gott alle Macht im Himmel und auf der Erde erhalten. Matthäus 28,18

Aber Gott, der reich ist an Barmherzigkeit, hat in seiner großen Liebe, mit der er uns geliebt hat, auch uns, die wir tot waren in den Sünden, mit Christus lebendig gemacht – aus Gnade seid ihr selig geworden –; und er hat uns mit auferweckt und mit eingesetzt im Himmel in Christus Jesus. Epheser 2,4-6; LÜ

Ich habe euch die Macht gegeben, auf Schlangen und Skorpione zu treten und die Gewalt des Feindes zu brechen. Nichts wird euch schaden. Doch freut euch nicht so sehr, dass euch die Dämonen gehorchen müssen; freut euch vielmehr darüber, dass eure Namen im Himmel aufgeschrieben sind! Lukas 10,19-20

Tochter Zions – Tochter des wahren Königs – Sie stehen auf und setzen sich auf den Thron, wenn Sie die Ihnen zustehende Stellung in Jesus für sich beanspruchen und dem Feind befehlen zu weichen. Der Feind wurde durch das Kreuz Jesu entwaffnet. Und wenn wir den geistlichen Kampf führen, dann *vollstrecken* wir nur das, was bereits erfüllt wurde. So können Sie sich von den Fesseln um Ihren Hals befreien!

Ein grundlegendes Element um herauszufinden, ob Sie sich unter einem geistlichen Angriff befinden oder es mit dämonischen Mächten zu tun haben, ist das Beurteilen der Frucht: „Wie man einen Baum an seiner Frucht erkennt, so erkennt man sie an dem, was sie tun" (Matthäus 7,16). Wenn es Missverständnisse in Ihren Freundschaften gibt, sollten Sie dagegen anbeten. *Ich setze das Kreuz Jesu Christi gegen alle Missverständnisse und bringe sie vor seinen Thron – in seiner Macht und in seinem Namen.* Haben Sie Angst? Sind Sie entmutigt? Verachten Sie sich selbst? Die Frucht all dessen ist offensichtlich – all diese Dinge sind schlecht, dunkel und entsprechen nicht Gottes Willen. Widerstehen Sie ihnen deshalb im Namen Jesu.

Ich will hier keineswegs die Dinge bagatellisieren. Ich weiß, dass oft andere Probleme mit eine Rolle spielen. Manchmal gibt es Gründe dafür, dass wir mit bestimmten Dingen kämpfen. Deshalb sagt Jakobus, dass wir uns zuerst Gott anvertrauen sollen, um dann dem Teufel entgegenzutreten.

Ein Beispiel: Vielleicht leiden Sie unter einer verbitterten Haltung. Wenn Sie der Verbitterung befehlen, wegzugehen, wird das nicht geschehen, wenn Sie weiterhin im Herzen diese Verbitterung hegen und in Ihrer Gedankenwelt weiterleben lassen. Viel wichtiger ist es, dass Sie zuerst darüber Buße tun, anderen, sich selbst und Gott gegenüber verbittert zu sein. Tun Sie Buße. Suchen Sie die Heilung Jesu für die Wunden, die Ihrer Verbitterung die Tür öffnen. Und beschließen Sie, Christus hier und jetzt zu lieben, denn auf diese Weise geben Sie Gott die Hoheit über diese Situation. *Erst dann* werden Sie die Autorität haben, Ihrer Verbitterung die Tür zu weisen.

Vertraute Geister sind oft schwierig zu erkennen, weil wir in unserer Geschichte mit ihnen gekämpft haben. Für mich wäre ein solcher vertrauter Geist die Depression. Für viele Frauen ist es der Gedanke an den Tod. (Übrigens ist es keine gute Idee, sich seine eigene Beerdigung vorzustellen. Ich weiß, dass ich nicht die einzige Frau bin, die das getan hat. Sich vorzustellen, was die Leute sagen werden, wie sie sich fühlen werden – eine ganz schlechte Idee. Wenn wir versuchen, dem Kummer des Lebens oder unseren Versäumnissen durch den Gedanken an den Tod zu entkommen, dann treffen wir gewissermaßen eine Abmachung mit dem Tod. Jesus möchte das Leben für uns. Immer. Jesus ist das Leben. Wenn Sie derartige Momente erleben, sollten Sie unbedingt Jesus bitten, Ihnen in Ihren Bedürfnissen und Sorgen zu begegnen.) Es ist so wichtig, dass wir mit unserer Entmutigung brechen, mit Niederlagen, Verzweiflung, Einsamkeit, Wut und Selbstverachtung.

Brechen Sie mit diesen Dingen, auch wenn sie sich wahr anfühlen. *Besonders* wenn sie sich wahr anfühlen! Tun Sie Buße darüber, diesen Dingen Raum gegeben und sie genährt zu haben. Und dann schicken Sie sie Jesus. Ich liebe es, ungute Gedanken vor den Thron Jesu zu bringen, damit er entscheidet, was mit ihnen geschehen soll. Schicken Sie diese Geister zu Jesus. Verbieten Sie ihnen, zurückzukehren.

Wenn Sie zum Beispiel einen Raum betreten und plötzlich von Angst gepackt werden; oder wenn Sie sich abends ins Bett legen und mit aller Macht die Sorgen über Ihre Zukunft, Ihre Kinder oder was auch immer auf Sie einstürzen ... Die Wahrscheinlichkeit, dass nicht Sie selbst das sind, ist groß. Der Feind ist möglicherweise in Form eines Geistes der Angst präsent. Wenn mir das passiert, bete ich immer folgendes Gebet:

Ich stelle das Kreuz Jesu aller Furcht entgegen, und im Namen Jesu und in seiner Autorität befehle ich jedem Geist der Angst, mich jetzt in Ruhe zu lassen. Ich schicke ihn zum Thron Gottes. Geh weg! Jetzt! Im Namen Jesu.

Es ist gut, den Geist spezifisch zu benennen. Das gibt dem Gebet nicht mehr Gewicht, aber es ist dann so, als ob man die Kellertür öffnete und das Tageslicht hereinließe. Die negative Macht wird gebrochen. Man wird sich bewusst, dass man nicht überwältigt oder voller Furcht und Scham ist. Man ist nicht eingeschüchtert. Man will nicht sterben. Nein, diese Dinge kommen von einem bösen Geist. Widerstehen Sie ihm. Weisen Sie ihm laut die Tür. Im Namen Jesu Christi.

Lassen Sie uns dieses Kapitel mit einem Gebet abschließen:

Ich preise dich, Jesus. Danke für alles, was du für uns bereits erfüllt hast. Wir lieben dich. Wir beten dich an. Du bist der König der Könige und Herr der Herren, dein Name ist über jedem anderen Namen erhoben, den es jemals gegeben hat. Wir nehmen deine Autorität über unser Leben an. Wir empfangen mit Dankbarkeit alles, was du durch deinen Tod am Kreuz, deine Auferstehung und Himmelfahrt vollbracht hast. In deinem Namen widersetzen wir uns jedem bösen Geist, der uns gequält hat. Wir setzen dein Kreuz jedem bösen Geist entgegen (wodurch wurden Sie angegriffen? Hass, Wut, Einschüchterung, Scham, Anklage, Verurteilung, Kränkung, Missverständnisse, Angst, Panik, Schrecken, Hoffnungslosigkeit,

Verzweiflung?). *Im Namen Jesu Christi bringen wir jeden bösen Geist vor den Thron Gottes, wo er von ihm verurteilt wird. Wir brechen jede Abmachung, die wir mit dem Feind getroffen haben, und sagen uns jetzt davon los. Stattdessen treffen wir eine Abmachung mit der Wahrheit.*

Vater, bitte sende deine Engel, um uns zu schützen. Danke, Gott. Wir preisen dich. Wir beten dich an. Wir sehnen uns danach, frei zu sein, dich immer tiefer zu kennen und zu lieben. Bitte nimm alles fort, was uns daran hindert, dich so zu kennen, wie du wirklich bist und die Freiheit zu genießen, die du für uns errungen hast. Im Namen Jesu.

Gott hat alles getan, alles gewonnen und uns alles gegeben, was wir brauchen, um in Freiheit zu leben. Wir sind dazu berufen, mehr und mehr diese Freiheit für uns anzunehmen. Wir werden nicht immer würdevoll dabei aussehen, doch mit Gottes Hilfe können wir langsam aber sicher in die Freiheit stolpern. Einen Gedanken nach dem anderen. Einen Tag nach dem anderen.

11

Eine Frau des Glaubens werden

Es ist in Ordnung zu weinen, während es andauert. Doch früher oder später musst du aufhören, und dann musst du noch entscheiden, was du tun wirst. Als Jill aufhörte, stellte sie fest, dass sie schrecklich durstig war. Sie hatte mit dem Gesicht nach unten auf dem Boden gelegen, und nun setzte sie sich auf. Die Vögel hatten aufgehört zu singen und es herrschte vollkommene Stille, mit Ausnahme eines leisen, doch anhaltenden Geräuschs, das offenbar aus der Ferne kam. Sie lauschte angestrengt und war beinahe sicher, dass es der Klang fließenden Wassers war ... Ihr Durst war mittlerweile sehr schlimm geworden, und sie nahm all ihren Mut zusammen, um nach dem fließenden Gewässer zu suchen ...

Sie kam zu einer Waldlichtung und sah den Bach, so klar wie Glas, wie er nur einen Steinwurf von ihr entfernt über den Rasen floss. Doch obwohl der Anblick des Wassers ihren Durst noch zehnmal schlimmer machte, rannte sie nicht los, um zu trinken. Sie stand wie angewurzelt da, als ob sie zu Stein geworden wäre, mit weit geöffnetem Mund. Und sie hatte einen guten Grund dafür. Auf dieser Seite des Baches lag der Löwe.
C. S. Lewis[1]

Meine Mutter fand, dass ich zu viel Wasser trank. Mein Mann machte sich Sorgen, dass es mir nicht guttun könnte, so viel Wasser zu trinken. Ich aber kann problemlos mehrere Liter pro Tag trinken. Ich habe keine Prädiabetes, und ich habe keine schwerwiegenden Gesundheitsprobleme; ich bin schlicht und einfach sehr *durstig*. Studien zufolge ist man in dem Moment, in dem man Durst verspürt, bereits dehydriert. Demzufolge sind wir alle durstiger, als uns bewusst ist.

Aber wir sind auch im geistlichen Sinne durstig. Wir sind Frauen verschiedenen Alters mit unterschiedlichen Bedürfnissen, doch wie Jill in C. S. Lewis' Roman „Der silberne Sessel" haben wir alle den verführerischen Klang fließenden, Leben spendenden Wassers vernommen und sind zum Fluss gekommen. Wir sind durstige Frauen, und das ist gut so. Es ist vielleicht nicht *bequem*, aber es ist gut. Wenn wir unseren Hunger nicht spüren, sind wir nicht motiviert, zum Festschmaus zu gehen. Wenn wir unseren Durst nicht spüren, suchen wir nicht nach Wasser.

Auf dem Berg Aslans stand Jill lange unbeweglich da und schaute auf das Wasser und den Löwen.

Sie wusste nicht, wie lange sie dort stand. Es schienen Stunden zu sein. Der Durst wurde so heftig, dass sie beinahe das Gefühl hatte, es sei nicht schlimm, von einem Löwen gefressen zu werden, wenn sie nur vorher eine Handvoll Wasser trinken könnte.[2]

Schließlich ergriff der Löwe das Wort:

Wenn du durstig bist, dann trinke.[3]

In unserer Welt werden wir ohne Unterlass mit Möglichkeiten konfrontiert, unseren Durst zu stillen. Wir werden von Reklame und Informationen, Vorschlägen und Ideen, Produkten und Programmen und den neuesten Nachrichten bombardiert. Kataloge und Flugblätter versuchen auf unser Sehnen zu antworten und unseren Durst zu stillen.

Ich habe viele von ihnen ausprobiert. Ich habe die Schuhe gekauft, jenes Buch gelesen und dieses Programm mitgemacht und ich bin immer noch durstig. Die Wissenschaftler weisen uns darauf hin, dass die Fähigkeit, Durst zu empfinden und darauf zu reagieren, mit zunehmendem Alter abnimmt. Und auch in unserer Welt, die sich oft so trocken wie eine Wüste anfühlt, können wir unserem eigenen Durst gegenüber gefühllos werden.

Doch wir Frauen, die in das Bild Jesu verwandelt werden, wollen nicht gefühllos, sondern zunehmend durstig sein. Ich habe versucht, mein durstiges Herz zu stillen, aber ich brauche immer noch etwas zu trinken. Ich brauche das lebendige Wasser. Genau wie Sie. Es ist unser kostbarstes, grundlegendes Bedürfnis. Jesus lädt uns ein: „Wer Durst hat, der soll zu mir kommen und trinken!" (Johannes 7,37).

Von Maria lernen

Die Quelle, von der meine Mutter trank, sprudelte in der katholischen Kirche. Sie hatte eine besondere Zuneigung zu Maria, der Mutter Jesu. Und stimmt es nicht, dass die meisten kleinen Mädchen bei einer Weihnachtsaufführung die Maria spielen wollen? Sie ist ganz klar der Mittelpunkt der Krippenspiele. Nun, eigentlich ist Jesus der Mittelpunkt, doch zumeist wird seine Rolle von einer Puppe gespielt. Meine Mutter hatte mehrere Marienstatuen in ihrem Schlafzimmer, und sie ermutigte mich, zu Maria zu beten und sie zu bitten, bei ihrem Sohn für mich einzutreten. Ihr Argument war: „Jesus wird auf Maria hören. Jeder gute Sohn hört auf seine Mutter."

Seit jeher gab es wegen Maria zwischen Katholiken und Protestanten Spannungen. Meine Mutter und ich führten viele Gespräche, in denen ich sie aufforderte, sich direkt an Jesus zu wenden. Er lädt uns dazu ein. Aber nein, sie hatte das Gefühl, dass Maria ihre Bedürfnisse besser verstand und sie überzeugender ihrem Sohn vorlegen konnte. Ich rebellierte dagegen, indem ich damals nicht zu Maria betete und ich mache das auch heute nicht. Doch gleichzeitig erkannte ich nicht, dass Maria für uns Frauen eine wunderbare Quelle der Weisheit ist. Erst als reifere Frau beschäftigte ich mich eingehender mit dem Leben Marias und wurde dadurch inspiriert, beeindruckt und ermutigt. Heute ist sie eines meiner bevorzugten weiblichen Vorbilder. Ich freue mich darauf, ihr im Himmel zu begegnen.

Maria war eine Frau von unerschütterlichem Glauben, enormer Weisheit und tiefem Mut. Doch sie war zugleich nicht sehr viel anders als wir. Auch sie war durstig. Und sie riskierte alles dafür. Je mehr ich über Maria lerne, desto mehr möchte ich so sein wie sie.

Wir können ahnen, dass ihre Eltern sie als Teenager sicher nicht verstanden haben. Als sie schwanger war und immer noch behauptete, Jungfrau zu sein, glaubten sie ihr aller Wahrscheinlichkeit nach nicht. Und wer würde ihnen das vorwerfen? „Hi, Mama, hi, Papa. Ich bin schwanger. Nein, ich habe mit keinem Mann geschlafen. Das Kind, das ich in meinem Leib trage, ist der Sohn Gottes, der die Welt retten soll." Klar, Maria. Kein Problem.

Wir können also mit Sicherheit davon ausgehen, dass Maria zeitweise Probleme mit ihren Eltern hatte. Und sie hatte Probleme mit ihrem Verlobten, denn sie hätten sich beinahe getrennt. Wir können uns vorstellen, wie sie von ihren Freunden und Bekannten missverstanden und verurteilt wurde. Gab es eigentlich außer Josef jemanden, der ihre Geschichte glaubte? Maria wurde – wie nicht wenige Frauen – Witwe, während noch viele Lebensjahre vor ihr lagen. Sie hatte die üblichen Probleme mit der Erziehung ihrer Kinder. Sie kann nachvollziehen, wie es uns geht.

Wir kennen den Anfang ihrer Geschichte. Maria war eine junge Frau zwischen dreizehn und fünfzehn, als ihr der Engel Gabriel erschien und sagte: „Sei gegrüßt, Maria! Gott ist mit dir!" (Lukas 1,28). Lukas berichtet einfach: „Maria fragte sich erschrocken, was diese seltsamen Worte bedeuten könnten" (Vers 29). Wären wir nicht erschrocken, wenn uns so etwas passierte?

Es ist nicht leicht, sich die Szene vorzustellen. Sowohl christliche als auch nicht christliche Filmemacher haben versucht, diese Momente einzufangen, doch es ist ihnen nicht gelungen. Wie könnte es auch? Der Himmel brach unerwartet und ohne Trompetenfanfaren in Marias Leben ein. Der Engel wurde zu ihr gesandt. Wohin? Erschien Gabriel plötzlich in ihrem Schlafzimmer? Begegnete er ihr an einem Fluss? Wir wissen es nicht. Wir wissen nur, dass Maria wusste, dass es sich um einen Engel handelte und sie erstaunlich ruhig blieb.

Der Engel fuhr fort, ihr erstaunliche Neuigkeiten zu übermitteln:

„Hab keine Angst, Maria", redete der Engel weiter. „Gott hat dich zu etwas Besonderem auserwählt. Du wirst schwanger werden und einen Sohn zur Welt bringen. Jesus soll er heißen. Er wird mächtig sein, und man wird ihn Gottes Sohn nennen. Gott, der Herr, wird ihm die Königsherrschaft Davids übergeben, und er wird die Nachkommen Jakobs für immer regieren. Seine Herrschaft wird niemals enden." V. 30-33

Egal, wie aufgewühlt sie war, Marias Herz war von Glauben durchdrungen, und so antwortete sie mit Ruhe, Würde und Vertrauen. Sie schrie nicht, sie fiel auch nicht auf ihr Angesicht. Sie fragte den Engel einfach: „Wie wird dies zugehen, da ich von keinem Mann weiß?" (Vers 34; ELB).

Sie fragte mit einer gewissen Erwartung: „Wie *wird* das zugehen?" Es ist nicht eine zweifelnde Frage, sondern eine Frage, die *im Glauben verwurzelt* ist. Maria glaubte Gabriel sofort. Sie lachte nicht, wie Sara es getan hatte, als sie die Unterhaltung zwischen ihrem Mann und den Engeln belauscht und gehört hatte, dass sie in ihrem hohen Alter einen Sohn bekommen würde. Als Maria mit dem Übernatürlichen konfrontiert wurde, fragte sie nur, wie es geschehen werde.

Maria wusste nicht, dass der gleiche Engel ihren Verwandten Zacharias besucht und auch ihm erstaunliche, menschenunmögliche Nachrichten gebracht hatte. Als Gabriel Zacharias mitteilte, dass er und seine Frau Elisabeth in ihrem hohen Alter einen Sohn bekommen würden, und zwar einen ganz besonderen Sohn, da fragte Zacharias: „Wie kann ich sicher sein, dass das wirklich geschehen wird?" (Vers 18; NGÜ). Diese Reaktion zeigte, was in seinem Herzen vor sich ging. Er glaubte dem Engel nicht, und die Dinge liefen nicht gut für ihn. Maria wurde von dem Engel vor allen Frauen gesegnet. Zacharias wurde stumm.

Maria fragte: „Wie *wird* es geschehen?" Sie wusste: Wenn Gott etwas sagt – egal was –, dann können wir ihm glauben. Gott ist wahr. Er ist vertrauenswürdig. Jesus steht zu seinem Wort.

Maria kannte Gott, bevor sie ihn in ihrem Leib trug. Bevor der Engel jene Worte sagte, wusste sie bereits, dass für Gott nichts unmöglich ist. Deshalb lautete auch ihre Antwort: „Siehe, ich bin des Herrn Magd; mir geschehe, wie du gesagt hast." (Vers 38)

Mit anderen Worten: *Ich gehöre ihm. Ich bin sein Kind. Also sage ich Ja, Herr.* Ihre Haltung war ein bedingungsloses Ja zu Gott. Wusste sie, was das für sie bedeuten würde? Vielleicht. Hatte sie Angst? Vielleicht. Sie war ein Mensch. Genau wie wir war sie nicht vollkommen. Sie kannte ihre Schwächen besser als irgendjemand sonst. Und Gott wählte sie aus. Er wählte sie dazu aus, den Retter der Welt zu gebären, so wie Gott uns dazu ausgewählt hat, unsere Welt mit dem Retter bekannt zu machen. Maria sagte: „Du weißt es besser." Sie vertraute Gott und glaubte, dass er gut ist. Sie glaubte ihm und wusste, dass er ihr Ja verdiente.

Maria war eine sehr junge Frau mit einem tiefen Glauben. Es ist gut, ihrem Beispiel zu folgen und so zu antworten, wie sie es tat, und zu glauben. In seinem Buch „Mein Äußerstes für sein Höchstes" schreibt Oswald Chambers:

> *Wir sind nicht unsicher in Bezug auf Gott, sondern in Bezug auf das, was er als Nächstes tun wird. Wenn wir in unseren Überzeugungen absolut sicher sind, dann werden wir gediegen und streng und unser Blick ist mit dem Bann der Endgültigkeit belegt. Wenn wir jedoch in der rechten Beziehung zu Gott stehen, dann ist das Leben voll von spontaner, freudiger Ungewissheit und Erwartung.*[4]

Unser Glaubensleben ist ungewiss, aber wir dürfen das Gute erwarten. Da wir zu Gott gehören, können wir in dem Wissen ruhen, dass seine Verheißungen für uns wahr sind und dass er treu ist. Es geht nicht darum, *ob* Gott auf den Plan treten wird, sondern wie und wann. Es geht nicht darum, *ob* er für uns tätig wird, sondern wie. Es geht noch nicht einmal darum, ob er damit fortfahren wird, uns nachzugehen und uns immer näher an sein liebevolles Herz zu ziehen, sondern es geht darum, ob *wir* ihn erkennen werden. Wir können mit freudiger Ungewissheit und Erwartung leben. Bei Gott gibt es kein „ob". Die einzigen „Ob" haben mit uns selbst zu tun.

Ob wir ihm vertrauen.

Ob wir ihm glauben.

Ob wir ihn bitten.

Ob wir ihn weiterhin bitten.

Wie sehr liebt es Gott, seine Leute voll Glauben bitten zu sehen – zu sehen, wie sie ihn drängen und ihn weiterhin bitten, egal, wie lange es dauert, voll Vertrauen, dass er antworten wird. Neulich telefonierte ich mit einer Freundin, die seit dreißig Jahren dafür betet, dass ihre Kinder Christen werden. Manchmal verliert sie die Hoffnung und braucht andere, die ihr dann Mut machen. Doch sie betet und glaubt weiter. Und sie hat recht. Denn ganz ehrlich: Was ist für Gott zu schwierig? Eine Jungfrauengeburt? Das Kommen Gottes in Gestalt eines Mannes, der unter uns lebt? Die Überflutung der ganzen Erde? Oder seine Antwort auf Ihre Probleme? Ist es zu schwierig für ihn, Ihnen in Ihrem Durst und Ihrer Ungewissheit zu begegnen? Der Engel Gabriel sagte: „Denn bei Gott ist kein Ding unmöglich" (Lukas 1,37; LÜ).

Wunder sind für Gott nichts Besonderes. *Wunder sind für Gott normal.* Wenn er auf göttliche Weise in unser Leben eingreift, dann ist das kein außergewöhnliches Vorkommnis. Wenn er sich uns auf übernatürliche Weise zeigt, zu unserem Herzen spricht und ein Sehnen nach ihm selbst in uns bewirkt – das ist *sein* Ding! Er spricht zu uns. Er leitet uns. Er heilt uns. Er beschenkt uns mit seiner spürbaren Gegenwart, wenn wir uns nach ihm ausstrecken. Er begegnet uns mit Macht und offenbart seine Herrlichkeit. Gott ist gekommen. Gott wird kommen. Gott liebt es zu kommen.

Gott liebt es, seinen Leuten zu Hilfe zu kommen. Er genießt es, sich auf dramatische Weise zu offenbaren. Die Geschichten, die wir in der Bibel finden, sind voll davon, wie er seine Fähigkeit zu retten ein wenig zurückhält, um sich auf einmal – BUMM! – auf erstaunliche Weise zu zeigen und zu handeln.

Ich bitte ihn nun, in unser Herz zu kommen, unseren Durst zu stillen, und ich frage ihn nicht, *wie* er es tun wird, aber ich rechne damit, *dass* er es tun wird.

Worüber Maria nachdachte

Das nächste Mal begegnen wir Maria bei der Geburt Jesu. Die Schafhirten kamen, um ihren Sohn zu sehen. Sie erzählten ihr und Josef, was die Engel ihnen verkündigt hatten. Wie ermutigend muss das gewesen sein! Gott sei Dank für seine Bestätigungen. Danach heißt es in der Bibel: „Maria aber merkte sich jedes Wort und dachte immer wieder darüber nach" (Lukas 2,19).

Ich finde es wundervoll, dass Maria immer wieder darüber nachdachte. Sie kannte die Prophezeiungen. Sie *erinnerte sich aktiv* daran. Spät am Abend, während sie ihr Neugeborenes stillte, grub sie all diese Schätze aus und dachte darüber nach. Sie war eine Frau voller Weisheit, die wusste, was sie in ihrem Herzen bewahren, wertschätzen und worüber sie nachdenken sollte.

Nun sollten wir uns die Frage stellen: Worüber denken wir nach? Wenn wir nachts nicht schlafen können – wenn es um uns herum still ist, was läuft dann in unserem Innern ab? Wenn unsere Seele ganz still ist, wenn es uns gelingt, nicht an die Dinge zu denken, die wir am nächsten Tag zu erledigen haben, worüber denken wir dann nach? Viele von uns denken über ihre Versäumnisse nach, über die Enttäuschungen des Tages, der Woche, des Monats, unseres Lebens. Manchmal sind es nicht unsere eigenen Fehler, sondern die der anderen, die uns enttäuscht haben.

Das sind keine guten Gedanken – es sind Anklagen, Bedauern, Bitterkeit. Wenn wir uns damit beschäftigen, werden wir kein Leben für unsere durstigen Seelen finden. Ich weiß, dass ich nicht die einzige Frau bin, die nachts über die perfekten Worte nachdenkt, die sie bei einem Gespräch einige Tage zuvor hätte sagen sollen. Ich bin auch nicht die einzige, die ein brillantes Gespräch mit einer Person führt, die gar nicht da ist. Eines ist mir klar geworden: Es ist keine gute Idee, sich mit Leuten zu unterhalten, die nicht im Raum sind. Wie ich schon in Kapitel 8 erwähnte, machen wir dabei den Fehler, eine Brücke zu diesen Menschen zu bauen und all ihre Kämpfe, ihre Wut und ihre Sorgen zu uns einzuladen. Das sind ungöttliche seelische Bindungen.

Sollten Sie sich in dieser Situation wiederfinden, dann denken Sie daran: Es ist wichtig, dass Sie sich Einhalt gebieten, diese Personen an Gott abgeben, sie im Namen Jesu segnen und sie dann loslassen. Vertrauen Sie sie Jesus an, und dann befehlen Sie Ihrer Seele, sich wieder mit dem Geist Gottes in Ihnen zu vereinen. Sprechen Sie dann mit Gott über Ihre Sorgen. Unterhalten Sie sich mit ihm! Er ist tatsächlich bei Ihnen im Raum.

Es gibt wahre Schätze, über die nachzudenken uns Paulus auffordert: „Übrigens, Brüder, alles, was wahr, alles, was ehrbar, alles, was gerecht, alles, was rein, alles, was liebenswert, alles, was wohllautend ist, wenn es irgendeine Tugend und wenn es irgendein Lob gibt, das erwägt!" (Philipper 4,8; ELB). Denken Sie über diese Dinge nach! Wir finden Schätze in der Bibel. Die Schätze, über die wir nachdenken sollen, beinhalten das Erinnern an das, was Gott gesagt, was er getan und was er zu tun versprochen hat. Der größte Schatz aber ist Jesus selbst. Wie wäre es, wenn Sie wach im Bett lägen und über Jesus nachdächten?

Probieren Sie es heute Abend aus! Lassen Sie Ihren Gedanken – auf Jesus ausgerichtet – freien Lauf! Wie schön er ist! Wie stark! Wie mutig! Wie edel, königlich und herrlich! Was für ein wunderbarer Sänger er ist! Was für ein großartiger Tänzer! Sie können irgendetwas einsetzen – er ist in allem der Beste! Und er möchte Sie! Sie – ja, Sie – wurden vom König der Könige ausgewählt. Denken Sie darüber nach.

Maria war eine Frau voll Weisheit. Sie wusste, was sie in ihrem Herzen bewahren sollte und worüber nachzudenken sich lohnt.

Was Maria ertrug

Lassen Sie uns zu dem Zeitpunkt zurückkehren, als Josef und Maria Jesus zum Tempel brachten, um ihn dem Herrn zu weihen. Erinnern wir uns: Simeon und Anna sprachen beide wichtige Prophezeiungen über Jesus aus. Als Simeon zu Ende gesprochen hatte, sah er Maria an und sagte: „Und auch durch deine Seele wird ein Schwert dringen" (Lukas 2,35; LÜ).

Wie ermutigend!

Es gibt verschiedene Interpretationen dieses Satzes. Sprach Simeon davon, wie Maria sterben würde? Wir wissen es nicht. Aber wir wissen, dass ihre Seele wie mit einem Schwert durchdrungen wurde, wie nur ein Mutterherz durchdrungen werden kann, als sie die Folter und den Tod ihres Erstgeborenen mitansah.

Jesus sagte uns, dass wir alle in diesem Leben Leid erfahren werden. Dabei geht es nicht nur um die großen Katastrophen, die geschehen, sondern auch um die unzähligen, anhaltenden kleineren Sorgen, die uns bewegen und unsere Seele formen. Vielleicht dachte Simeon auch daran.

Uns Frauen wurde eine enorme Fähigkeit und ein großes Bedürfnis nach Beziehungen gegeben. Es ist eine wunderbare Möglichkeit, das Bild Gottes zu tragen, der perfekte, vertraute Beziehungen liebt. Doch diese wunderbare Fähigkeit wurde beschmutzt. Aufgrund der menschlichen Sünde und Gebrochenheit gibt es keine Beziehung in unserem Leben, die nicht in irgendeiner Form von Enttäuschung berührt wird. Im Leben jeder Frau gibt es unterschwellig herrschenden Kummer.

Wenn ich diesen Kummer, diese Einsamkeit spüre, denke ich oft, dass etwas mit mir nicht in Ordnung ist. Ich denke, wenn ich „alles richtig" machen würde oder wenn ich vollkommen wäre, dann würde ich diesen Kummer nicht erleiden. Ja, genau wie Sie bin ich noch nicht völlig die Person geworden, die ich nach Gottes Plan sein soll. Ich bin im Werden begriffen. Doch wenn ich Kummer habe und glaube, dass er allein mit meinen Fehlern zu tun hat, dann wird der Schmerz überwältigend. Ich muss davor weglaufen, ihn verstecken, ihn heiligen, ihn ignorieren, ihn dämpfen. Oder noch besser – ihn töten! Denn wenn ich meinem Schmerz gegenüber empfindsam bin, dann tut es wirklich weh. Und ich bemitleide mich selbst, dass ich mich so schlecht fühle. Kommt Ihnen das bekannt vor?

Dieser unterschwellig vorhandene Kummer, den wir spüren, ist nicht ganz und gar unser Fehler. Zum Teil sicherlich. Vielleicht will Gott diesen Kummer nutzen, damit wir Buße über eine bestimmte Art von Beziehungen tun, die ihm nicht gefällt. Vielleicht. Aber es kann auch sein, dass der Kummer, den wir manchmal spüren, nicht auf Fehler unsererseits zurückgeht. Wenn wir Traurigkeit oder Enttäuschung empfinden, dann müssen wir nicht weglaufen. Kummer gehört zu den Realitäten des Lebens und als reife Frauen sollten wir in der Lage sein, mit dem Schmerz umzugehen. Wir sollten ihn als Möglichkeit begreifen, unsere Beziehung zu Gott zu vertiefen. Wir bitten Gott, uns zu begegnen – mitten in unserem Schmerz.

Wenn wir aufmerksam auf unser Herz hören, dann sind wir der Herrlichkeit, die Gott für uns vorgesehen hat, am nächsten. Wir fordern nicht. Wir laufen nicht weg. Unsere Seele gewinnt an Tiefe und wir werden frei, andere wirklich zu lieben. Wir werden barmherzig, weil uns bewusst ist, dass die anderen um uns herum ebenfalls Schmerzen haben.

Früher dachte ich immer, ich wäre die einzige Person, die unter der Oberfläche zutiefst einsam ist. Doch dann erfuhr ich, dass alle Frauen diese Einsamkeit kennen. Und schließlich verstand ich, dass jeder Mensch sie kennt. Jesus ist mit Einsamkeit vertraut. Er kennt den Kummer, der dadurch entsteht, dass man ungerecht verurteilt wird. Er weiß genau, wie weh es tut, allein gelassen zu werden und nicht allein sein zu wollen. Denken Sie an den Garten Gethsemane. John Milton sagte in seinem Epos „Paradise lost" (dt. Das verlorene Paradies): „Einsamkeit ist das Erste, was Gottes Auge nicht gut nannte."

„Meine gesamte Lebensüberzeugung", schrieb Thomas Wolfe, „ruht auf der Ansicht, dass Einsamkeit – weit davon entfernt, ein seltenes, seltsames Phänomen zu sein, das mir und einigen anderen einsamen Männern zu eigen ist – das zentrale und unausweichliche Faktum der menschlichen Existenz ist."[5]

Gott hat diesen Schmerz in uns angelegt. Er möchte, dass wir dafür empfänglich sind, damit er sein Ziel erreichen und unser Herz zu Jesus ziehen kann. Deshalb ist es wichtig zuzulassen, dass unser Kummer ein Werkzeug in Gottes Händen ist, um uns zum Mann der Schmerzen zu ziehen.

Als ich sechs Jahre alt war, klemmte ich mir eines Tages während der Schulpause den Ringfinger in einer zuschlagenden Tür. Ich war neugierig gewesen, was sich hinter dieser Tür verbarg, und hatte heimlich nachforschen wollen. Ich riskierte es, die Tür zu öffnen, doch dann bekam ich Angst und ließ sie los. Sie schnappte zu und hätte beinahe meinen Finger abgetrennt.

Das einzige Anzeichen für eine Verletzung war ein Blutstropfen. Aber es tat weh. Ich lief zu meiner Lehrerin, die mit mir zur Toilette ging und den Finger abwusch. Als sie den Finger unter fließendes Wasser hielt, schälte sich die Haut so weit zurück, dass der Knochen sichtbar wurde. Wir waren beide erschrocken. Meine Mutter wurde angerufen. Ich kann mich nicht mehr daran erinnern, wie sie mich abholte, aber ich erinnere mich, wie ich auf dem Untersuchungstisch lag und meine Mutter neben mir stand. Mir strömten Tränen über die Wangen, als der Arzt etwas direkt in meine Wunde spritzte. Es war furchtbar. Auch meine Mutter weinte, und sie sagte: „Es tut mir mehr weh als dir."

Als Kind konnte ich nicht begreifen, wie das möglich ist. Doch fünfundvierzig Jahre später und inzwischen selbst Mutter geworden, verstehe ich es. Es ist eine Sache, selbst Schmerzen zu haben. Aber es ist eine ganz andere, jemanden, den man liebt, Schmerzen erleiden zu sehen und völlig hilflos danebenzustehen. Egal, ob es mein Kind, mein Vater oder meine Mutter, mein Mann oder eine enge Freundin ist – es kann uns tiefer verletzen als die betroffene Person selbst.

Blaine und Sam waren gleichzeitig krank, wie es bei Kindern oft der Fall ist. Luke war noch nicht geboren. Sam war fast vier und Blaine noch keine zwei Jahre alt, als wir beide ins Auto packten und zum Arzt fuhren. Während wir die Straße hinunterfuhren, hörten wir ein seltsames Geräusch vom Rücksitz. Ich drehte mich um und sah, dass Blaine einen Krampfanfall hatte. Es war das erste Mal, und ich war furchtbar erschrocken. Ich hatte keine Ahnung, was bei ihm ablief und dachte, er würde sterben. Ich begann seinen Namen zu rufen, und flehte ihn an, bei mir zu bleiben. John hielt am Straßenrand an, aber ich schrie nur: „Fahr weiter, fahr weiter!"

Wenn ein verzweifelter Vater mit einem schlaffen, bewusstlosen Kind auf dem Arm in die Notaufnahme rennt, braucht man sich nicht mehr anzumelden. Wir waren kaum durch die Tür, als eine Krankenschwester auf uns zu lief und zu einem Untersuchungszimmer brachte. Danach setzte das Chaos ein. Ärzte eilten hin und her und führten lebensrettende Maßnahmen durch. Krankenschwestern bewegten sich präzise und rasch. John und ich waren wie gelähmt. Dann kam Blaine zu sich.

Ich erzähle diese Geschichte in dem Bewusstsein, dass Sie möglicherweise viel, viel Schlimmeres durchgemacht haben.

Die Ärzte wollten Blaine auf Meningitis testen. Ich war mir nicht sicher, ob wir das machen lassen sollten. Wir sprachen mit mehreren Ärzten, wir beteten, und schließlich folgten wir ihrem Rat und erklärten uns einverstanden. Blaine wurde mit dem Gesicht nach unten auf einem Untersuchungstisch festgeschnallt. Man forderte uns auf, den Raum zu verlassen, und wir gehorchten.

Was ich anschließend bereute.

Bei einer Meningitisuntersuchung wird eine lange Nadel in das Rückgrat eingeführt, um Flüssigkeit zu entnehmen, und das ist eine extrem schmerzhafte Angelegenheit. Voller Panik und Schmerz rief Blaine: „Mama! Mama!" Und die Ärzte sagten ihm: „Deine Mutter ist nicht hier." Also begann Blaine zu schreien: „Papa! Papa!" Wir kamen nicht.

Dieses Wissen bereitete mir mehr Schmerzen, als es ihm damals bereitet hat.

Wo war Maria, als Jesus gekreuzigt wurde? Wir wissen, wo sie war. Sie war dort, an seiner Seite. Sie war ihrem Sohn treu, doch sie war hilflos, unfähig, auf irgendeine Weise einzugreifen. Marias Herz wurde wie mit einem Schwert durchdrungen. Sie muss unaussprechliche Qualen durchgemacht gehabt, als sie unter dem Kreuz ihres Sohnes stand. Maria blieb dort, den Blick auf ihren Sohn gerichtet, den sie in ihrem Leib getragen, gestillt, aufgezogen und geliebt hatte. Den Sohn, von dem sie wusste, dass er der Heilige Israels war. Der Messias. Der Sohn Gottes. Der Sohn, der nun im Todeskampf litt. Maria war dort. Dachte sie, dass sie mehr litt als er? Und war es so?

Drei der Evangelien berichten, dass einige Frauen aus der Ferne verfolgten, wie Jesus gekreuzigt wurde: „Die Freunde Jesu und die Frauen, die mit ihm aus Galiläa gekommen waren, hatten aus einiger Entfernung alles mit angesehen" (Lukas 23,49). Doch im Johannesevangelium lesen wir, dass Maria nicht in einiger Entfernung stand: „Unter dem Kreuz, an dem Jesus hing, standen seine Mutter und ihre Schwester, außerdem Maria, die Frau von Klopas, und Maria aus Magdala" (Johannes 19,25).

Jesus musste nicht in die Ferne schauen, um seine Mutter zu sehen. Er musste nur nach unten sehen. Einer der letzten Sätze Jesu betraf Maria. Er sprach zum Apostel Johannes: „Sie ist jetzt deine Mutter" (Vers 27). Er liebte Maria auch noch in seinem Todeskampf. Er sorgte sich in seinem Todeskampf um ihre Zukunft, so wie er für unsere Zukunft sorgt.

Meine ersten zehn Jahre als Mutter umfassten eine bestimmte Anzahl an Verletzungen, genähten Wunden, gebrochenen Knochen, nächtlichen Besuchen in der Notaufnahme, Krankenwagenfahrten, Krankenhausaufenthalten und zwei Herzoperationen. Meine Kinder sind die meiste Zeit gesund. Aber bei allem, was ihnen widerfuhr, spürte ich ein Schwert, das mein Herz durchbohrte. Und ich weiß, dass auch Sie das durchgemacht haben. Marias Herz wurde mit einem Schwert durchbohrt, doch sie war in der Lage, weiterzumachen. Auch wir können weitermachen, weil Jesus ebenso über uns wacht.

Wie Maria gehorchte

Jesus begann seinen öffentlichen Dienst bei einer Hochzeitsfeier. Sie kennen die Geschichte sicherlich. Vielleicht war es die Hochzeit eines Nachbarn oder eines Freundes – wie auch immer, es war ein großes Ereignis. Auch seine Mutter war dort.

Dann gab es ein Problem: Der Wein ging aus. Maria wusste, wer das Problem lösen konnte! Kein Wein mehr? Kein Problem. Sie sagte zu Jesus: „Es ist kein Wein mehr da!" (Johannes 2,3). Seine Antwort lautete: „Frau, das ist meine Sache, nicht deine! Meine Stunde ist noch nicht gekommen" (Vers 4; GN).

Ich frage mich, wie das Leben zu Hause ablief, diese dreißig Jahre, von denen wir nichts wissen. Ich stelle mir vor, wie Maria ein Brot backen will und außer ihr ist nur noch Jesus im Haus. Sie hat kein Geld und kein Öl mehr. *Jesus! Komm her! Wir haben kein Öl mehr.* Vielleicht ist es so passiert. Jedenfalls brauchte sie nur zu sagen: „Sie haben keinen Wein mehr." Er antwortete: „So?" Dann kehrte Maria zu den Dienern zurück und sagte: „Was immer er euch befiehlt, das tut!" (Vers 5).

Das ist ein sehr guter Rat. Können Sie sie hören? Sie sagt uns dasselbe: „Tut, was immer er euch befiehlt." Er ist gut. Er ist mächtig. Er ist die Liebe und er weiß, was er tut. Wir können ihm vertrauen.

Wir hören erneut von Maria, als sie und ihre Söhne mit Jesus sprechen wollen:

Noch während Jesus sprach, kamen seine Mutter und seine Geschwister. Aber weil so viele Menschen bei ihm waren, kamen sie nicht an ihn heran. Deshalb baten sie, Jesus auszurichten: „Deine Mutter, deine Brüder und deine Schwestern warten draußen. Sie wollen mit dir reden!" Markus 3,31-32

Seine Mutter wollte mit ihm reden. In einigen Evangelien heißt es, seine Familie glaubte, Jesus hätte den Verstand verloren. Seine Mutter und seine Brüder begriffen die Intensität seines Dienstes nicht.

Vielleicht machten sie sich Sorgen darüber, dass er sich nicht genug um sich selbst kümmerte. Markus berichtet: „Es waren nämlich so viele Menschen bei ihnen, dass sie nicht einmal Zeit zum Essen fanden" (Markus 6,31). Vergessen wir nicht, dass Maria ein Mensch war. Sie war nicht vollkommen, und sie war in erster Linie seine *Mutter*, eine jüdische Mutter, die sich darum sorgte, dass ihr Sohn nicht genug zu essen bekam. Es gab Momente, in denen Maria an ihrem Sohn zweifelte, und auch wir haben solche Momente. Sie war sich nicht sicher, ob das, *was* er tat und *wie* er es tat, wirklich das Beste war.

Haben wir nicht alle solche Momente der Unsicherheit erlebt? Ich weiß von mir, dass ich schon öfter an die Himmelstür geklopft und gefragt habe: „Kann ich mit dir reden? Ich glaube, dass dir hier etwas ganz Wichtiges entgeht." Jesus ist von unseren Zweifeln unbeeindruckt, und so war es auch bei seiner Mutter. Aber wir wissen, dass Maria nicht in ihrem Zweifel verharrte.

Sie wusste, wer Jesus war. Sie blieb bei ihm, folgte ihm und blieb bis zum Ende an seiner Seite.

In der Apostelgeschichte lesen wir zum letzten Mal von Maria. Wir können davon ausgehen, dass sie den auferstandenen Jesus gesehen hat. Außerdem hielt sie sich in der Gegenwart der Jünger auf, betete mit ihnen und sie war anwesend, als zu Pfingsten der Heilige Geist über den Menschen ausgegossen wurde. Danach hören wir nichts mehr von ihr. Aber wir können uns Dinge vorstellen, darüber nachdenken und ihr nacheifern.

Sie war eine Frau des Glaubens, eine Frau von unglaublichem Mut, voller Gehorsam und Weisheit. Sie war eine Frau, die mit Kummer vertraut war, die wusste, wer Jesus war, die ihm *um jeden Preis* nachfolgte und andere ermutigte, dasselbe zu tun. Wir können uns vorstellen, wie sie uns in diesem Augenblick zuspricht: *„Tut, was immer er euch befiehlt! Und wenn er euch etwas befiehlt, dann fragt nicht: ‚Wie kann das gehen?' sondern: ‚Wie wird das gehen?'"*

12

Eine Frau des Gebets werden

Unser Hund Oban liebt mich über alles.

Er ist ein fünfjähriger Golden Retriever und ich bin sein Lieblingsmensch. Wenn ich nicht zu Hause bin, schmollt er und bleibt in seiner gemütlichen Hundehütte, ohne sich für das zu interessieren, was um ihn herum passiert – auch wenn an gewöhnlichen Wochentagen ohnehin nicht so schrecklich viel passiert. Wie auch immer, er schmollt. Wenn ich aber zu Hause bin, folgt mir Oban auf Schritt und Tritt und legt sich zu meinen Füßen, sobald ich mich hinsetze; egal ob ich im Wohnzimmersessel sitze, an meinem Schreibtisch oder am Küchentisch. Auch in diesem Moment liegt er mir zu Füßen. Oban folgt mir ständig, weil er mich liebt. Und auch wenn ich gerne glauben würde, dass seine Anhänglichkeit nichts damit zu tun hat, dass ich die einzige Person bin, die ihm zu fressen gibt, weiß ich sehr wohl, dass es tatsächlich damit zusammenhängt. Obans Anhänglichkeit ist seine Antwort auf meine Art, ihn zu lieben, und ist mit der Hoffnung verbunden, dass ich jeden Moment ihm gegenüber meine Liebe in Form einer Leckerei ausdrücken werde.

Oban ist ein kluger Hund. Er weiß, worauf er seine Aufmerksamkeit besonders konzentrieren muss, um den größtmöglichen Nutzen daraus zu ziehen. Und sobald Jesus unsere Aufmerksamkeit erobert hat, verhalten wir uns ähnlich wie er und werden zu Frauen, die zu *seinen* Füßen sitzen wollen. Weil wir unsere Herzen jetzt für das, was Jesus uns in diesem Kapitel sagen will, empfänglich machen möchten, wollen wir mit einem Gebet beginnen:

Lieber Herr,
ich vertraue mich dir und deiner Liebe an.
Ich gebe mich dir völlig hin.
Ich lege alles bei dir ab, was ich mit mir herumgeschleppt habe,
  und gebe mich selbst dir hin:
Mein Herz, meinen Verstand, meine Seele, meinen Körper und
  meinen Geist – alles.
Bitte reinige mich mit deinem Blut.
Ich bitte deinen Geist, meine Verbundenheit mit dir zu erneuern.
Erfülle mich mit deinem Leben! Gib mir Augen, dich zu sehen,
  und Ohren, dich zu hören.
Nimm alles weg, was zwischen dir und mir steht.
Ich liebe dich.
Ich bete in deinem heiligen Namen.
Amen.

Wonach sich Jesus sehnt

Was möchte Jesus? Was wünscht er sich mehr als alles andere? Nun, das ist nicht schwer zu beantworten, denn Jesus hat kein Geheimnis daraus gemacht. Er möchte, dass wir ihn lieben. Erinnern wir uns an die Frage, die ihm jemand stellte: „Lehrer, welches ist das wichtigste Gebot im Gesetz Gottes?" (Matthäus 22,36). Und er antwortete: „Du sollst den Herrn, deinen Gott, lieben von ganzem Herzen, mit ganzer Hingabe und mit deinem ganzen Verstand!" (Vers 37). Gott lieben! Jesus ist Gott. Er sagt: „Liebe mich. Das Wichtigste und Größte, was du mit deinem Leben anfangen kannst, ist dies: mich zu lieben!"

Es ist faszinierend: Wir sind ein Abbild des Herzens Gottes, denn wir wurden nach seinem Bild erschaffen. Deshalb drücken wir tief in unserem weiblichen Wesen einen Teil des Herzens Gottes dieser Welt gegenüber aus. Und wonach sehnt sich jedes weibliche Herz? Nach Liebe. Danach, von jemandem erwählt zu werden, die erste Wahl zu sein. Denken Sie bitte einmal darüber nach, wie tief dieser Wunsch in Ihnen verankert ist. Dann werden Sie in Bezug auf Gottes Herz etwas ganz Entscheidendes entdecken: Er wünscht sich genau dasselbe wie Sie.

Das Wichtigste, was wir tun können, ist dies: Gott aus freien Stücken unsere Liebe zu schenken. Die Liebe zu Jesus ist das Feuer, das jede gute Tat in unserem Leben anfacht. Die Liebe zu Gott befähigt uns, ein engagiertes Leben zu führen, das nicht anders kann, als sich für unseren Nächsten einzusetzen. Um mehr über diese Art, Jesus zu lieben, zu verstehen, wollen wir nun die Bibel aufschlagen und von einer Frau lernen, die Gott mit allem, was sie hatte, liebte und ihm den ersten Platz einräumte: Maria von Bethanien.

Sie war die Schwester von Lazarus, die eine Hälfte des Duos „Maria und Martha". Sie kannte Jesus sehr gut. Und weil sie ihn so gut kannte, liebte sie ihn sehr. (Die Liebe zu Jesus ist die natürliche Antwort eines Herzens, das ihn kennt.)

Meine Mutter hasste die berühmte Geschichte von Maria und Martha. Sie fand, Martha käme in dieser Geschichte zu schlecht weg, und wer von uns würde nicht bis zu einem bestimmten Grad mit ihr übereinstimmen? *Irgendjemand* musste sich schließlich um das Essen kümmern! In der Regel finden sich bei einer Feierlichkeit die Frauen in der Küche wieder, wo sie entweder Essen vorbereiten oder putzen. Ich jedenfalls tue das. Ich fühle mich in der Küche am wohlsten. Ja, ich kann mich mit Martha identifizieren. Sogar ein wenig mehr, als ich zugeben möchte.

Doch in dieser Geschichte steht Martha für eine Gemeinde, die sehr beschäftigt ist und ihre Aufmerksamkeit vom Wesentlichen abgelenkt hat. Sie ist ein Bild für uns, wenn wir die Beziehung zu Jesus mit dem Dienst für ihn vertauscht haben.

Jesus kam mit seinen Jüngern in ein Dorf, wo sie bei einer Frau aufgenommen wurden, die Martha hieß. Maria, ihre Schwester, setzte sich zu Jesu Füßen hin und hörte ihm aufmerksam zu. Martha aber war unentwegt mit der Bewirtung ihrer Gäste beschäftigt.

Schließlich kam sie zu Jesus und fragte: „Herr, siehst du nicht, dass meine Schwester mir die ganze Arbeit überlässt? Kannst du ihr nicht sagen, dass sie mir helfen soll?" Doch Jesus antwortete ihr: „Martha, Martha, du bist um so vieles besorgt und machst dir so viel Mühe. Nur eines aber ist wirklich wichtig und gut! Maria hat sich für dieses eine entschieden, und das kann ihr niemand mehr nehmen." Lukas 10,38-42

Martha kritisierte ihre Schwester und machte Jesus Vorwürfe. „Warum sitzt du einfach da und siehst nicht, was hier abläuft? Ich arbeite *so* hart, und meine Schwester macht *überhaupt* nichts. Sag ihr, dass sie mir helfen soll." Ich finde es wundervoll, wie sanft Jesus Martha für ihre Sorgen und ihre Geschäftigkeit tadelte. Er sagte nicht, dass Martha etwas falsch machte, sondern er korrigierte ihre Haltung. (Es ist wahrscheinlich ein wirksames Signal für uns, dass unsere Haltung korrekturbedürftig ist, wenn wir uns dabei ertappen, dass wir Gott Vorwürfe machen wollen, weil er nicht eingreift!)

Doch Maria konzentrierte sich hundertprozentig auf das Wesentliche. Sie war nicht faul, sondern sie war gebannt. Sie rannte nicht herum, um ihrer Schwester zur Hand zu gehen, weil sie von Jesus ergriffen war. Sie hatte sich dafür entschieden, von Jesus zu lernen, seinen Worten zu lauschen, ihm ihr Herz und ihren Sinn zu öffnen. Sie tat das eine, was Gott von uns erwartet: Sie liebte Jesus. Und Jesus lobte sie dafür.

Meine Familie behauptet, ich hätte Oban mit meiner Angewohnheit, ihm jedes Mal, wenn ich etwas esse, ein Stück davon abzugeben, völlig verdorben. Er liebt es, einen Apfel mit mir zu teilen. Ein Biss für mich, ein Stück für ihn. Oban ist kein schwieriger Esser. Er frisst alles, und wenn ich das sage, meine ich wirklich *alles*. Schmutzige Socken mag er besonders gern. Doch vor allem will Oban das, was *ich* esse. Nun, wenn ich etwas esse, insbesondere, wenn es ein Apfel ist, setzt sich Oban zu meinen Füßen, richtet seine Augen auf das Essen und ist vollkommen darauf konzentriert. Er ist gebannt. Nun, es ist vielleicht nicht der eleganteste Vergleich, aber dabei muss ich immer wieder an Maria denken. Nichts wird meinen Hund von dem Allerwichtigsten ablenken, das sich gerade um ihn herum abspielt. Er sitzt dort mit der ungeteilten Aufmerksamkeit eines begeisterten Jüngers.

Maria saß Jesus zu Füßen, und diese Haltung ist eines der Zeichen für eine Jüngerin. (Ich liebe es, wie Jesus mit Frauen umgeht. Damals war es ein Skandal und auch heute ist es noch an vielen Orten ein Skandal, weibliche Jünger zu haben. Doch Jesus hatte weibliche Jünger, was wieder einmal ein Zeichen dafür ist, dass er Frauen sehr schätzt.) Anstatt damit beschäftigt zu sein, etwas *für* Jesus zu tun, war Maria einfach *bei* ihm. Und Jesus machte deutlich, dass es für ihn weit wichtiger ist, bei ihm zu sein, ihm zuzuhören, ihn mit Aufmerksamkeit und Anbetung zu ehren, als Dinge für ihn zu tun. „Martha, Martha… Nur eines aber ist wirklich wichtig und gut! Maria hat sich für dieses eine entschieden, und das kann ihr niemand mehr nehmen."

Jesus *verteidigte* Marias Entscheidung. Doch er war Martha nicht böse. Er lud sie einfach ein, sich auch für das Bessere zu entscheiden.

Jesus lechzt nicht nach unserem Dienst, auch wenn er noch so wundervoll ist. Er hat Wünsche und Träume in unser Herz gelegt, doch für ihn ist es nicht das Allerwichtigste, dass wir unsere Gaben nutzen, um das Reich Gottes voranzubringen oder seiner geliebten Herde zu dienen. Jesus sagt, das erste Gebot lautet, ihn zu lieben. Wir lieben ihn, wenn wir die anderen lieben, das ist wahr, doch Gott stellt unsere Liebe zu ihm über alles. Und diese Liebe zeigen wir ihm am besten, wenn wir bei ihm sind, Zeit mit ihm verbringen und ihn anschauen.

Wenn man jemanden wirklich liebt, dann ist man einfach glücklich, im gleichen Raum mit ihm zu sein. Unsere Söhne leben nicht mehr in unserem Haus, und wenn sie zu Besuch kommen, bin ich überglücklich! Die Tatsache, dass sie unter dem gleichen Dach sind wie ich, macht mich froh! Mein Herz ruht in der Freude, sie in meiner Nähe zu haben. Sie kennen das. Maria kannte es auch. Und Jesus kennt es!

Ich liebe dich, ich vertraue dir

Wir begegnen Maria von Bethanien nach dem Tod ihres geliebten Bruders Lazarus wieder. Jesus liebte Lazarus. Er liebte auch Maria und Martha, doch er eilte nicht gleich an Lazarus' Seite, als er hörte, dass er krank sei. Er beschloss, noch zwei Tage zu warten, bevor er sich auf den Weg nach Bethanien machte. Die Schwestern wünschten sich, dass er kam und Lazarus heilte. Doch Jesus hatte etwas Besseres vor.

Also wartete er. Und dann vollbrachte er eines der größten Wunder seines irdischen Dienstes. Genau wie wir es schon so oft tun mussten, mussten auch Maria und Martha auf Gott warten. Und auf Gott zu warten gehört zu den schwierigsten Dingen, die wir tun müssen, nicht wahr? Doch wenn Jesus sofort gekommen wäre und Lazarus geheilt hätte, hätten wir alle etwas Großartiges verpasst.

Daran zu glauben, dass Gott gut ist, wenn wir ausdauernd warten müssen, ist unglaublich hart. Daran zu glauben, dass Gott mitten in schwerem Leid, Verlust oder Schmerz gut ist, ist noch schwieriger. In solchen Zeiten wird unser Glaube, der Schatz unseres Herzens, durch Feuer geprüft und zu Gold verwandelt. Was wir in solch schweren Zeiten über Gott erfahren und die Art und Weise, wie seine Gegenwart in unserem Herzen durch Leid vertieft wird, führt uns dazu, zu sagen: „Ich bereue nichts." Darin besteht das übernatürliche, unbegreifliche Reich Gottes.

Ich weiß, dass Gott oft nicht derart auf Ihre Gebete geantwortet hat, wie Sie es sich gewünscht hätten, oder nicht so schnell, wie Sie gehofft hatten. Doch was er schließlich getan hat, war weit besser. Auch wenn das „weit Bessere" darin bestand, dass Sie ihm tiefer als zuvor vertrauen.

Wir alle führen ein Leben, in dem wundersame Dinge passieren und gleichzeitig viel Kummer vorkommt. Das ist die Realität. Ich kann nur ahnen, was Sie durchmachen … wie sehr Sie warten … wonach Sie sich sehnen … worüber Sie weinen und wie Sie mitten in Ihren Problemen am Glauben festhalten. Ich weiß, was ich selbst erlebe. Doch Gold wird geschmiedet, Mädels. Kostbares, unschätzbar wertvolles Gold. Und um es mit Philip Yanceys Worten zu sagen: Der Glaube vertraut vor der Zeit auf das, was man nur sieht, wenn man zurückblickt. Es wird ein Tag kommen, an dem wir zurückblicken und verstehen. Doch in der Zwischenzeit brauchen wir Gottes Kraft, der unsere Herzen stark macht, um daran festzuhalten.

Lazarus war seit vier Tagen tot, als Jesus schließlich nach Bethanien kam. Ich finde es wundervoll, wie Martha, als sie von seiner Ankunft hörte, sofort loslief, um ihn zu treffen. Martha kam manchmal zu kurz, aber in diesem Augenblick lief sie zu Jesus. Sie liebte ihn. Sie sagte: „Herr, wärst du hier gewesen, würde mein Bruder noch leben" (Johannes 11,21). Und dann sagte sie:

> „Aber auch jetzt weiß ich, dass Gott dir alles geben wird, worum du ihn bittest." (...) Darauf erwiderte ihr Jesus: „Ich bin die Auferstehung, und ich bin das Leben. Wer mir vertraut, der wird leben, selbst wenn er stirbt. Und wer lebt und mir vertraut, wird niemals sterben. Glaubst du das?" „Ja, Herr," antwortete ihm Martha. „Ich glaube, dass du Christus bist, der Sohn Gottes, auf den wir so lange gewartet haben." (Vers 22-27)

Theologen nennen dies das dreifache Bekenntnis. Es war das höchste Bekenntnis, das Martha machen konnte. Und ist es nicht einfach wundervoll, wie sie sagt: „Aber auch jetzt weiß ich, dass Gott dir alles geben wird, worum du ihn bittest!" Martha hoffte darauf, dass Jesus durch ein Wunder eingreifen würde.

Maria kam nicht. Sie blieb im Haus und trauerte. Sie ging nicht zu Jesus, bevor man ihr sagte, dass er sie rief. Maria war eine echte Person – so wie wir auch. Sie war nicht das perfekte Mädel, das immer und jederzeit alles richtig macht. Sie war eine Frau wie Sie und ich, die sich manchmal, wenn der Kummer sie überwältigt, nicht mehr rühren kann. Maria konnte sich nicht in Bewegung setzen, bis sie von Gott gerufen wurde.

Maria liebte Jesus. Und als er sie rief, lief sie sofort zu ihm und fiel ihm zu Füßen. Sie betete ihn an. Sie brachte Jesus die ganze Wahrheit über sich selbst, auch ihre tiefe Trauer und ihr unkontrolliertes Weinen. Als Jesus sie weinen sah, war er „tief bewegt und erschüttert" (Vers 33). Jesus war tief gerührt durch die heißen Tränen einer Frau, die ihn liebte, und er ist auch von Ihren Tränen tief bewegt.

Haben Sie gut zugehört? Jesus ist von Ihren Tränen tief bewegt, von Ihrer Liebe, Ihrem Warten, Ihrem Kummer. Er ist tief bewegt, wenn Sie ihm vertrauen, obwohl alles hoffnungslos aussieht. Dieses Vertrauen ist einer der tiefsten Beweise unserer Liebe zu ihm.

Martha und Maria schütteten Jesus ihr Herz aus. Sie beschlossen, ihm zu vertrauen. Sie wissen, was dann passierte!

Überschwänglich lieben

Tage später, als Jesus erneut mit dem quicklebendigen Lazarus beim Essen saß, und Martha … nun ja, ihnen diente, tat Maria das Unvorstellbare. Sie kam leise in den Raum mit einem Alabasterfläschchen, das mit einem kostbaren Parfüm gefüllt war, von dem viele Kommentatoren glauben, dass dies ihre ganzen Ersparnisse darstellte. (Übrigens waren sie nicht zu Hause. Das Ganze fand im Haus des Simon statt. Maria brachte das Duftöl mit, sie hatte das also zuvor geplant.) Maria brach also das Siegel des Fläschchens auf und goss langsam das Öl über Jesu Kopf und zum Schluss über seine Füße. Danach tat sie etwas sehr Intimes, ja sogar Skandalöses. Sie löste ihr Haar und trocknete seine Füße damit, obwohl damals eine achtbare Frau ihr Haar niemals in der Öffentlichkeit löste.

Maria kümmerte sich nicht um das, was die anderen dachten. Sie hatte ein ungeteiltes Herz. Sie goss alles, was sie besaß, in einer verschwenderischen Gabe der Anbetung über Jesus aus. Sie gab ihm sich selbst. Sie diente ihm in einer in biblischen Zeiten bedeutsamen Weise. Heutzutage würde eine Beziehung wohl zu Ende gehen, wenn man eine Flasche Chanel Nummer 5 über eine Person, für die man große Achtung empfindet, ausgießen würde. Doch was Maria tat, war ein bemerkenswertes Opfer der Anbetung.

Daraufhin passierten mehrere Dinge.

Zunächst erfüllte der Duft des Öls den Raum. *Die Atmosphäre veränderte sich.* So ist es auch, wenn wir alles, was wir haben, voller Anbetung über Jesus ausgießen. Dann spüren die Menschen in unserem Umfeld ebenfalls die Schönheit dieser Gabe.

In den ersten Kapiteln der Apostelgeschichte lesen wir, wie die Pharisäer über den Mut von Petrus und Johannes staunten. Sie sprachen mit Vollmacht, und die Pharisäer erkannten, dass diese Leute mit Jesus zusammen gewesen waren. Wenn wir Jesus anbeten, wenn wir in seiner Nähe sind, erfüllt der Duft seiner Liebe unser Herz und ergießt sich anschließend nach außen. Die Atmosphäre in und um uns herum verändert sich. So wie die Pharisäer können die Menschen in unserer Umgebung erkennen, dass wir mit Jesus zusammen waren.

Das Zweite, was passierte, waren Vorwürfe vonseiten der Jünger. Immer wieder hatte Jesus ihnen gesagt, dass er in Jerusalem getötet und danach auferstehen würde. Doch sie konnten das nicht begreifen. Die Opposition gegen Jesus nahm täglich zu. Man verfolgte ihn, man wollte ihn töten. Die aufmerksame Maria, die zu den Füßen Jesu saß, wusste, dass nicht mehr viel Zeit blieb. Und deshalb gab es nichts, was Maria ihm nicht gegeben hätte.

Im Neuen Testament lesen wir, dass diejenigen, die mit im Raum waren, empört reagierten und Maria schwere Vorwürfe machten. *Was für eine Verschwendung! Das Gehalt eines ganzen Jahres für nichts und wieder nichts ausgegossen! Wie viele arme Familien könnten eine Woche lang davon leben.* Sie dachten nur an das Geld. Maria sah nur Jesus.

Ist es Ihnen jemals passiert, dass man Ihre Motive missverstanden hat? Hat man Sie je dafür kritisiert, wie Sie anbeten oder wie Sie Ihre Zeit oder Ihr Geld verwenden, wie Sie dienen oder glauben oder etwas erreichen oder nicht erreichen? Es ist mir unzählige

Male passiert, und ich finde es furchtbar. Jesus mag es auch nicht so besonders, wenn andere Menschen uns verurteilen, insbesondere dafür, dass wir ihn lieben. Jesus weiß genau, wie weh es tut, missverstanden und verurteilt zu werden. Er weiß, dass es Teil unseres Kummers ist, in einer gefallenen Welt zu leben.

Wir verletzen andere, wenn wir ihre Handlungen durch die Brille des Missverständnisses interpretieren, die durch unsere Sündhaftigkeit geprägt wurde. Wir werden verletzt, wenn andere dies uns gegenüber tun. Wenn wir derart behandelt werden, wie sollten wir uns dann verhalten? Was tat Maria? Nun, sie sagte kein einziges Wort zu ihrer Verteidigung. Aber Jesus tat es. Und auch heute noch verteidigt Jesus jeden, der ihn anbetet.

Aber Jesus sagte: „Lasst sie in Ruhe! Warum kränkt ihr sie? Sie hat etwas Gutes für mich getan. Arme, die eure Hilfe nötig haben, wird es immer geben. Ihnen könnt ihr jederzeit helfen. Ich dagegen bin nicht mehr lange bei euch. Diese Frau hat getan, was sie konnte. Mit diesem Salböl hat sie meinen Körper für mein Begräbnis vorbereitet. Und ich sage euch: Überall in der Welt, wo Gottes rettende Botschaft verkündet wird, da wird man auch von dieser Frau sprechen und von dem, was sie getan hat!" Markus 14,6-9

Jesus verteidigte Marias waghalsige Hingabe. Jesus hatte Maria „ergriffen", und er „ergreift" heute auch Sie. Er verstand ihr Herz und die Tiefe ihrer Liebe. Er sagte: „Sie hat etwas Gutes *für mich* getan." An keiner Stelle hat er dies von irgendeiner anderen Person gesagt. Und worin bestand dieses Gute? Sie hat ihm all ihre Liebe geschenkt.

Doch haben Sie auch bemerkt, was Jesus noch sagte? „Sie hat getan, was sie konnte." Sie verfügte über ein einzigartiges Geschenk, und sie gab es ihm vollständig. Und in der Einzigartigkeit dieses Geschenkes liegt eine große Portion Gnade, liebe Schwestern! Wir sind alle unterschiedlich. Uns miteinander zu vergleichen, wäre tödlich! Aber uns allen wurde ein Geschenk oder eine Begabung gegeben, die wir entsprechend einsetzen sollen. Wir sind ein Leib. Wir brauchen einander. *Wir tun, was wir können.*

Im Neuen Testament wird diese Maria nicht mehr erwähnt. Sie war nicht unter dem Kreuz oder am leeren Grab. Diese Maria, die den Tod ihres Bruders zu Hause beweinte und unfähig war, zu Jesus zu laufen, ist dieselbe Frau, die wusste, dass Jesus sterben würde – und sie glaubte daran, dass er am dritten Tag auferstehen würde. Doch ihr Herz ertrug es nicht, dies mit eigenen Augen zu sehen.

Übrigens dauerte der Duft ihrer Gabe an. Der Duft des Öls, das Maria Tage vor seinem Tod über Jesus ausgegossen hatte, war noch in seinem Haar und auf seinen Füßen und überall dort, wo es hintropfte. Maria war nicht bei der Kreuzigung zugegen, doch die Schönheit ihres Opfers war immer noch präsent.

Maria begriff, was los war, sie hatte einen erstaunlichen Glauben, und sie diente Jesus auf eine Weise, die die anderen nicht einmal verstanden, nur weil sie ihn so gut kannte. Sie liebte ihn. Sie erwies ihm Anbetung auf verschwenderische Weise.

Und Jesus *liebte* das.

Skandalöse Liebe

Nun möchte ich mit Ihnen betrachten, was wir aus dem Leben einer meiner bevorzugten Frauen der Bibel, Maria Magdalena, lernen können.

Die Kirchentradition identifiziert sie als die Frau, die während des Abendessens ins Haus des Pharisäers eindrang und die Füße Jesu küsste, während sie sie mit ihren Tränen wusch und mit ihrem Haar trocknete. Der Pharisäer und seine Gäste waren fassungslos, doch Jesus verteidigte sie. (Hier finden wir es wieder: Jesus verteidigt seine Anbeter.) Doch es gibt keinen Hinweis in der Bibel, der die These stützt, es handele sich hier um Maria Magdalena. Diese Frau, die Gott auf skandalöse Art ihre Liebe entgegenbrachte, war eine andere wunderbare Frau.

Wir wissen dagegen, dass Maria Magdalena eine Frau war, von der Jesus sieben Dämonen ausgetrieben hat. Welche Frau wäre dafür nicht dankbar? Sie war außerdem eine Frau, die über gewisse Mittel verfügte und Jesus von Galiläa aus nachfolgte. Damals war es undenkbar, dass Frauen mit Männern durch das Land reisten – vor allem ledige Frauen mit ledigen Männern! Doch Jesus kümmerte sich nicht im Geringsten um die gesellschaftlichen Traditionen, und das ist auch heute noch so. Maria und einige andere Frauen reisten mit ihm und seinen Jüngern. „Sie waren vermögend und sorgten für Jesus und seine Jünger" (Lukas 8,3).

Maria Magdalena war eine passionierte Nachfolgerin Jesu. Ja, sie reiste mit ihm. Maria musste in seiner Nähe sein, weil sie ihn liebte. Sie, seine Mutter, der Jünger Johannes und einige andere Frauen folgten Jesus, als er nach Golgatha ging. Maria Magdalena blieb bei ihm, als er am Kreuz hing. Petrus tat das nicht. Johannes tat es, ebenso Jesu Mutter und eine Handvoll Frauen.

Vermutlich haben Sie schon Fotos von der wunderschönen Bildhauerarbeit Michelangelos, der „Pietà", gesehen, die die Mutter Jesu darstellt, wie sie den zerschundenen Leib ihres Sohnes nach der Kreuzigung in den Armen hält. Es ist wunderschön und ergreifend, aber es entspricht nicht der Wahrheit. Es waren nicht Frauen, die den Leib Jesu vom Kreuz nahmen, es waren Männer. Joseph von Arimathia und Nikodemus hatten die Erlaubnis, den Körper Jesu abzunehmen, und sie legten ihn in ein Grab.

Maria Magdalena kannte diese Männer nicht, denn Nikodemus und Joseph waren heimliche Jünger. Maria kannte auch dieses Grab nicht. Also schlich sie ihnen aus einer gewissen Entfernung hinterher, um zu sehen, wo sie den Leichnam hinbrachten. Sie konnte es nicht ertragen, nicht Bescheid zu wissen. Die Trennung von Jesus war für sie unerträglich. Am dritten Tag, in der Morgendämmerung, im frühestmöglichen Augenblick, ging Maria mit einigen Frauen zum Grab, um Gewürze und Öl dorthin zu bringen. Sie wollten den Körper Jesu damit salben. Doch bestürzt stellten sie fest, dass das Grab leer war.

Maria war verzweifelt: „Sie haben den Herrn aus dem Grab geholt, und wir wissen nicht, wohin sie ihn gebracht haben!" (Johannes 20,2).

Sie sah einen Mann, von dem sie annahm, dass es der Gärtner war, und fragte ihn, ob er den Leichnam weggenommen habe. Und dann offenbarte sich Jesus ganz einfach dadurch, dass er ihren Namen aussprach: „Maria!" (Vers 16). Und wie war ihre Reaktion darauf? Sie fiel ihm zu Füßen und betete ihn an. Maria wurde die einzigartige Ehre zuteil, die erste Person zu sein, die den auferstandenen, siegreichen Herrn anbeten durfte.

Maria Magdalena war eine Anbeterin. Sie war von einer sehr schlimmen Krankheit geheilt und befreit worden, und sie liebte Jesus von ganzem Herzen. Sie folgte ihm. Sie konzentrierte sich ganz auf ihn. Sie gab ihm ihr Erspartes. Sie gab ihm ihr Herz. Sie gab sich ihm bedingungslos hin.

Nach einem solchen Verhalten ihm gegenüber sehnt sich Jesus am allermeisten. Er sehnt sich nicht in erster Linie nach unserem Opfer oder unserem Gehorsam. Er braucht unser Geld nicht. Er braucht unsere Geschenke nicht. Was er möchte, ist unser Herz. Er sehnt sich nach unserer Liebe. Unsere Liebe und Anbetung sind das *eine*, das er nicht von uns fordern kann, ohne dass wir es ihm von uns aus geben. Jesus sehnt sich danach, dass wir ganz nah bei ihm sind. Er hat die Ewigkeit durchschritten, gekämpft und gelitten, ist gestorben und auferstanden, um unser Herz für sich zu gewinnen. Er möchte unser Herz als Antwort auf seine überwältigende Liebe zu uns erobern.

Maria Magdalena wusste das. Jesus wünscht sich, dass auch uns das bewusst ist.

Es war kein Zufall, dass Jesus sich zuerst Maria gegenüber offenbarte. Sie ist ihm nicht zufällig begegnet, als sie zum Grab ging. Er war nicht einfach in der Nähe. Der auferstandene Erlöser ist nicht länger an Zeit und Raum gebunden. Der auferstandene Jesus kann durch Wände gehen. Er kann ganz plötzlich erscheinen und verschwinden. Jesus hat dementsprechend also *beschlossen*, zuerst Maria Magdalena zu erscheinen. Er hat sie *auserwählt*. Warum?

Wird sein Herz nicht zu denen gezogen, die ihn lieben?

Sind Sie jemals vor vielen anderen ausgewählt worden? Wurden Sie zuerst für das Völkerballteam ausgesucht? Zu einem Tanz aufgefordert? Haben Sie eine wichtige Rolle bei einer Schulaufführung oder einer Preisverleihung gespielt? Es ist wundervoll, ausgewählt zu werden. In meiner Kindheit und Jugend war ich nicht besonders sportlich. Ich wurde nie zuerst für eine Mannschaft ausgesucht, und ich wurde nie zum Tanz aufgefordert.

Im vierten Schuljahr wurde ich dagegen von meinen Klassenkameraden zur „Bürgerin des Jahres" gewählt. Ich kann mich noch gut daran erinnern, wie sehr ich mich darüber freute. Jeden Tag wählte der Lehrer einen Schüler aus, um „Bürger des Tages" zu sein. Der Name wurde dann auf einer besonderen Tafel veröffentlicht. Am letzten Schultag betrachtete der Lehrer alle Namen noch einmal, um zu sehen, wer am häufigsten diese Ehre erhalten hatte. Es ergab sich, dass ein netter Junge namens Bobby und ich gleich viele Stimmen hatten. Also wurde eine Wahl angesetzt. Allerdings gab es in unserer Klasse mehr Jungen als Mädchen, sodass ich ziemlich sicher war, nicht zu gewinnen.

Doch ich hatte einen Vorteil. Ich sollte eine Woche später mit meiner Familie aus Kansas fortziehen, um in Kalifornien zu wohnen. Ich würde fortgehen, und alle wussten das. Und weil es ein schönes Abschiedsgeschenk war, gewann ich die Wahl.

Damals dachte ich, meine Mitschüler hätten aus Wohlwollen für mich gestimmt, oder sie fanden, dass ich tatsächlich mehr einem „Bürger des Jahres" ähnelte als Bobby, aber letztlich wollte ich gar nicht wissen, warum ich gewonnen hatte. Es war einfach nur wichtig für mich, dass *ich* gewählt worden war. Als Preis bekam ich ein Zertifikat und ein Poster, auf dem die Fotos aller meiner Klassenkameraden klebten. Ich nahm die Fotos vom Poster, steckte sie in einen Umschlag und nahm sie mit nach Kalifornien.

Ich wurde unmittelbar vor der Trennung von meinen Freunden und Lehrern gewählt, bevor ich ein regelrechtes Erdbeben in meinem jungen Leben durchmachte. Denn als wir nach Kalifornien zogen, fiel meine Familie schließlich völlig auseinander. Wie oft ging ich meinen kleinen Karton holen und nahm die Fotos meiner Klassenkameraden heraus, um mich daran zu erinnern, dass ich geliebt wurde und dass es einen Ort gab, wo man mich kannte und sich um mich sorgte. Ich war gewählt worden. Es war eine von Gott geschenkte Rettungsleine, als ich sie am meisten brauchte.

Auch Sie wurden ausgewählt.

Nicht ihr habt mich erwählt, sondern ich euch.   Johannes 15,16

Schon vor Beginn der Welt, von allem Anfang an, hat Gott uns, die wir mit Christus verbunden sind, auserwählt.   Epheser 1,4

Ihr seid von Gott auserwählt und seine geliebten Kinder, die zu ihm gehören.   Kolosser 3,12

Es ist wichtig, dass wir unser Herz in diesen Zusagen ruhen lassen.

Jesus blieb nach seiner Auferstehung vierzig wundersame Tage lang bei seinen Jüngern. Doch dann – wie wir alle wissen – verließ er sie. Er fuhr in den Himmel auf und wies seine Nachfolger an, zusammenzubleiben und zu warten.

Maria Magdalena war bei ihnen. Sie hatte sich mit ihnen versammelt. Sie beteten, sie warteten, ohne zu wissen, worauf sie genau warteten. Doch sie wussten, dass Jesus vom Heiligen Geist gesprochen hatte. Stellen wir uns diese zehn Tage vor. Jesus war nicht mehr da. Der Heilige Geist war noch nicht gekommen. Sie konnten die leise Stimme Jesu nicht hören. Sie konnten seine Gegenwart nicht spüren. Sie waren leer. Doch Jesus hatte ihnen eine Verheißung gegeben. Er hatte ihnen gesagt, der versprochene Heilige Geist würde kommen, und sie glaubten ihm. Also warteten sie. Und während dieser Wartezeit hielten sie sich an der Wahrheit fest. Sie erinnerten sich und tauschten ihre Erinnerungen miteinander. Jeder von ihnen war auserwählt worden.

Gott hat uns alle möglichen Verheißungen geschenkt. Einige sind bereits erfüllt worden und wir leben mit ihnen, andere stehen noch aus. Und während wir auf ihre Erfüllung warten, während wir uns sehnen, leiden, leben und lieben, müssen wir uns *erinnern*. Wir erinnern uns an Jesus, und wir klammern uns an ihn. Wir erinnern uns an die Verheißungen, die er uns geschenkt hat, und an die Hoffnung, zu der er uns berufen hat. Und wir erinnern einander.

Liebe als Anbetung

Eine der besten Möglichkeiten, uns daran zu erinnern, wer unser Gott ist und wer wir für ihn sind, ist die Anbetung. Wenn wir anbeten und unseren Herzensblick von uns selbst fort und auf Jesus hin richten, vollzieht sich eine göttliche Verlagerung der Prioritäten, die uns viel Gutes bringt. Unsere enormen Kämpfe und Sorgen verblassen angesichts unseres mächtigen und fürsorglichen Jesus. Wenn wir anbeten, erinnern wir uns daran, dass wir mit seinem kostbaren Blut erkauft wurden. Wir erinnern uns daran, zu wem wir gehören.

Wir sind Jesu geliebte Kinder: „Ich gehöre meinem Liebsten, und sein Herz sehnt sich nach mir" (Hohelied 7,10). Er sorgt für uns und für die, die wir lieben, auf eine Weise, die wir nicht fassen können. Wir sind für immer geliebt.

Die Anbetung ist ein Weg, ihn wiederzulieben. Sie ist unsere Antwort auf seine Liebe, seine Vergebung, darauf, dass er uns kennt. Sie ist unsere Gelegenheit, ihm dafür zu danken, dass er uns gesehen und erwählt hat, dass er uns will, versteht, für uns sorgt und uns heilt! Anbetung ist unsere Antwort auf das, was Jesus ist: Er ist würdig, wunderschön, unendlich gut, freundlich, vergebend, großzügig, wundervoll und voll und ganz *für* uns.

Anbetung ist eine vertraute Begegnung mit Gott, die uns verändert, indem unser Geist mit der Wahrheit verbunden wird, auch wenn es sich nicht wahr *anfühlt*. Wir schütten unser Herz vor ihm aus, und er strömt in uns hinein. Es ist ein göttlicher, ungleicher Austausch, der ihm dient und unser eigenes Herz erneuert.

Wenn wir Jesus anbeten, wird das Reich der Finsternis zurückgedrängt und das Reich Gottes vorangebracht. Anbetung verändert die Atmosphäre um uns herum, sodass andere spüren können: *Sie waren mit Jesus zusammen.*

Vertraute Anbetung bedeutet einfach, Gott zu sagen, wie wundervoll er ist und warum. Es ist das Ausgießen unserer Liebe, als würden wir kostbares Öl über ihm ausgießen. Wir bringen ihm alles, was wir als Frau sind, auch unsere Müdigkeit und unsere Sorgen. *Jesus, ich gebe dir meine Müdigkeit. Ich gebe dir meine Zweifel. Ich gebe dir meinen Wunsch, aufzugeben. Ich komme mit meinem Durst. Ich bringe dir meine Wünsche, meine Gaben, meine Schwachheit, meine Bedürfnisse, meine Versäumnisse, mein Alles. Ich bringe dir alles, was ich bin, Herr. Ich gebe dir meine Liebe.* Wenn wir Jesus lieben, werden wir zunehmend empfänglich für sein tiefes Wirken in uns, das uns zu der Frau verwandelt, die wir so gern sein möchten.

Wenn wir Jesus anbeten, sind wir wie Maria von Bethanien: Wir können Jesus mit unserer Anbetung, unseren Tränen und unserem dankbaren Herzen dienen. Warum nehmen Sie sich nicht ein paar Minuten Zeit, um jetzt zu ihm zu kommen? Stellen Sie sich vor, wie Sie zu seinen Füßen sitzen und ihm zuhören, oder wie Sie seine Füße mit Ihren Tränen waschen, oder wie Sie zu seinem Kreuz aufschauen, oder wie Sie vor dem lebendigen, auferstandenen Herrn niederfallen. Wir können hierbei nichts falsch machen. Es macht Gott über alle Maßen glücklich, wenn wir mitten am Tag innehalten oder auch eine längere Zeit mit ihm alleine verbringen, einfach um ihn anzubeten!

Jesus verdient unsere Hingabe und unseren Dank. Unser Jesus ist der eine, der in die tiefste Dunkelheit und den tiefsten Kerker hinabgestiegen ist, um seine wahre Liebe zu retten. Er ist der eine, der auf einem weißen Pferd reiten wird, mit Feuer in den Augen und einem flammenden Schwert in der Hand. Er hat uns in seine von Nägeln durchbohrte Hand eingeschrieben. Er kennt jeden unserer Gedanken, hat jedes unserer Haare gezählt und nimmt jede einzelne unserer Tränen wahr. Jesus weint für uns und mit uns, er sehnt sich nach uns, hofft für uns, träumt von uns und jubelt über uns. Er ist der eine, der alle Mächte der Hölle bekämpft hat, um uns zu befreien, und er kämpft noch immer.

Jesus ist unser Ritter in glänzender Rüstung. Er ist die Liebe, nach der wir uns gesehnt haben. Er ist unser wahr gewordener Traum. Er ist unser Held. Er ist Aslan, der Löwe von Juda, und das Lamm Gottes. Er ist der Friedensfürst, Alpha und Omega, der Erste und der Letzte, der König der Könige und Herr der Herren, der Allmächtige.

Sein Name ist wie ein sanfter Kuss und ein aufrüttelndes Erdbeben zugleich. Er blickt auf uns. Er hat uns seine Liebe zugesagt und er hat sich für immer mit uns verbunden. Er ist unveränderlich, und seine Liebe zu uns bleibt für immer bestehen.

Wie antworten wir darauf? Wir lieben ihn. Wir beten ihn an. Wir loben ihn.

Gott lädt uns ein, eine Maria zu werden. Er wünscht sich, dass wir eine Frau wie Maria, seine Mutter, werden, eine Frau voll tiefen, unerschütterlichen Glaubens. Er ruft uns dazu auf, eine Frau wie Maria Magdalena zu sein, die ihm alles gab. Und Jesus möchte, dass wir so werden wie Maria von Bethanien, die wusste, dass Jesus unser größter Schatz ist und die Anbetung die größte Freude unseres Herrn.

13

Unserem wahren Namen entsprechen

Ich liebe gute Märchen. Ich würde am liebsten jeden Tag den Satz: „Und sie lebten glücklich bis an ihr Ende" hören! Glaspantoffeln, die Macht des ersten Kusses, das Gute, das über das Böse triumphiert, und die Offenbarung der wahren Natur einer Person (Sie ist ein Drache! Sie ist eine Prinzessin!) – all das macht mich froh. Und so ist es nur natürlich, dass die königliche Hochzeit von Prinz William und Kate Middleton meine Fantasie beflügelt hat. Es war eine Märchenhochzeit, die vor der ganzen Welt stattfand.

Schätzungen zufolge verfolgten zwei Milliarden Menschen weltweit die Hochzeit von William und Kate am Bildschirm. Offenbar war die ganze Welt im Bann dieses Ereignisses. Die hübsche Kate wurde als „Bürgerliche" geboren, doch nun ist sie mit dem künftigen König von England verheiratet. Das Magazin *People* veröffentlichte eine Spezialausgabe, auf dessen Titelseite „Die Liebe regiert!" zu lesen war. Ja, ganz tief in unserem Innern sehnen wir uns alle nach Höherem; wir sehnen uns danach, dass Märchen wahr werden!

Ich erinnere mich noch gut an eine andere königliche Hochzeit, als Lady Diana Prinz Charles heiratete. Meine Familie blieb bis nach Mitternacht auf und klebte vor dem Bildschirm, während die wunderschöne Diana in wogendem Weiß aus der Kutsche stieg. Es war eine Hochzeit voller Pomp und Prunk. Wir verschlangen die Bilder regelrecht. Als dann die Hochzeit ihres Sohnes (Prinz William) stattfand, war die Welt erneut wie gebannt. Kates Anmut. Die Brautjungfer dahinter. Das Lächeln des Bräutigams, das an seine Mutter erinnerte.

Gestohlene Identität

Der Erbe des britischen Throns trägt seit dem 13. Jahrhundert, als König Edward (erinnern Sie sich noch an *Longshanks* aus dem Film *Braveheart*? Das ist jener Edward) die wilden, edlen Waliser besiegte und ihnen ihr Land, ihre Gesetze und ihre Sprache nahm, den Titel „*Prince of Wales*". Doch Edward und die, die nach ihm kamen, schafften es nicht wirklich, den Walisern ihre Identität zu rauben. Achthundert Jahre später bestehen die Sprache, die einzigartige Geschichte und der Duft von Wales noch immer.

Ich gestehe, dass ich ein wenig für *Llewellyn the Great* schwärme. Dieser Prinz von Wales war der Erste, der das Land wirklich vereinte. Vieles in seinem Leben erinnert mich an Jesus, und ich verstehe nicht, warum Hollywood nicht längst diese glorreiche Geschichte verfilmt hat.

Wie auch immer, er war ein Edelmann, dessen Enkelsohn und Namensvetter – bekannt als *Llewellyn the Last* – den Fußstapfen seines Großvaters folgte und sich bemühte, Wales zu vereinen, zu lenken und zu schützen. Auch seine Lebensgeschichte ist eine edle Geschichte, aber zudem eine traurige. Er wurde in einem Scharmützel getötet und konnte sein Land nicht vor der englischen Invasion schützen, die das Schicksal des kleinen Landes veränderte.

Llewellyn the Last hatte einen Erben – ein kleines Mädchen. Sie war erst wenige Monate alt, als Wales von England erobert wurde, doch da sie ein Baby und außerdem ein Mädchen war, ereilte sie kein so schlimmes Schicksal, als wäre sie ein Junge gewesen. Sie wurde von Edwards Truppen gefangen genommen und vom König für den Rest ihres Lebens in einem Kloster in England interniert. Als sie etwa dreißig Jahre alt war, wurde sie schließlich Nonne und starb rund zwanzig Jahre später. Sie wusste nur wenig von ihrem Erbe und kannte die Sprache ihres Landes nicht.

Ihr Name war Gwenllian. Ich weiß nicht, wie man diesen Namen richtig ausspricht, aber auch sonst niemand wusste es. Die Engländer konnten ihn nicht richtig aussprechen, also verkürzten sie den

Namen. Sie war eine Prinzessin im Exil, sie lebte in einem Land, das vom Feind ihres Vaters regiert wurde. Das Sehnen ihres Herzens nach ihrem wahren Zuhause wurde vermutlich von niemandem verstanden und ganz sicher niemals erfüllt. Ihr Leben lang blieb sie im Kloster.

Die Waliser haben ein Wort für die Sehnsucht nach dem wahren Zuhause, für dieses Sehnen, das tiefer ist als jedes Begreifen: *hiraeth*. Es ist ein heiliges Wort für einen heiligen Schmerz.

Gwenllian lebte mit diesem Schmerz. Sie war zum Herrschen bestimmt, doch man hatte ihren Thron gestohlen. Ihre Autorität wurde ihr geraubt, und sie lebte ihr Leben lang in Gefangenschaft, ohne ihre wahre Identität zu kennen, ohne ihren wahren Namen zu hören.

Können Sie sich vorstellen, von königlicher Geburt zu sein, aber wie ein Diener behandelt zu werden? Können Sie sich vorstellen, die Tochter des wahren Königs zu sein, aber geringschätzig behandelt zu werden und niemals den Fuß auf heimatlichen Boden zu setzen? Können Sie sich vorstellen, zur Herrschaft bestimmt zu sein und dann noch nicht einmal Ihren wahren Namen zu hören? Sicherlich können Sie das. Denn die Parallelen sind verblüffend. Tatsächlich.

Wäre ihr Leben anders verlaufen, wenn Gwenllian die Wahrheit gekannt hätte? Hätte es eine Bedeutung gehabt für ihr Leben, für ihr Herz, wenn sie gewusst hätte, wer ihr Vater war? Wer sie war? Bewirkt das für unser Leben einen Unterschied? Oh ja! Das ergibt einen ganz entscheidenden Unterschied.

Wir wollen uns daran erinnern, wer wir wirklich sind. Wir wollen uns nach oben strecken und all den Reichtum, die Freude, die Vertrautheit und die Heilung in Anspruch nehmen, die Gott für uns bereithält! Erinnern Sie sich, wer Sie sind? Wem Sie gehören?

Zunächst sind Sie die Tochter des Königs. Sie sind die Freude Ihres Vaters. Sie sind sein Augapfel und diejenige, die er unveränderlich liebt.

Zweitens sind Sie die Braut Christi. Sie sind mit dem höchsten Prinz verlobt. Sie sind die geliebte Braut von Jesus Christus. Eine königliche Hochzeit steht bevor, ein beispielloses Ereignis in der Geschichte der Menschen und der Engel, und die gesamte Schöpfung wird fasziniert sein und jubeln.

Drittens sind Sie die Verbündete und Freundin von Jesus, von ihm ausgesandt, um sein Königreich voranzubringen. Sie spielen eine Rolle in einer beeindruckenden Geschichte voller Schönheit und Gefahren.

Wenn wir glauben, dass etwas wahr ist, dann beeinflusst das die Entscheidungen, die wir treffen. Wir glauben, dass die Erdanziehungskraft existiert, also springen wir in die Höhe mit der Gewissheit, wieder herunterzukommen. Wir glauben, dass die Sonne aufgeht, also gehen wir zu Bett ohne die Befürchtung, die Nacht könnte nie mehr aufhören. Doch manchmal – eigentlich ziemlich oft – fordert Gott uns auf, etwas zu glauben, bevor wir es durch Erfahrung kennen. Sie kennen den Spruch: „Sehen ist glauben", doch in Christus führt der Glaube zum Sehen. Gott lädt uns ein, zu glauben, wer wir nach seinen Worten sind, unabhängig von unserer Erfahrung.

Während einer Konferenz im letzten Jahr, auf der ich Vorträge hielt, traf ich eine liebenswerte junge Frau, die in einer Pause auf mich zukam und mich bat, ihre Ausgabe von *Weißt du nicht, wie schön du bist?* zu signieren. Sie hatte ein Leuchten in den Augen, eine Verwundbarkeit, Hoffnung und den Wunsch, zu glauben, dass alles, was ich gesagt hatte, wahr ist, aber sie hatte auch Zweifel. Sie kämpfte mit ihrem Gewicht. Ich kenne die Probleme, die ein erhebliches Übergewicht mit sich bringt in einer Welt, die äußere Schönheit über alles andere zu setzen scheint. Ich verstehe recht gut, was sie durchmacht.

Sie gab mir ihr Buch und bekannte mir, dass sie es mindestens zehnmal gelesen hatte. Nun, sie hatte die Kapitel 1 bis 6 zehnmal gelesen. Offenbar gelang es ihr nicht, zu Kapitel 7 vorzudringen. Jedes Mal, wenn sie bei Kapitel 7 ankam, fühlte sie sich wie gelähmt und kehrte zum Anfang zurück.

„Worum geht es denn in Kapitel 7?", fragte ich sie.

Sie öffnete das Buch und zeigte mir die Überschrift: „Umworben". Oh, nun begriff ich, das hatte mit ihrer Geschichte zu tun, einer Geschichte, die Verletzungen enthielt und die Botschaft, dass sie es womöglich nicht wert war, gewollt zu werden.

„Wie heißen Sie?", fragte ich.

„Christina", antwortete sie.

Ich weiß, dass Christina „Nachfolger Christi" bedeutet, also fragte ich sie: „Wie lautet Ihr zweiter Vorname?"

„Louise", antwortete sie. „Wissen Sie, was Louise bedeutet?"

Ich wusste es nicht, aber sie konnte es mir erklären.

„Es bedeutet: Berühmter Kämpfer."

Nun gut, betrachtet man beide Bedeutungen, so sollten „Nachfolger Christi" und „Berühmter Kämpfer" zusammengenommen eine einflussreiche Frau Gottes ergeben. An jenem Abend hatte ich zur Illustration meines Vortrages eine Szene aus dem Film „Der Herr der Ringe" gezeigt, in der Arwen rettend herbeireitet. Sie ist stark und schön, barmherzig und voller Gnade. Sie ist außerdem die Lieblingstochter des Herrschers des Landes und die Geliebte des wahren Königs.

Ich sah mir Christina genauer an und sah sie klarer als vorher. „Hallo, Arwen", sagte ich deshalb.

Sie rang nach Luft! Sie wurde ganz aufgeregt und sagte mir, wie sehr sie diese Filmszene liebte! Ein neues Leuchten war in ihren Augen zu sehen, als sie sagte: „Ich möchte so sein wie sie."

Ich wiederholte einfach: „Hallo, Arwen." Ich konnte in ihren Augen sehen, wie sie langsam begriff. Ich nahm das Flackern des Glaubens wahr, die neu angefachte Flamme des Glaubens.

„Meine Eltern haben es richtig gemacht, nicht wahr?"

„Sie glauben, dass Ihre Eltern Ihnen Ihre Namen gegeben haben. Doch es war Gott. Er weiß, wer Sie wirklich sind. Er weiß, wer Sie nach seinem Plan sein sollen."

„Aha", sagte sie und ging weg. Am Ende des Konferenzwochenendes kam sie erneut auf mich zu, diesmal ruhig und mit klarem Blick. Sie sagte einfach: „Ich habe es begriffen."

Namen sind Schall und Rauch?

Der Name, den man einer Person gibt, ist von enormer Bedeutung. Kate Middleton ist nicht länger als Kate, sondern seit ihrer Hochzeit als Catherine bekannt. Das ist eine wichtige Wahl. Kate ist einer meiner bevorzugten Namen, doch Catherine klingt würdevoller, einem königlichen Rang eher angemessen.

Und Sie? Wie nennen diejenigen Sie, die Sie lieben?

Wie nennen Sie sich selbst? Was sagen Sie sich, wenn Sie vor dem Spiegel stehen? Was sagen Sie über Ihren Körper, nachdem Sie Ihre Kinder geboren und gestillt haben, oder über Ihren Bauch in der Zeit vor dem Klimakterium oder über Ihr Gedächtnis, das Sie so oft im Stich lässt? Welche Worte benutzen Sie?

Wie wir uns selbst nennen, ist von großer Bedeutung. Und auch der Name, mit dem uns andere nennen, ist ganz wichtig. Sowohl die Macht zu segnen als auch die Macht zu fluchen kommen aus unserem Herzen und fließen in Form von Worten durch unseren Mund. Wie wir etwas nennen, wie wir genannt werden, ob gut oder schlecht, wird sich auf unser Leben auswirken.

Mehr als 200 indische Mädchen, deren Name auf Hindi „unerwünscht" bedeutet, suchten sich am Samstag einen neuen Namen aus, um ein neues Leben zu beginnen.

Ein zentraler indischer Distrikt hielt eine „Namensgebungszeremonie" ab in der Hoffnung, dass die Mädchen dadurch eine neue Würde erhalten und der Kampf gegen die weit verbreitete Geschlechterdiskriminierung, die im Land für ein verzerrtes Verhältnis der Geschlechter (weitaus mehr Jungen als Mädchen) sorgt, gefördert wird.

Die Mädchen – bekleidet mit ihren besten Kleidern und kunstvoll mit Spangen und Zöpfen frisiert – standen in einer Reihe, um jeweils ein Zertifikat mit ihrem neuen Namen sowie einen kleinen Blumenstrauß aus den Händen von Beamten des Staates Maharashtra entgegenzunehmen.

Die Mädchen warfen Namen wie „Nakusa" oder „Nakushi", die auf Hindi „unerwünscht" bedeuten, über Bord und wählten stattdessen Namen in Anlehnung an Bollywood-Stars, wie „Aishwarya"... Einige wollten einfach traditionelle Namen mit einer positiveren Bedeutung, wie zum Beispiel „Vaishali" oder „erfolgreich, schön und gut".

„In meiner Schule werden mich nun meine Klassenkameraden und Freunde mit dem neuen Namen nennen, und darüber bin ich sehr froh", sagte ein fünfzehnjähriges Mädchen, das von ihrem Großvater, der über seine Geburt enttäuscht gewesen war, Nakusa genannt worden war.[1]

Ist das nicht wundervoll? Und schrecklich? Und lebenswichtig?

Wie wir jemanden oder etwas nennen, ist von großer Bedeutung. Es hat Auswirkungen auf unser Leben, unsere Beziehungen und unseren Weg mit Gott. Wie wir uns selbst nennen, *beeinflusst unsere Fähigkeit, die Person zu werden, die wir nach Gottes Plan sein sollen.* Gott weiß, wie viel Bedeutung damit verbunden ist, wie wir uns selbst nennen. Vor diesem Hintergrund wollen wir aufmerksam hören, wie Gott mit leidenschaftlicher Absicht erklärt, dass er unseren Namen ändern will:

Mein Herz schlägt für Jerusalem,
darum kann ich nicht schweigen.
Ich halte mich nicht zurück,
bis Gottes Hilfe über der Stadt auf dem Berg Zion aufstrahlt wie
die Morgensonne,
bis ihre Rettung aufleuchtet wie ein heller Schein bei Nacht.
Dann sehen alle Völker, wie der Herr dir Recht verschafft,
Jerusalem,
und ihre Könige bestaunen deinen neuen Glanz.
Du wirst einen neuen Namen tragen,
der Herr selbst wird ihn dir geben.

Ein Schmuckstück wirst du sein,
das der Herr in seiner Hand hält wie ein König seine Krone.
Man nennt dich nicht länger „die verstoßene Frau"
und dein Land nicht „die Verlassene".
Nein, du heißt dann „meine Liebste"
und dein Land „die glücklich Verheiratete".
Denn der Herr wird dich lieben und sich über dich freuen,
und dein Land wird nicht mehr vereinsamt sein.
Wie ein junger Mann sein Mädchen heiratet,
so werden deine Einwohner sich mit dir verbinden.
Wie ein Bräutigam sich an seiner Braut freut,
so wird dein Gott sich über dich freuen.

Jesaja 62,1-5

Dieser wunderschöne Abschnitt folgt auf Jesaja 61, wo wir die Verheißung nachlesen können, dass wir Heilung und Befreiung vom Feind erfahren werden. Und hier verspricht Gott uns nun einen neuen Namen. Wir heißen nicht länger „die Einsame", sondern „die Begehrte". Wir sind nicht unerwünscht. Wir sind erwünscht. Wir sind es wert, dass man uns begehrt, uns sucht, uns umwirbt. Wir sind erwünscht.

Gott möchte, dass wir Dinge und Personen korrekt benennen, auch uns selbst. Es ist äußerst wichtig, dass wir das tun.

Ich gehöre meinem Liebsten, und sein Herz sehnt sich nach mir.

Hohelied 7,10

Gott nennt uns „Liebste". Was bedeutet das? Es bedeutet, dass er uns sehr liebt, dass wir sehr wichtig für ihn sind. Es bedeutet, bewundert, geliebt und umsorgt zu sein. „Liebste" bedeutet: Liebling, Schatz, Allerliebste. Es bedeutet Geliebte, Wertvolle, Geachtete, Geehrte. „Geliebte" – das sind wir! Es sagt aus, was wir Gott bedeuten. Und was wir Gott bedeuten, das bedeutet alles.

Gott ruft uns dazu auf, das zu glauben.

Die Frucht des Wissens, wer wir in Christus sind, ist tiefe Vertrautheit mit ihm. Es bedeutet nicht, aufgeblasen herumzulaufen und zu sagen: *Oh, seht mich an! Ich bin etwas ganz Besonderes!* Die Frucht ist weder Arroganz noch Stolz, sondern Demut. Es ist hingebungsvolle Dankbarkeit. Wenn wir glauben, dass wir sind, was Gott über uns sagt, dann ist das Ergebnis eine sich vertiefende Liebe zu Jesus. Wir lieben ihn, weil er uns zuerst geliebt hat. Glauben erzeugt eine Antwort; wir wählen die Nähe zu diesem Gott, der uns so hoch schätzt. Und genau danach sehnt sich Gott.

Also: Wer sind Sie?

Nun, vielleicht sind Sie wie ich, und es fällt Ihnen wie auch mir schwer, diese Frage zu beantworten, nachdem ich mich eben über meinen Mann geärgert habe und aus dem Zimmer gelaufen bin. Gott sieht mich als wundervoll an, doch gerade in diesem Augenblick waren meine Gedanken alles andere als wundervoll. Ich brauche Hilfe! Wenn wir glauben, dass unsere wahre Identität die einer Sünderin ist, dann laufen wir beschämt und verurteilt herum, getrennt von Gott. Und das führt nicht gerade zu Glück und Zufriedenheit und ist genau das, was unser Feind bezweckt. Denn aus gutem Grund wird der Teufel der Verkläger der Brüder genannt.

Warten Sie eine Sekunde. Ich muss mich eben bei meinem Mann entschuldigen...

Okay, ich bin wieder da. Wenn sich unser Herz allein auf unsere Fehler konzentriert, dann befindet es sich in einer Abwärtsspirale. Gott sagt uns, dass wir uns nicht auf unsere Fehler konzentrieren sollen, sondern auf seine Treue. Er fordert uns auf, den Blick nicht auf unsere Zerbrochenheit zu richten, sondern auf den, der uns heilt. Er sagt: „Dabei wollen wir nicht nach links oder rechts schauen, sondern allein auf Jesus. Er hat uns den Glauben geschenkt und wird ihn bewahren, bis wir am Ziel sind" (Hebräer 12,2). Wir bewegen uns auf das zu, worauf wir den Blick richten.

Die Bibel warnt uns davor, höher von uns zu denken, als angemessen ist, aber ganz ehrlich: Das kommt äußerst selten vor. Eine solche Frau ist mir noch nicht begegnet. Dagegen habe ich eine

Menge Frauen kennengelernt, die viel geringer von sich denken, als sie sollten. Ganz sicher geringer, als Gott es tut. Und das ist nicht nur entmutigend, sondern sogar gefährlich. Warum? Weil wir nicht gut leben, lieben und unsere Bestimmung erfüllen können, wenn wir nicht wissen, wer wir sind.

Wir können nicht wir selbst werden, wenn wir nicht wissen, wer wir nach Gottes Plan werden sollen.

Anzeigetafel

Gannon, der Sohn meiner Freundin, ist ein hervorragender Fußballspieler. Als Schüler in der neunten Klasse trug er entscheidend mit dazu bei, dass die Mannschaft seiner Schule an der Meisterschaft des Bundesstaates teilnahm. Er ist ein ruhiger, höflicher junger Mann, der sich in einen Kämpfer verwandelt, sobald er den Rasen betritt. Und während eines Spiels, das vor Kurzem stattfand, hatte er die Gelegenheit, seinen Glauben zu stählen.

Gannons Mannschaft führte mit drei Toren. Um ihn zu demotivieren, wurde er von einem Gegenspieler fortwährend beschattet, der ihn immerzu boshaft und gemein beschimpfte: „Du bist der schlechteste Spieler der Mannschaft!" – „Du kannst noch nicht mal den Ball treffen!" – „Niemand in deiner Mannschaft mag dich! – „Du hast in dieser Mannschaft nichts verloren!" – „Du bist ein blutiger Anfänger!" – „Geh nach Hause, Kleiner!"

Kommt Ihnen das bekannt vor? Du machst alles kaputt! Du bist wirklich nicht fähig, und du wirst es nie sein. Du kannst es einfach nicht. Du hast keine echten Freunde. Du solltest einfach nach Hause gehen.

Was bekommen Sie zu hören, wenn Sie den Geburtstag einer Freundin vergessen? Wenn Sie eine Party frühzeitig verlassen? Wenn Sie sündigen?

Gannons Quälgeist ließ ihm keine Ruhe. Er blieb ständig an ihm dran. Gannon sagte hinterher, es sei das Schwierigste gewesen, was er je auf dem Spielfeld erlebt hätte. „Daneben! Du wirst immer danebenschießen!" Anklagen tun weh. Geistlicher Kampf tut weh.

Gannon ließ sich nicht auf einen verbalen Schlagabtausch ein. Er ging auf die Beleidigungen des anderen nicht ein und verteidigte sich nicht. Er sagte nur: „Anzeigetafel!" Das war seine einzige Antwort: „Anzeigetafel." Sein Ankläger konnte sagen, was er wollte; es gab keine Möglichkeit, ihn zum Schweigen zu bringen. Doch Gannons Mannschaft war dabei, das Spiel zu gewinnen. Er und seine Kameraden spielten gut. Die Wahrheit war auf der Anzeigetafel abzulesen. Gannons Verteidigung bestand in seinem Hinweis auf die Wahrheit. Seine Mannschaft war unbezwingbar. Sie gewannen das Spiel und Gannons Quälgeist wurde zum Schweigen gebracht.

Anzeigetafel. Es ist vollbracht. Jesus hat unseren Sieg errungen, und in ihm sind auch wir siegreich. Wir werden nicht durch unsere Sünde, unsere Versäumnisse, unsere Vergangenheit definiert. Wir werden einzig und für immer durch das vollbrachte Werk von Jesus Christus definiert. Alles, was Jesus tat und gewann, war für uns. Wir waren Sklaven der Sünde, ja, aber in Jesus sind wir nicht länger Sklaven. Wir sind Töchter. Wir sind Bräute.

Achte auf deine Gedanken, denn sie werden zu Worten. Achte auf deine Worte, denn sie werden zu Taten. Achte auf deine Taten, denn sie werden zur Gewohnheit. Achte auf deine Gewohnheiten, denn sie werden zu deinem Charakter. Und achte auf deinen Charakter, denn er wird deine Bestimmung! Wir werden, was wir denken. Margret Thatcher in dem Film „Die eiserne Lady"

Wir werden, was wir denken.

Mitten am Tag, mitten im Durcheinander, im Alltäglichen, im Wunderbaren, wenn wir lachen und leben und wenn es weniger gut läuft, sollten wir es uns zur Gewohnheit machen, anzuhalten und uns zu fragen: „Was denke ich über mich?" Wenn unsere Gedanken nicht mit Gottes Wort übereinstimmen, dann sollten wir sie als Lüge verwerfen und durch die Wahrheit ersetzen.

Wie wäre es, wenn Sie gerade in diesem Augenblick in Ihrem Herzen der Möglichkeit Raum geben, dass das, was Gott über Sie sagt, wahr ist?

Sie sind seine Freude.

Sie machen ihn glücklich, einfach weil Sie Sie sind.

Er findet Sie wunderbar.

Sie sind seine Liebste.

Sie sind die, die sein Herz erobert hat.

Was würde sich in Ihrem Leben ändern, wenn all das wirklich wahr wäre? Denken Sie darüber nach. Lassen Sie Ihr Herz einen Moment darin verweilen. Denn es ist absolut lebensnotwendig.

Fragen Sie ihn: *Bin ich deine Geliebte? Wie siehst du mich? Freust du dich über mich? Liebst du mich, weil du Gott bist und weil es dein Job ist, oder liebst du mich einfach um meiner selbst willen?*

Sie, meine Liebe, Sie *sind* die Geliebte.

Jesus, danke für diese Wahrheit über mich. Ich nehme sie an. Ich stimme mit dir überein und erkläre, dass ich deine Tochter bin. Ich bin auserwählt, heilig und zutiefst geliebt. Ich bin dein Augapfel. Ich bin deine Geliebte, und du sehnst dich nach mir. Bitte präge diese Wahrheit ganz tief in mein Herz hinein. Im Namen Jesu, Amen.

Zu wem werden wir werden?

Mussten Sie je zu einer Veranstaltung gehen, auf die Sie gar keine Lust hatten, oder zu einer Party oder einer Tauffeier, von der Sie wussten, dass Sie niemand anderen als die Hauptperson kennen? Ich musste neulich an so einer Sache teilnehmen, und ich war nicht besonders froh darüber. Ich beklagte mich bei meinem Mann, dass ich dorthin gehen und Stunden mit Leuten verbringen müsste, die ich nie zuvor gesehen hatte und nie wieder sehen würde. Bla bla bla. Und John sagte: „Setz eine andere Brille auf. Nenn die ganze Sache gut." Stimmt, es ist nicht schlecht, sondern gut. Es ist eine Gelegenheit, jemanden zu segnen, der mir viel bedeutet. Es ist eine Möglichkeit, ihr Leben zu feiern. Ich änderte meine innere Haltung und ging mit fröhlichem Herzen zu dieser Feier.

Es gibt viele Dinge in unserem Leben, die wir durch eine andere Brille betrachten und neu benennen sollten. Unsere Arbeit. Unsere Beziehungen. Unser Leben selbst. Benennen Sie es neu. Es ist gut. Denn Ihr Leben gehört unserem guten Gott, und er hat von Ihnen Besitz ergriffen. Benennen Sie sich selbst neu. Gott tut es auch.

Meine Eltern nannten mich Stacy. Das bedeutet Auferweckung. Es gibt viele Dinge in meinem Leben, die im Laufe der Jahre einer Auferweckung bedurften – mein verwundetes Herz, meine verletzte Sexualität, meine zerbrochene Selbstwahrnehmung, meine Träume, meine Beziehungen, meine Berufung. Gott lässt jeden Bereich meines Lebens wieder *lebendig* werden. Er erweckt meinen Geist zum Leben, damit ich in der Lage bin zu glauben, dass alles, was er getan und an *mir* getan hat, gut ist. Er erweckt meine Träume und Wünsche und sogar meine Sehnsucht danach, zutiefst gekannt und vollkommen geliebt zu werden, zum Leben. Ja, meine Eltern nannten mich Stacy, aber Gott nannte mich tatsächlich „Auferweckung".

Wissen Sie, was Ihr Name bedeutet? Es ist eine gute Idee, es einmal herauszufinden. Und sollten Sie die Bedeutung, die Sie entdecken, nicht mögen, dann versuchen Sie, mehr darüber herauszufinden. Bitten Sie Gott, Ihnen zu zeigen, *warum* er Sie so genannt hat. Eine Freundin von mir heißt Melanie. Ich fragte sie, was der Name bedeutet, und sie zuckte die Schultern und sagte: „Dunkel." Oh. Dunkel. Wir versuchten mehr darüber herauszufinden und stellten fest, dass der Name nicht einfach „dunkel" bedeutet, sondern „dunkle Schönheit". Im Hebräischen bedeutet er „mit Gnade erfüllte Schönheit". Im Hohelied lesen wir: „Ich bin dunkel, aber schön." Was man auch so ausdrücken könnte: „Ja, ich bin unvollkommen, und ich sehe meine Fehler und Sünden, aber wenn Gott mich ansieht, sieht er meine Schönheit, nicht meine Sünde. Für Jesus bin ich seit jeher wundervoll." Das bedeutet Melanie. Sehen

Sie, es ist eine gute Idee, die Bedeutung des eigenen Namens herauszufinden.

Denn egal, welche Bedeutung Ihr Name hat, Gott sagt:

Du heißt nicht länger Einsame, sondern Verheiratete.
Du bist nicht länger allein oder unbemerkt. Dein Name ist
Gesuchte, Geliebte, Mein.
Du heißt nicht länger Nakusa, „unerwünscht", sondern Vaishali –
„erfolgreich, schön und gut".

Als Frauen, die zu der Person hinwachsen, die sie werden sollen, wollen wir mit einer heiligen Bestimmung leben. Wir wollen für den gegenwärtigen Augenblick empfänglich sein, für die Menschen um uns herum, für den Geist in unserem Innern und für unsere Seele. Wir sind dazu bestimmt, ein Leben zu leben, das Bedeutung und Sinn hat. Es ist gut, dass wir für einen höheren Zweck leben wollen als dafür, unsere Haut vor einem Sonnenbrand zu schützen und beliebt zu sein. Wir wollen einer hohen Berufung nachkommen, einem tieferen Zweck dienen, und dieser Zweck ist unmittelbar mit unserer Identität verbunden.

Wenn wir wissen, wer wir sind, können wir das Leben führen, für das wir geschaffen wurden, das Leben, das die sichtbare und unsichtbare Welt braucht. Wir müssen wissen, wer wir sind, und uns dieses Wissen aneignen. Wer *sind* Sie? Welches ist Ihre Identität – Ihre *wahre* Identität?

Wir sind eine neue Schöpfung in Christus, wir sind mehr als ein Eroberer. Wir sind siegreich, stark, bevollmächtigt, sicher, geborgen, mit einem königlichen Siegel ausgestattet. Wir sind lebendig in Christus. Wir sind Gottes Geliebte. Wir sind sein.

Wer ist Jesus? Er ist die Liebe, nach der Sie sich Ihr ganzes Leben lang gesehnt haben, und nie hat er seine Augen von Ihnen abgewandt. Er hat einen Namen für Sie, den Sie völlig ausfüllen sollen. Er hält Ihre wahre Identität in Händen, und Sie sollen in diese Identität hineinwachsen. Deshalb wollen wir Jesus nach unserem wahren Namen fragen (oder unseren wahren Namen – denn oft hat er mehrere für uns).

Jesus, ich beschließe zu glauben, dass ich deine Geliebte bin und dass du dich nach mir sehnst. Ich wähle den Glauben daran, dass ich nicht länger unbemerkt oder einsam bin, sondern deine Freude, von dir begehrt und zutiefst geliebt. Jesus, ich möchte die Frau werden, die ich nach deinem Plan werden soll. Zeige mir, wer sie ist. Zeige mir, wer ich wirklich bin, wer ich schon immer hätte sein sollen. Nenne mich mit meinem wahren Namen. Gib mir eine Vorstellung davon, wie die Person aussieht, die ich zu werden im Begriff stehe. Gib mir Augen zu sehen und Ohren zu hören und den Mut zu akzeptieren, was du mir sagst. Sprich zu mir, Jesus.

Und während er zu Ihnen spricht, liebe Schwester, wählen Sie den Glauben daran.

Du wirst einen neuen Namen tragen,
der Herr selbst wird ihn dir geben.   Jesaja 62,2

14

Mutig drauflos

Man braucht Mut, um erwachsen zu werden und derjenige zu werden, wer man wirklich ist.
E. E. Cummings

Julies Träume sind endlich wahr geworden.

Doch eigentlich hatte sie einmal angenommen, dass sie zu diesem Zeitpunkt schon lange verheiratet sein würde. Und in den Jahren bis dahin hatte sie es schwer gehabt, ihre Hoffnung lebendig zu halten, sich weiterhin auf Gott zu verlassen und ihm ihre Wünsche anzuvertrauen. Aber in dieser sehnsuchtsvollen und nicht immer einfachen Zeit wurde Julies Seele von Gott so geformt, dass sich seine Herrlichkeit in ihr widerspiegelte. Dabei war interessant, dass Jesus, während sie sich weiterhin nach ihm ausstreckte, ihren Wunsch zu heiraten nicht abschwächte, sondern noch mehr vertiefte. Das ging sogar so weit, dass er an manchen Tagen beinahe zu schwer zu ertragen war. Julie hat ein wunderschönes Herz und ihr Weg zu ihrem wahren Selbst ist kein gerader Weg. Auf diesem Weg beschloss Julie, für ihren Wunsch empfänglich zu bleiben und ihr manchmal von Zweifeln geplagtes Herz lebendig zu halten, und zum perfekten Zeitpunkt (der uns oft ein wenig spät vorkommt) schenkte ihr Gott ihren Mann.

Seither hat Julie entdeckt, dass ihr Mann zwar die Liebe ihres Lebens ist, doch das wahre Geschenk erhielt sie eigentlich durch ihre tiefere Beziehung zu Jesus, den sie in ihrer Sehnsucht besser kennengelernt hatte. Jesus wird immer *die* Liebe in Julies Leben bleiben. Und darum ist sie auf dem richtigen Weg zu ihrem wahren

Selbst und kann deshalb auch ihren Mann auf gesunde Weise lieben. Neulich schrieb sie mir: „Ich bin mehr ich selbst als jemals zuvor, und ich bin überglücklich."

Natürlich. Die beiden Dinge gehen Hand in Hand.

Wir werden nie glücklich sein, solange wir versuchen, von unserem Selbst getrennt oder unter Missachtung unseres Selbst, unseres Herzens, unserer Wünsche und Schmerzen zu leben. Glück ist nicht das höchste Ziel, aber es kommt ganz natürlich zu uns, wenn die übrigen Aspekte unseres Lebens in Ordnung sind. „Trachtet zuerst nach dem Reich Gottes und nach seiner Gerechtigkeit, so wird euch das alles zufallen" (Matthäus 6,33).

Die Liebe ist immer das höchste Ziel. Die Liebe zu Gott, zu unseren Mitmenschen und zu uns selbst – zu der Frau, als die Gott uns geschaffen hat. Wir wollen nicht *trotz* unserer selbst leben, sondern wir wollen uns selbst umarmen und uns die facettenreiche, geheimnisvolle Frau zu eigen machen, die wir sind und ebenso unsere einzigartige Art, Jesus in dieser Welt zu verherrlichen.

Sie sind das einzige „Ich", das je existierte oder existieren wird.

Gott hat *Sie* mit Absicht geschaffen. Jetzt. Aus gutem Grund.

Die Welt braucht keine weitere Frau, die die wundervolle Schöpfung, die sie ist, gering achtet. Gott sehnt sich nicht nach noch einer Frau, die sich selbst ablehnt und dadurch auch ihn. Die Welt braucht eine Frau, die dankbar dafür ist, wie Gott sie gemacht hat, die darauf vertraut, dass er sie verändert, und die sich darüber freut, sie selbst zu sein. Es ist eine gute Sache, sich so zu mögen, wie man ist. Gott mag Sie! Wir sollten uns selbst ebenfalls mögen. Wenn wir uns selbst mögen, dann können wir auch andere Menschen genießen, und in unserer Gegenwart fühlen sich wiederum die anderen dazu eingeladen, zu werden und zu genießen, wer sie wirklich sind.

Leben bringt Leben hervor. Freude bringt Freude hervor. Werden bringt Werden hervor.

Sei die Person, die du nach Gottes Plan sein sollst, und du wirst die Welt in Brand setzen.   St. Katharina von Siena

Wenn uns die Kraft fehlt

Das *Broadmoor Hotel* ist ein Fünfsterne-Luxushotel mit einem wunderschönen See, auf dem Schwäne schwimmen, am Fuße des *Pikes Peak*. Es ist elegant, alt und teuer. Und ich wurde dort zum Essen eingeladen. Was sollte ich anziehen?

Es war kein romantisches Dinner mit meinem Mann, sondern ein Arbeitsessen. Rund fünfundzwanzig Leute würden kommen, mit denen oder für die mein Mann arbeitete, und ich wollte unbedingt einen guten Eindruck auf sie machen. Ich würde aufrecht sitzen und auf meine Manieren achten müssen. Ich war nervös.

Das Dinner fand in einem kleinen Raum gegenüber des *Penrose Rooms* statt, dem nobelsten und stilvollsten Restaurant in ganz Colorado. Ein langer Tisch befand sich in der Mitte des Raums, und als John und ich eintraten, begannen sich die Leute zu setzen. Kellner standen bereit. Zwei leere Stühle warteten am Ende der Tafel, direkt neben der ranghöchsten Person im Raum. *Meine Mutter hat mir beigebracht, wie man sich benimmt. Ich kann das schaffen!*, sagte ich in Gedanken zu mir selbst.

Begrüßungen wurden ausgetauscht und dann setzte ich mich. Doch sofort brach der wunderschöne geschnitzte Stuhl grausam krachend unter meinem Gewicht zusammen. Wie durch ein Wunder konnte ich mich gerade noch fangen, bevor ich auf dem zersplitterten Holz landete. Sofort waren Kellner zur Stelle, die sich wortreich für den fehlerhaften Stuhl entschuldigten und sich vergewisserten, dass es mir gut ging.

Was für ein Beginn!

Irgendwie gelang es mir, nicht vor Scham im Boden zu versinken und mich auf die anderen Gäste zu konzentrieren. Ich bemühte mich, lebendig zu sein, engagiert und lustig, und ich verbarg so gut es ging, wie schwer mir die Unterhaltung fiel. (Ich kann Ihnen sagen, dass dieser Abend nach seinem ungünstigen Start nicht besonders gut verlief. Außerdem aßen wir nie wieder mit dieser Gruppe von Leuten – unabhängig von meinem Missgeschick mit dem Stuhl.)

Viele Leute verbergen ihre Verlegenheit hinter Humor. So wird das pummelige Mädchen zum lustigen Mädchen. Das nette Mädchen mit der schlechten Haut ist eine gute Sportlerin, und die Spindeldürre, die nie zum Tanz aufgefordert wird, ist eine ausgezeichnete Schülerin. Manchmal brauchen wir diese Masken. Denn wenn wir das Gewicht unseres Kummers in jedem Moment voll tragen würden, könnten wir manchmal nicht den nächsten Atemzug tun. Doch wenn wir uns verbergen, bleiben wir auch verborgen. Wenn unser Herz unter Scham und enttäuschten Hoffnungen begraben ist, kann es sich nicht erheben, und Cinderella wird nie aus der Asche emporkommen. Um eine Frau zu sein, die lebendig und engagiert ist, dürfen wir nicht hinter unserer Maske verborgen bleiben, doch manchmal haben wir einfach nicht die Kraft, uns aus dem Dunkel des Verstecks hervorzuwagen.

Doch das Wundervolle ist: Wir sind nicht allein. Niemals.

„Ich lasse dich nicht im Stich, nie wende ich mich von dir ab" (Hebräer 13,5). Das ist die Verheißung einer treuen Beziehung vonseiten unseres treuen Gottes, der uns noch nie alleingelassen hat und es niemals tun wird. Jesus hielt mein schamerfülltes Herz in seiner Hand, als ich dort stand und auf einen neuen (hoffentlich solideren) Stuhl wartete. Jesus steht auch heute zwischen mir und den endlosen Anklagen, die mich treffen. Er kämpft für mich. Er kämpft für Sie. Beim Versteckspiel ist er immer der Suchende. In den Verletzungen des Lebens ist er immer der Heilende.

Um auf meiner Reise zu mir selbst voranzukommen, muss er mich immer noch dort finden, wo ich mich verstecke. Ich brauche seine Kraft, wenn mein Glaube zu schwach ist. Ich brauche ihn, damit er mich dort wachküsst, wo ich noch schlafe. Ich brauche seine leidenschaftliche Liebe in den Bereichen meines Herzens, die vor Furcht eingefroren sind. Ich brauche ihn, damit er meine Hoffnung lebendig erhält und mein Herz hütet und mir erneut sagt, wer ich bin. Ich kann das nicht allein und Sie auch nicht.

Gott sei Dank sind wir nicht allein.

Gott ist in ihrer Mitte und beschützt sie schon früh am Morgen;
nie wird sie zerstört. Psalm 46,6

Eine Vision unseres eigenen Selbst empfangen

Vor rund zwanzig Jahren ging es mir nicht besonders gut. Ich saß
in einem Gottesdienst und fühlte mich furchtbar hässlich. Ich fand,
dass ich wie Jabba der Hutte aus Star Wars aussah (nicht besonders schmeichelhafte Worte, die ich mir da selbst sagte – erinnern
Sie sich: Wie wir etwas benennen, hat große Auswirkungen auf unser Leben). Als ich zum Gebet niederkniete, fragte ich Gott: „Wie
siehst du mich?" Und sofort sah ich vor meinem inneren Auge eine
kniende Frau vor mir. Die Sonnenstrahlen, die durch das Fenster
hereinkamen, umgaben sie mit einem goldenen Lichtkranz. Sie trug
ein sehr hübsches, weißes Satinkleid. Ihr Haar war kunstvoll frisiert
und mit Perlen geschmückt. Sie war wunderschön, eine Braut, die
von ihrem Gott liebevoll betrachtet wurde.

Er sah mich damals so schön und er sieht mich auch heute ebenso
schön.

Wenn Gott seine Tochter anschaut – mich, Sie, jede seiner geliebten Töchter –, dann sieht er sie nicht durch den Schleier der
Sünde, ihrer Fehler oder der Vergangenheit. Wenn Gott uns anschaut, dann sieht er uns durch das Blut Jesu. Wir sind eine reine,
makellose, atemberaubende Braut. Oh, wie wichtig ist es für uns,
uns selbst so zu sehen! Und zwar sowohl in diesem Moment als die
Frau, die wir jetzt sind, als auch im Blick auf die Frau, die er in uns
gestaltet.

Wir müssen Gott um ein strahlenderes Bild seiner selbst bitten
und um ein brillanteres Bild von uns. Graham Cooke

Wer sind Sie in Ihren Augen? Wer sind Sie im Begriff zu werden?
Haben Sie eine Vorstellung davon, wer Sie einmal werden könnten?

Wie sieht Gott Sie? Welches Bild hat Gott davon, wie Sie einmal sein werden? Es ist wirklich wichtig, dass wir ihm diese Frage stellen und dann auf seine Antwort warten.

Wenn wir eine Vorstellung von der Person haben, die wir einmal sein werden, dann bestimmt das unsere Gegenwart. Denn wir leben dann bereits in dem Wissen, wer wir morgen sein werden. Und dieses Wissen gibt uns Hoffnung für unser Herz und neue Energie für den Alltag. Wichtig bei alledem ist, dass wir uns dazu *entscheiden müssen, zu glauben,* wer wir nach Gottes Worten sind. Anschließend können wir dann in dem Wissen ruhen, dass Gott für unsere Veränderung die Verantwortung trägt. Wir lehnen uns an ihn an. Wir werden Fehler machen. Er nicht.

Also fragen Sie ihn: *Wie siehst du mich, Herr? Bitte gib mir deine Vision von der Frau, die ich einmal sein werde.* Schreiben Sie diese Antwort auf. Schreiben Sie auf, was Sie von Gott hören oder womit Sie im Glauben rechnen, weil Sie es sich wünschen.

Ich schrieb 2007 Folgendes in mein Tagebuch:

Die Frau, die ich einmal sein werde, ist stark, einflussreich, sicher, standhaft, freundlich, ehrlich, liebevoll, großzügig und klug. Ich unterliege nicht den falschen Erwartungen und Forderungen anderer, weil ich weiß, dass ich Gottes geliebtes Kind bin, und weil ich weiß, wer ich einmal sein werde. Ich bin eine Beterin, eine Ehefrau, eine Mutter, eine Freundin und eine Kämpferin im Gebet. Ich bin eine Frau, die die Wahrheit spricht, eine Autorin und Konferenzrednerin. Und all das ist fantastisch und genug.

Ich muss meinen Wert nicht infrage stellen oder beweisen, weil Gott mir sagt, dass ich kostbar und unschätzbar wertvoll bin … in jedem Augenblick an jedem Tag.

Die Frau, die ich einmal sein werde, ist nicht an Essen oder irgendwelche anderen Götzen oder falsche Tröster gebunden. Ich muss mich nicht mehr schämen. Ich bin gesund, schön, frisch und glücklich. Ich habe Energie. Mein Herz ist im Herzen Gottes gefestigt. Ich liebe mein Leben, und ich mag die Person, die ich bin.

Wenn ich bete, wird Kraft freigesetzt, weil ich im Willen Gottes bete und die mir von Gott gegebene Autorität in Christus ausübe. Ich leiste die Arbeit, für die Gott mich bestimmt hat: Menschen von Bindungen und Dunkelheit zu befreien und Herzen für die Liebe Gottes zu öffnen. Ich bringe die Heilung Jesu. Ich bin eine barmherzige, wundervolle und mit dem Heiligen Geist erfüllte Frau, die oft und befreit lacht.

Ich bin noch nicht ganz und gar diese Frau. Ja. Aber ich bin *dabei*, sie zu werden. Ich bin schon mehr wie diese Frau, als ich es 2007 war, als ich diese Worte aufschrieb. Das Aufschreiben half mir, dieses Bild von mir zu umarmen, es zu akzeptieren, zu glauben und mich darauf hinzubewegen. Wer werden Sie einmal sein?

Um zu unserer eigentlichen Person zu werden, müssen wir nicht nur Gott zunehmend vertrauen, sondern auch bereit sein, Dinge auf uns zu nehmen, die wir als Risiken empfinden. Wir müssen riskieren zu glauben, dass das, was Gott über uns gesagt hat, *wahr* ist.

Wir müssen riskieren, schöner, stärker, geliebter, liebevoller, herrlicher und talentierter zu sein, als wir es je für möglich hielten.

Wir müssen riskieren zu glauben, dass wir es wert sind, geliebt zu werden, wert, dass man um uns kämpft, wert, beschützt und umsorgt zu werden. Gott hat uns in seinem Wort die Wahrheit geoffenbart. Wollen Sie wissen, was er über Sie denkt? Schlagen Sie die Bibel auf. Verweilen Sie ein paar Momente lang bei Epheser 1! Gott hat sich uns in seinem Sohn Jesus Christus geoffenbart. Wollen Sie wissen, wie Gott ist? Schauen Sie Jesus an. Er ist das Angesicht Gottes. (Um zu erfahren, wie Jesus wirklich ist, lesen Sie das Buch *Der ungezähmte Messias*. Ich kann es nur wärmstens empfehlen!)

Gott hat sich uns geoffenbart und er hat uns gezeigt, wer wir sind. Nun müssen wir unsere Glaubensmuskeln spielen lassen und uns dazu entscheiden, ihm zu glauben – in den Momenten, in denen wir es erleben, und in den Momenten, in denen wir es nicht erleben!

Uns zu verändern erfordert das Schwimmen gegen den Strom – gegen die Forderungen und Erwartungen der Welt, gegen den

Ansturm der täglichen Realitäten und gegen unsere eigene Lebensgeschichte. Wir können es uns nicht leisten, den inneren Schmähreden länger nachzugeben. Um wirklich wir selbst zu werden, müssen wir die Wahrheit in Liebe sagen, auch uns selbst gegenüber.

Mut

Versprich mir, dass du dich immer daran erinnern wirst – du bist mutiger, als du glaubst, und stärker, als du aussiehst, und klüger, als du denkst.
Christopher Robin zu Winnie Puh

Um etwas zu riskieren, brauchen wir Mut. Jesus sagte: „In der Welt habt ihr Angst, aber lasst euch nicht entmutigen: Ich habe die Welt besiegt" (Johannes 16,33). Im Englischen stammt das Wort *courage*, das im Deutschen Mut bedeutet, von dem lateinischen Wort *cor*, was „Herz" bedeutet. Nehmt euch ein Herz! Seid nicht entmutigt! Jesus sagte: „Um meinetwillen könnt ihr es schaffen."

Jesus weiß, dass wir viel Mut brauchen, um auf dem Weg zu unserem Selbst weiterzugehen. Natürlich gibt es einen Grund dafür, warum wir vor unserem Herzen, unserer Liebe, unseren Träumen und unserer Verwundbarkeit weggelaufen sind. Aber, liebe Freundin, die Tage des Fliehens müssen vorbei sein. Voller Gnade blickt Gott auf uns und fordert uns dazu heraus, mutige Frauen zu sein:

Ja, ich sage es noch einmal: Sei mutig und entschlossen! Lass dich nicht einschüchtern, und hab keine Angst! Denn ich, der Herr, dein Gott, bin bei dir, wohin du auch gehst. Josua 1,9

Seid deshalb ohne Sorge und Furcht! Johannes 14,27

... indem ihr Gutes tut und keinerlei Schrecken fürchtet. 1. Petrus 3,6; ELB

*Bleibt wachsam, und steht fest im Glauben! Seid entschlossen und
stark!*   1. Korinther 16,13

Wir leben in einer Welt voller Schönheit und Wunder, Abenteuer
und Lachen, aber unsere Welt ist leider auch sehr oft mit Schwierigkeiten, Angst, Gefahr und Schmerz erfüllt. Mut ist die geistliche
Fähigkeit, die es uns ermöglicht, Gefahren, Schmerzen, Schwierigkeiten und Angst mit *Zuversicht* zu begegnen. Wir können also zuversichtlich sein! Und zwar nicht auf der Grundlage unserer Fähigkeit, das Leben selbstständig zu bewältigen, sondern allein auf der
Grundlage der Treue unseres Herrn.

Das englische Wort *confidence,* zu deutsch „Vertrauen", stammt
von den beiden lateinischen Begriffen *con* und *fide*, was wörtlich
übersetzt „mit Glauben" bedeutet. Das zeigt uns, dass unser Vertrauen am besten trägt, wenn es auf der Kraft und Güte Gottes be-
ruht. Ein mutiges Leben zu führen bedeutet demnach nicht, sich
ständig nur alleine abzumühen, um uns zu ändern und den Gedanken Gottes gemäß zu entwickeln. Es geht vielmehr darum, in unserem Glauben an Gott zu ruhen, der uns sagt: *Was ich verspreche, das
halte ich!* (1. Thessalonicher 5,24).

Damit wir zu der Person werden können, als die Gott uns geschaffen hat, müssen wir tief in seine Liebe eintauchen, von seiner Barmherzigkeit trinken, in seiner Gnade leben. Wir müssen uns selbst mit
seinen Augen sehen. Sein Leben zu empfangen ist für uns der einzige
Weg, das Leben zu leben, nach dem wir uns so sehr sehnen. Aus eigener Kraft können wir das nicht zustande bringen. Ich kann zwar meinen Weg zur Autobahn finden, aber den Weg in die Freiheit finde ich
alleine nicht. Wenn ich schon Schwierigkeiten habe, einen Abend so
zu verbringen, dass ich mit ihm zufrieden bin, wie soll ich das dann
ein ganzes Leben lang hinbekommen? Worin besteht nun aber das
große Geheimnis, dass wir mutig leben und die Frau werden können,
zu der Gott uns geschaffen hat? Ich will es Ihnen sagen.

Das Geheimnis lautet: Wir können es nicht! *Wir* können es nicht.
Aber Jesus kann es. Christus in uns kann es. *Er* ist das Geheimnis!

Es gibt nichts, wovor Gott Angst hätte. Jesus, der für uns am Kreuz starb, tauchte in den schlimmsten Alptraum hinab, den wir uns vorstellen können, und forderte vom Teufel die Herausgabe der Schlüssel der Hölle. Jesus ist siegreich auferstanden und sitzt zur Rechten Gottes. Derselbe Jesus

- beruhigte den Sturm und ging auf dem Wasser;
- heilte Aussätzige und gab Tausenden zu essen;
- gab Blinden das Augenlicht, Tauben das Gehör und Toten das Leben zurück;
- reinigte den Tempel und nahm sich der Kinder an;
- wies die Pharisäer zurecht, vergab Sündern und trieb Dämonen aus.

Und er tut es noch heute. Jesus ist heute lebendig und lebt sein Leben *durch uns*. Erinnern Sie sich bitte daran: „Darum lebe nicht mehr ich, sondern Christus lebt in mir!" (Galater 2,20). Paulus schrieb, das gesamte Geheimnis des Evangeliums lasse sich folgendermaßen zusammenfassen: „Christus in euch, die Hoffnung der Herrlichkeit" (Kolosser 1,27; LÜ).

Christus ist unser Leben, unser Atem, unsere Hoffnung und unser Mut. In ihm leben und atmen und sind wir. Und von ihm getrennt können wir nichts tun (Johannes 15,5). Doch wenn wir Jesus als unseren Herrn und Erlöser angenommen haben, seine Vergebung erfahren und ihn eingeladen haben, den ihm zustehenden Platz in unserem Herzen einzunehmen, dann werden wir nie wieder von Christus getrennt sein.

Wir sind in seiner Hand geborgen, und niemand kann uns ihm mehr entreißen! Das ist das Geheimnis, wie wir zu der Person werden, als die wir einmal gedacht waren. Wir verlassen uns immer mehr auf Jesus und lassen ihn mehr und mehr sein Leben durch uns leben. Und während er das tut, werden wir in das Bild Gottes verwandelt. Wir entdecken die strahlende Wahrheit: *Je mehr wir wie er werden, desto mehr werden wir wir selbst.*

Je besser wir Jesus kennenlernen, wie er wirklich ist, desto mehr werden wir ihn lieben, und je mehr wir ihn lieben, desto mehr wird unser Leben verwandelt. Wir sind schön, und unsere Schönheit nimmt zu! Wirklich! Wir sind mutige Frauen Gottes und werden es immer mehr!

Er ist der Einzige, der uns das Vertrauen schenkt, uns auf diese Veränderung einzulassen. Er wird uns Mut geben, während er sein Leben durch uns lebt. Er wird uns Mut geben, um

- Gott zu bestürmen,
- zu glauben,
- unser Herz lebendig zu halten,
- ihm angesichts der enormen Gebrochenheit und des Leides der Welt zu vertrauen,
- unseren Ängsten zu begegnen und erneut um Heilung zu bitten.

Er wird uns Mut geben, um

- den schwierigen Anruf entgegenzunehmen,
- den Raum zu betreten,
- das Gespräch zu führen,
- gegen Ungerechtigkeit aufzustehen,
- neu anzufangen,
- zu wissen, dass er Liebe ist,
- zu glauben, dass das, was er über uns sagt, wahr ist: dass wir nämlich nicht über unsere Abhängigkeiten, Sünden, Versäumnisse, unsere Lebensgeschichte oder die Meinung anderer definiert werden.

Die meisten Predigten, die speziell für Frauen verfasst werden, gehen in die falsche Richtung. Wie einfühlsam sie auch immer sein mögen, sie enthalten doch immer noch eine Version der Botschaft: *Nimm dich zusammen!* Sei disziplinierter, treuer, demütiger, was auch immer. Und damit fällt der ganze Druck auf uns zurück. Nein,

nein, *nein*! Jesus ist unser Leben, unsere Kraft, unser Heiland; es ist das Leben Jesu in uns, das uns heilt und es uns möglich macht, als die Frau zu leben, die wir nach Gottes Plan sein sollen. Er ist unser Mut.

Andere Botschaften enthalten die subtile Grundaussage: *Es geht nicht um dich*. Diene Gott, gehorche ihm, stell deine Wünsche zurück, denn so handeln heilige Frauen. Sie können durchaus auch biblisch klingen, aber sie führen dazu, dass Frauen zerbrechen. Er hat *uns* mit Absicht gemacht; er hat sich voll und ganz dem Ziel verschrieben, *uns* zu heilen. Natürlich sind wir wichtig – warum denn sonst starb Jesus, wenn es nicht für *uns* war? Die Reise, auf der wir uns befinden, dient nicht dazu, uns im Namen der Heiligkeit in einem Graben zu verkriechen. Es geht vielmehr darum, die Frau zu werden, zu der Gott uns bestimmt hat.

Worauf wir blicken, darauf bewegen wir uns zu. Wenn man Autofahren lernt, hört man ständig: „Schauen Sie auf die Straße!" Mit dem Reiten ist es genauso: In die Richtung, in die der Reiter blickt, wird das Pferd ihn tragen. Worauf wir blicken, ist das, wonach wir uns ausstrecken. Das gilt auch für unser Gedankenleben. Unsere Verwandlung nimmt die Form dessen an, durch was unsere Aufmerksamkeit gefesselt wurde.

Unsere Aufmerksamkeit wird unsere Absicht.

Ich weiß, dass unser Leben manchmal sehr schwierig sein kann. Es gibt Tage, da würde ich am liebsten ins Bett zurückkriechen und mir die Decke über den Kopf ziehen. Ich würde gern mein Telefon abstellen und von meinem Leben eine Pause machen. Es gibt Tage, an denen ich das tatsächlich mache. Ein wenig jedenfalls. Und es ist eigentlich eine gute Sache. Es gibt Zeiten, in denen ich mich zurückziehen muss, um anschließend wieder weitermachen zu können.

Nun, ich weiß, dass es in meinem Innern etwas gibt, um das ich mich kümmern muss, wenn ich das Gefühl habe, eine Woche lang nicht aufstehen zu können und eigentlich gesund bin. Es ist wichtig, dass wir hin und wieder unseren müden Köpfen und Körpern Ruhe gönnen, denn wir befinden uns nicht in einem Kurzstreckenlauf. Unser Leben ist vielmehr ein Marathon, und um das Rennen laufen zu können, das vor uns liegt, müssen wir unser Tempo drosseln. Der einzige Weg ausgeglichen zu leben ist der, unseren Blick auf Jesus gerichtet zu halten, von ihm abhängig zu sein, ihm zu folgen und ihn uns selbst und all unsere Lasten tragen zu lassen.

Manchmal ist das Leben schonungslos schmerzvoll, doch Jesus fordert uns auf, durchzuhalten. In Hebräer 10,39 lesen wir: „Doch wir gehören nicht zu denen, die zurückweichen." Ja, wir müssen uns vielleicht für eine Weile zurückziehen, doch durch Gottes Gnade werden wir nicht zurückweichen. Wir werden weiter vorangehen und das Reich Gottes voranbringen, damit es in unserer verzweifelten Welt zunehmend Gestalt annimmt und wir mehr und mehr wir selbst werden.

Liebe Schwester, Sie werden es nicht perfekt schaffen. Doch Jesus hat es getan und wird es tun. Mit Jesus können wir den guten Kampf kämpfen, gut planen, beten, zuhören, leben, dienen, lieben und werden. Eines Tages wird uns Christus unsere Geschichte erzählen, und wir werden über seine Herrlichkeit, Schönheit, Erlösung und Gegenwart staunen, die unser ganzes Leben hindurch, auf eine Weise, die wir uns heute nicht einmal vorstellen können, da war.

Meine zwölfjährige Freundin Delaney hat meine Zehennägel grün lackiert. Neben meinem Herzen sind sie das Jüngste an mir. Ich strecke sie dem klaren Himmel von Colorado entgegen, während ich meine Füße auf das Geländer stütze und mich in meinem Stuhl zurücklehne. Ich trinke die Schönheit eines Sommers in voller Blütenpracht. Ich bin so glücklich. In meinem Bauch bahnt sich ein Lachen seinen Weg, und ich lasse es heraus. Ich kann das tun, ich kann wie die Frau in Sprüche 31 der Zukunft lachen. Ich weiß, dass der Winter wiederkommen wird. Immer wieder. Ich weiß, dass Zeiten vor mir liegen, in denen meine Seele erneut gefrieren und wie abgestorben sein kann. Aber ich habe keine Angst vor dem, was da kommen mag. Ich kenne das letzte Kapitel des Buches. Ich weiß, dass Jesus den Sieg errungen hat. Meinen Sieg. Ich weiß, dass er für mich gekommen ist und anwesend ist, und wenn meine Geschichte erzählt wird, dann werde ich lächeln.

Er lockt mich vorwärts. Er lockt mich aufwärts. Ich habe zu ihm Ja gesagt. Ich werde in diesem Monat noch tausend Gelegenheiten haben, ihm gegenüber erneut Ja zu sagen. Und Sie auch.

Kommen Sie, liebe Schwester. Lassen Sie uns zusammen gehen. Lassen Sie uns auf das Ziel zustreben, das vor uns liegt – vollkommen verwandelt zu werden, absolut lebendig, voll und ganz wir selbst, ganz und gar *sein* zu werden.

Gott allein kann uns davor bewahren, dass wir vom rechten Weg abirren. So können wir von Schuld befreit und voller Freude vor ihn treten.

Ihm, dem einzigen Gott, der uns durch Jesus Christus, unseren Herrn, gerettet hat, gehören Ehre, Ruhm, Macht und Herrlichkeit. So war es schon immer, so ist es jetzt und wird es in alle Ewigkeit sein. Amen.　　　　　　　　　　　　　　　　　　Judas 24-25

Nachwort

Und was nun?

Ich finde es ein wenig lustig, dieses Kapitel „Nachwort" zu nennen. Verstehen Sie mich richtig – es bedeutet nicht, „*nach*dem Sie Sie selbst geworden sind", sondern einfach „*nach*dem Sie dieses Buch gelesen haben". Vergessen Sie nicht: Es ist eine Reise. Wir werden eines Tages ankommen und vollkommen wir selbst sein, geheilt und völlig verwandelt. Doch bis dahin geht der Prozess weiter!

Ich möchte Ihnen Mut machen, am Ball zu bleiben. Dieses Buch ist keines, das man mal eben so liest und dann zur Seite legt, um etwas Neues zu lesen. Es geht um die Reise Ihres Lebens, um das sich ständig vertiefende Bewusstsein dafür, dass Gott der Schlüssel zu dem Leben ist, für das Sie bestimmt sind. Lassen Sie die Botschaften und Themen dieses Buches tief in Ihr Herz dringen, denken Sie darüber nach. Es ist möglich, mehr Leben – mehr Heilung, mehr Freiheit, mehr Freude – zu bekommen!

Da sich unsere Organisation in den USA befindet, sind meine weiteren Veröffentlichungen nur in englischer Sprache zu bekommen, dazu gehört auch meine Facebookseite. Dort finden Sie meine Blogs und verschiedene Videos und Sie erfahren auch so einiges aus meinem Leben! Schnuppern Sie doch einfach mal rein und packen Sie Ihr Schulenglisch wieder aus!

Ransomed Heart – unser christlicher Dienst – ist eine wahre Fundgrube von verschiedenen Materialien. Wir sind eine kleine Gruppe von Menschen, die sich Jesus verschrieben haben, um sein Reich auf Erden voranzubringen und weltweit die Herzen von Männern und Frauen zu heilen. Wir verfügen über eine Menge an Studienmaterialien, die Sie in Ihrem geistlichen Wachstum unterstützen können. Besuchen Sie doch einmal unsere Homepage unter: www.ransomedheart.com. Abonnieren Sie dort die kostenlosen *Daily Readings* (tägliche Andachten). „Liken" Sie uns auf Facebook. Lesen Sie unsere Blogs. Gesellen Sie sich zu all den anderen, die auch auf diesem Weg sind. Unser Wunsch ist es, die Herzen der Freunde Gottes zu stärken und gleichzeitig auch den Menschen, die ihm noch nie begegnet sind oder nur eine unzureichende Vorstellung von ihm haben, Jesus nahezubringen.

Je besser wir Jesus kennen, desto tiefer lieben wir ihn. Je tiefer wir ihn lieben, desto mehr schreitet unsere Heilung voran und desto mehr werden wir zu der Person, die Gott sich einmal vorgestellt hat. Die Menschen um Sie herum werden Sie fragen, worauf Sie Ihre Hoffnung gründen. Jesus ist der Grund! Er ist wundervoll, und wir werden nie aufhören, die Schönheit und Erhabenheit seines faszinierenden Herzens zu erforschen. Also: Lassen Sie uns das Abenteuer fortführen!

Wir befinden uns gemeinsam auf diesem abenteuerlichen Weg!

Mit, in und für Christus,
Stacy

Anhang

Gebete

Tägliches Gebet

Lieber Herr, ich komme zu dir, damit du mich heilst und mich erneuerst. Ich möchte all deine Gnade und Barmherzigkeit in Anspruch nehmen, die ich heute so dringend brauche. Ich ehre dich als meinen Herrn und ich vertraue dir völlig und uneingeschränkt jeden Aspekt meines Lebens an. Ich gebe dir meinen Geist, meine Seele, meinen Körper, mein Herz, meine Gedanken und meinen Willen. Erlöse mich mit deinem Blut – meinen Geist, meine Seele, meinen Körper, mein Herz, meine Gedanken und meinen Willen. Ich bitte deinen Heiligen Geist, mich in dir heil zu machen, mich in dir zu erneuern und diese Gebetszeit zu lenken.

(Für Ehemänner und/oder Eltern) In allem, worum ich dich jetzt bitte, schließe ich (meine Frau und/oder meine Kinder, nennen Sie sie mit Namen) ein. Ich stelle sie unter deinen Schutz. Und mögest du ihren Geist, ihre Seele, ihren Körper, ihr Herz, ihre Gedanken und ihren Willen leiten. Heiliger Geist, heile du sie, erneure sie in dir und schließe sie in diese Gebetszeit ein.

Lieber Gott, heilig und dreieinig, du allein bist würdig, all meine Anbetung, alle Hingabe, all mein Lob und all mein Vertrauen zu empfangen. Ich liebe dich. Ich bete dich an. Ich vertraue dir. Ich vertraue dir die Sehnsucht meines Herzens nach wahrem Leben an. Du allein bist Leben, und du bist mein Leben geworden. Ich sage mich von allen anderen Göttern los und gebe dir, Gott, den Platz in meinem Herzen und Leben, den du wahrhaftig verdienst. Ich bekenne hier und jetzt, dass es nur um dich gehen soll, Herr, und nicht um mich. Du bist der Held dieser Geschichte und ich gehöre zu dir. Ich empfange dein Wirken und den Triumph deiner Himmelfahrt, wodurch Satan gerichtet und besiegt wurde. Alle Macht im Himmel und auf der Erde wurde dir gegeben, und ich habe in dir und durch deine Autorität die Fülle empfangen. Ich nehme nun meinen Platz unter deiner Autorität ein, da ich mit dir zur Rechten des Vaters erhöht wurde und deine Autorität empfangen habe. Ich gebe dir mein Leben, um mit dir zu regieren. Ich nehme jetzt den Platz in deinem Plan für mein Leben ein. Ich gebe dir mein Heim und meine Familie, jeden Bereich meines Lebens, wirke du in mir.

Heiliger Geist, danke, dass du gekommen bist. Ich liebe dich, ich bete dich an, ich vertraue dir. Ich nehme dich und dein Wirken und den Sieg des ersten Pfingstfestes an, bei dem du zur Erde kamst. Du bist das Band zwischen mir und dem Vater und dem Sohn geworden. Du bist mir zum Sprachrohr der Wahrheit geworden, das Licht Gottes in mir, mein Ratgeber, Tröster, Führer und meine Kraft. Ich ehre dich als meinen Herrn, und ich gebe dir uneingeschränkt jeden Aspekt und jede Dimension meines Lebens – meinen Geist, meine Seele, meinen Körper, mein Herz, meine Gedanken und meinen Willen –, damit du mich erfüllst und damit ich in allen Dingen mit dir in Übereinstimmung bin. Fülle mich neu. Erneuere und vertiefe meine Beziehung mit dem Vater und dem Sohn. Führe mich tiefer in die Wahrheit und segne mich in allen Bereichen meines Lebens und meiner Berufung. Ich danke dir und gebe dir die völlige Verfügungsgewalt über mein Leben.

Vater, danke, dass du mich in Jesus Christus reich beschenkt hast. Ich nehme diesen Reichtum nun in Anspruch für meine Frau und/oder meine Kinder, mein Heim und meine Arbeit. Heute lege ich die „Waffenrüstung Gottes" an – den Gürtel der Wahrheit, den Panzer der Gerechtigkeit, die Stiefel des Evangeliums und den Helm des Heils. Ich nehme den Schild des Glaubens und das Schwert des Geistes, und ich beschließe, sie jederzeit für die Sache Gottes einzusetzen.

Danke für deine Engel. Ich rufe sie im Namen Jesu herbei und bitte sie, deine Herrschaft über mir aufzurichten, mir zu dienen und meine Begleiter zu sein. Ich erbitte deinen Segen für mein Haus, meine Familie und alles, worüber du mir deine Vollmacht erteilt hast – im Namen des Herrn Jesus Christus. Ihm sei Ehre und Herrlichkeit. Ihm gebührt aller Dank.
Amen.

Ein Gebet, mit dem Sie Jesus Christus in Ihr Leben einladen können

Wenn Sie Ihr Leben noch nicht Jesus Christus anvertraut haben, dann ist jetzt der richtige Augenblick dazu. Es ist der Moment, den er für Sie gewählt hat. Dieses Gebet kann Ihnen helfen:

Jesus, ich brauche dich. Ich brauche dein Leben und deine Liebe. Ich glaube, dass du der Sohn Gottes bist. Ich glaube, dass du für mich am Kreuz gestorben bist – um mich von der Sünde und vom Tod zu erlösen und mich mit dem Vater zu versöhnen. Ich wende mich von meinen Sünden und meiner Selbstbezogenheit ab und vertraue dir jetzt und hier mein Leben an. Danke, dass du mich liebst und mir vergibst. Komm und nimm den Platz in meinem Herzen und Leben ein, der dir gebührt. Sei mein Retter und mein Herr. Lebe du in mir, lebe durch mich. Ich gehöre dir.
Amen.

Dank

Der Beginn eines neuen Jahres ist der geeignete Moment, um zurückzublicken, eine Bestandsaufnahme vorzunehmen und dankbar zu sein. Das Schreiben einer Danksagung für ein Buch ist ein ebensolcher Moment. Wo soll ich anfangen?

Manche Autoren werfen ein weites Netz des Dankes aus, in dem Nachbarn, Freunde aus der Kindheit und Grundschullehrer eingeschlossen sind. Andere grenzen das Feld ein und beugen sich der Tatsache, dass nicht jede einzelne Person, die einen wichtigen Beitrag zu ihrem Leben geleistet hat, aufgeführt werden kann. Jedenfalls nicht an dieser Stelle. Ich werde ihrem Beispiel folgen in der sicheren Hoffnung, dass ich eines Tages Gelegenheit haben werde, jedem Einzelnen ohne Eile und gründlich zu danken. Ich freue mich auf jenen Tag, doch in der Zwischenzeit möchte ich nur einige wenige Namen nennen.

Mein Agent, Curtis Yates, glaubte an dieses Buch, bevor ich selbst daran glaubte. Seine Ermutigungen, seine Anregungen und sein Glaube waren ein riesengroßes Geschenk für mich. Curtis, du bist ein wundervoller Agent und ich danke dir für deine Kompetenz und deine harte Arbeit. Du bist für mich nicht nur ein Mitstreiter, sondern auch ein Freund.

Meine Lektorin, Karen Lee Thorp, hat alle Qualitäten eines hervorragenden Verlegers. Sie sorgte mit ihren Fragen, ihren sanften Verbesserungen und ihrer reichen Erfahrung für die Feinabstimmung meiner Arbeit. Dafür bin ich so dankbar.

Das gesamte Team von David C. Cook ist eine Gruppe von Menschen, deren Partner zu sein ich als Ehre, Segnung und Privileg betrachte. Ich bin glücklich, an Ihrer Arbeit teilzunehmen und bete, dass wir mit Jesus tatsächlich „gemeinsam Leben verändern" können.

Seit vielen Jahren bin ich von einem großen Team von Heiligen umgeben – Beter und Kämpfer, die mich ohne Wenn und Aber lieben, mich ermutigen und die Reise mit mir gemeinsam machen: Lori, Craig, Carrie, Sue, Sallie, Rie, Julie (2x), Abbey, Susie, Becky, Cherie, Morgan, Lisa, Amanda, Sam und das ganze wundervolle Team von *Ransomed Heart*, ich danke euch, liebe Freunde! Ohne euch würde ich es nicht schaffen. Ich weiß euch sehr zu schätzen.

Meine Söhne. Oh, meine Söhne. Sam, Blaine und Luke, ich habe weitaus mehr von euch gelernt, als ich euch selbst beigebracht habe. Mein Herz gehört euch für immer.

Und mein Mann! John liebt mich, inspiriert mich, reist mit mir und zeigt mir das Angesicht Jesu seit mehr als dreißig Jahren. Er war für dieses Buchprojekt mein Resonanzboden, und ich vertraue ihm mit meinen Worten, meinen Gedanken, meinen Träumen und vor allem mit meinem Herzen.

Und nicht zuletzt mein König. Er verdient mehr als ein Kopfnicken, mehr als jeden nur erdenklichen, innigen und überströmenden Dank. Die Wahrheit ist: Alles Gute, was ich kennenlernen durfte und genieße, habe ich von ihm empfangen. Oh danke, Jesus. Ich liebe dich so sehr.

Anmerkungen

Kapitel 1

1. C. S. Lewis, *Pardon, ich bin Christ*, Brunnen Verlag, Gießen.
2. C. S. Lewis, *Der Ritt nach Narnia*, Brendow Verlag, Moers.

Kapitel 2

1. Madeleine L'Engle, *The New York Times*, 1985, zitiert in Carol Turkington, *The Quotable Woman*, McGraw Hill, New York.
2. Frederick Buechner, *Telling Secrets*, HarperCollins, New York.
3. George Mac Donald, Diary of an Old Soul: 366 Writings for Devotional Reflection, entry for June 16, Augsburg, Minneapolis.
4. Oswald Chambers, *Mein Äußerstes für sein Höchstes*, Blaukreuz Verlag.

Kapitel 3

1. Wenn Sie mehr über dieses Thema erfahren möchten, dann empfehle ich das Buch von Loraine Pintus, *Jump off the Hormone Swing: Fly through Physical, Mental and Spiritual Symptoms of PMS and Perimenopause*, Moody, Chicago.
2. Zu diesem Thema empfehle ich: Jean Lush & Patricia H. Rushford, *Emotional Phases of a Woman's Life*, Revell, Grand Rapids.
3. „Misogyny", in *Merriam-Webster*. Web. http://www.merriam-webster.com.

Kapitel 4

1. Mark Salzman, „Jailhouse Bach", *Reader's Digest*, Mai 2004.
2. Christiane Northrup, *Mother-Daughter Wisdom*, DVD, Hay House.

Kapitel 5

1. Lori McConnell, *Restoring Hope in a Woman's Heart*, CD, Ransomed Heart Ministries.
2. Leanne Payne, *Crisis in Masculinity*, Baker Books, Grand Rapids.

Kapitel 7

1. Derek Both, „Why Horror Films are So Popular", ABC Article Directory, http://www.abcarticledirectory. Com/Article/Why-Horror-Films-Are-So-Popular/91442.
2. „Fear", *Dictionary.com*.

Kapitel 8

1. Mignon McLaughlin, *The Complete Neurotic's Notebook*, Castle Books.

Kapitel 9

1. Sarah Young, *Ich bin bei dir*, 22. November, Gerth Medien, Asslar.

Kapitel 11

1. C. S. Lewis, *Der silberne Sessel*, Brendow Verlag, Moers.
2. ebenda
3. ebenda
4. Oswald Chambers, *The Graciousness of Uncertainty*, Simpkin Marshall, London.
5. Thomas Wolfe, „God's Lonely Man", *The Hills Beyond*, Louisiana State University Press, Baton Rouge.

Kapitel 13

1. Chaya Babu, „285 Indian Girls Shed ‚Unwanted' Names", *Associated Press*, 22. Oktober 2011.

Verlagsgruppe Random House FSC® N001967
Das für dieses Buch verwendete FSC®-zertifizierte Papier *EOS*
liefert Salzer Papier, St. Pölten, Austria.

Die amerikanische Originalausgabe ist im Verlag
David C. Cook, 4050 Lee Vance View, Colorado Springs,
Colorado 80918 USA, erschienen
unter dem Titel „Becoming Myself".
© 2013 by Stasi Eldredge
© der deutschen Ausgabe 2014 Gerth Medien GmbH, Asslar
in der Verlagsgruppe Random House, München

Best.-Nr. 816933
ISBN-13: 3-86591-933-5
1. Auflage 2014

Umschlaggestaltung: Hanni Plato/Amy Konydyk
Satz: Uhl + Massopust GmbH, Aalen
Druck und Verarbeitung: GGP Media GmbH, Pößneck
Printed in Germany